エッセンシャル講義

流通論教室

坂本英樹 ［著］

東京　白桃書房　神田

はじめに

　文明の歴史は流通の支配の歴史であり流通を支配することは世界経済を支配することであった。そしてそれは資本主義の本質と密接に関わっている。

　紀元前3世紀にイタリア半島を統一したローマは地中海を「われらの海」としてイベリア半島，シチリア島，アフリカ，マケドニア，小アジア，エジプトなどを属州として支配し，ぶどう酒やオリーブ油などの農作物とエジプト，黒海沿岸の穀物，さらにはオリエントからのさまざまな品物の交易で結ばれた都市のあいだに地中海文明を形成した。

　地中海交易は7世紀前半にはじまるイスラム勢力の地中海への進出によって大打撃を被り，11世紀にはいると北イタリアのピサ，ジェノバがイスラム勢力を地中海から駆逐し，12世紀以降，北イタリアの諸都市なかでもベネチアの商人たちの活動によって地中海商業圏が確立する。同時期に北ドイツ諸都市の商人は北海，バルト海にハンザ商業圏をつくりあげている。

　イタリア商人はアラブ商人が南海貿易によって原産地からもたらすアジア各地の産物，とりわけ胡椒をはじめとする香辛料，染料，生糸，絹織物などをイタリア以東の地中海沿岸地方の諸港で買いつけ，その見返りとして毛織物，木材，麻織物などを輸出していた。こうした中世後期の東方貿易は東西両洋のあいだに位置するイタリア諸都市の地理的位置が大きく関わっていた。

　1498年にバスコ・ダ・ガマによって喜望峰を経由してインドにいたる新航路が発見されると，ポルトガル商人がヨーロッパから直接東洋に進出し，インドのゴアを拠点として香辛料を買いつけてこれをリスボンにもたらし，リスボンからさらにこの時代の世界の商都アントウェルペンに再輸出するようになり，新大陸貿易を開拓したスペイン商人はメキシコ，ペルー産の銀を大量に西ヨーロッパに流入させる。

　インド航路の開拓によってアジア貿易の中心は大西洋，インド洋に移り，

おもに銀と香辛料を交換して栄えたイタリア，および南ドイツの諸都市は衰退していく。新大陸の銀はヨーロッパ産の毛織物と交換され，毛織物の生産，貿易で優位に立つオランダ，イギリスが近代の世界経済の覇権を握っていくことになる。

　18世紀後半になって商業資本主義によって資本を蓄積してきたヨーロッパにおいて，生産形態が機械による工場制機械工業へとシフトしていくなかで，資本主義は商業資本主義から産業資本主義の時代へと変貌を遂げていく。

　資本主義とは市場経済をとおして無限の拡大を志向するシステムである。生産者，労働との交換で賃金を得る労働者，商品の交換の場としての市場は紀元前から存在するが，それのみでは資本主義とはいえず，無限の拡大を優先するシステムがあらわれてはじめて資本主義の誕生ということができる。

　すなわち資本主義が存立するための重要な要件は富の総量の拡大であり，経済的資産や資源の総量が有限であれば資本主義は存立しえないことから，資本主義社会を維持するためには不断の経済的成長が必要になるのである。新大陸への進出はそこにある富を獲得するという資本主義の存在そのものからの要請ととらえることができる。

　資本主義とは差異によって利潤を獲得することをとおして資本の永続的な蓄積を追求する。商業資本主義は価値体系の差異から利潤を獲得する活動であり，産業資本主義はインプットおよびアウトプットで差異を創出してそこから利潤を獲得していくメカニズムである。

　商業資本主義においては流通を押さえることが経済を支配することであったが，産業資本主義において流通はシステムを維持するいわば血液として機能している。20世紀まで流通は情報の非対称性を利用して，財の物理的制約を克服する手段として機能することで利潤を生みだしていた。21世紀にはいって情報通信技術の目覚ましい発展と普及の成果は，そうした物理的制約をより効率的に解消することに向けられた。たとえばPOS（販売時点情報管理）システムやSPA（製造小売業）は，サプライチェーンの全体最適を実現する仕組みとして活用されている。

　情報通信技術の発展は驚くべきスピードで進展し，こんにちわたしたちが

生活する社会はデジタル資本主義へとシフトしている。デジタル資本主義とはデジタル技術を活用して差異を創出することをとおして利潤を獲得するシステムである。ここではマスカスタマイゼーションのようにこれまで不可能であった差異の創出メカニズムが機能するようになる。

　アマゾンの EC サイトのトップページはすべてのユーザーごとにカスタマイズされている。アマゾンでは顧客に着目したユーザーベースのフィルタリングと商品ベースのフィルタリングがおこなわれ，特定のユーザーと別のユーザーがチェックあるいは購入したデータの両方を使ってユーザー同士の類似性や商品同士の共起性が解析される。

　さらにアマゾンは物的流通そのものを利潤を獲得するためのビジネスにしている。アマゾンは絶対的な優位性を有する物流システムを活かして，商品の保管から注文処理，配送，返品に関する問いあわせ対応まで請け負うサービスであるフルフィルメントバイアマゾンを提供している。このサービスを利用すれば製造業者や生産者，流通業者にかぎらず，個人であっても，製品や商品さえあれば自ら流通プロセスを構築することなしにビジネスをはじめることができる。

　ユーザーにとってほかの人びとが同じ製品やサービスを使うほど自身もそれを使用する効用が高まる現象をネットワーク外部性という。ティッピングポイントを超えてユーザーが増加すると参加者数が増加し続けやがて独占に近い状態にいたる。ひとたびプラットフォームを握ってしまえばその影響力は増幅していく。

　購買経験をとおして優れたカスタマーエクスペリエンス（customer experience：CX）を体験した顧客は取引（トラフィック）を増やすようになり，顧客の取引が活発なプラットフォームには販売事業者（セラー）が集まる。セラーが多くなると顧客の選択の機会（セレクション）が増えることで顧客はさらに高い CX を獲得し，満足した顧客はさらに取引を増やしていく。トラフィックの増加は規模の経済性，範囲の経済性を生みだすことで低コスト構造を構築して取り扱い商品の低価格化を実現する。そして取り扱い商品の低価格化はさらに高い CX を顧客にもたらすことになる。これはアマゾンの創業者ジェフ・ベゾスが紙ナプキンに描いたものとされるビジネスモデルで

ある。

　こんにちアマゾンの時価総額は1兆210億ドル，直近2020年12月期決算営業利益は3860億6400万ドルである。アマゾンのアメリカでのEC市場シェアは40％近くを占め，アマゾンプライムの会員数は米国内で1億100万人，アメリカの家計の64％以上が利用している。1994年，ジェフ・ベゾスが自宅ガレージではじめたネット書店からスタートしたアマゾンはそのドメインの拡大を続け，すべての経済活動がアマゾンで完結するアマゾン経済圏を構築して「超国家帝国」を構築している。アマゾンは流通を支配することをとおして経済を支配することに成功したのである。

　こうしたアマゾンの成功には陰もある。ジェームズ・ブラッドワースのルポルタージュでは，アマゾンの倉庫における人びとの過酷な労働があらわされている。巨大な倉庫で作業する労働者の手首には歩数計が巻かれて厳しく管理される。かれらは倉庫のなかで一日に平均16キロ歩いて休憩はほとんどない。

　かつてチャーリー・チャップリンは『モダン・タイムス』のなかで，労働者の個人の尊厳が失われ人間が機械の一部分のように扱われる社会を描いたが，倉庫で働く労働者の労働環境はさらに過酷かもしれない。科学的管理法の父と称されるフレデリック・テイラーが目指したマネジメントの目的は雇用主に限りない繁栄をもたらし，あわせて労働者に最大限の豊かさを届けることであった。これは労働者に相場よりも高い賃金をもたらすことだけではなく，かれらに可能性の限りを尽くした最高の仕事をおこなわせることを意味していた。

　労働者の最大限の豊かさを理想として誕生した経営学の発展の帰結がアマゾンの倉庫での労働であるならば，あまりにも皮肉な巡りあわせかもしれない。このルポルタージュでは便利なサービスで軽やかに商品を注文する側と，それを底辺で支えて擦り減る側とのふたつの世界の隔絶が描かれている。

　資本主義社会において流通はシステムを維持するいわば血液として機能している。わたしたちは流通の仕組みを知ることをとおして，こうした現実社会に生起している変化の本質を理解することができるようになる。

本書では流通チャネル，取引，消費者行動に関する学術的理論，現実の
マーケットにおけるビジネス慣習，法的環境，技術環境，そしてリテール
4.0，ならびにマーケティング5.0の最新研究が，具体的な事例を交えて包括
的に整理されている。流通の仕組みを修得することは組織のマネジメントの
みならず，社会においてわたしたちがより良く生活していくためのマイルス
トーンを示してくれる。

　本書の執筆にあたっては白桃書房の平千枝子氏，佐藤円氏にお骨折りいた
だいた。あらためて感謝申しあげる。

2021年8月　坂本　英樹

1

流通が社会を創る

　わたしたちをとりまく経営現象は商流，物流，金流，情報流からとらえることができる。モノの流れと情報の流れは密接に関連しており切り離して考えることはできない。すべてのものの流れを知ることでわたしたちは個人，組織，社会，ビジネスを見る目を養い，より良く生活していくための指針を獲得することができる。

　製造業者や生産者によって製品や商品がつくられる場所とそれらが消費される場所は異なっている。流通の基本的役割は製造業者や生産者によって生産される製品，商品の品揃えと消費者によって求められるそれらを結びつけることである。わが国において流通業者をあらわす「問屋」のルーツは平安期の荘園で農民から年貢を徴収し，それを倉庫に保管，難波の「市」で換金して京都の領主に納めていた「問丸」である。かれらが武家政権のとき独立して商人になる。かつて物流手段を使って品物を運べるひとは産地と消費地の差額を自身の利益にできた。物流の独占は需要と供給の情報の独占を意味してそれは価格操作を可能としたのである。こんにちにおいても流通はビジネスにおける重要な戦略要素であり，流通における競争優位を獲得して成長を遂げた企業も少なくない。また流通における新たなシステムがビジネスの仕組みを大きく変革したケースも存在する。

1-1

武器としての流通

　都市の成り立ちは物的流通が要諦であった。陸上輸送が馬車や荷車しかなかった時代，物資を大量輸送できるのは船であり，物資輸送に有利な水辺に面していた都市だけが大都市に成長できた。世界の大都市が水辺に面している理由がここにある。享保年間（1716年から1736年）には人口が100万人を超えていたといわれる江戸は墨田川と東京湾，ニューヨークはハドソン川とニューヨーク湾，ロンドンはテームズ川とテームズ湾，パリはセーヌ川とセーヌ湾，北京は京杭大運河とそれにつながる海河に隣接していた。古今東西，物的流通はときとして武器としても機能して社会を大きく変えてきた。

　かつて輸送手段をもつことは権力の象徴であり，情報の非対称性をとおして富の蓄積がおこなわれた。平安時代から戦国時代まで商工業者による同業者組合である座が貴族や寺社などに金銭など払うかわりに営業や販売の独占権などの特権を認められて既得権化していた。「楽」とは規制が緩和されて自由な状態という意味がある。戦国武将，織田信長は「楽市令」を発布し，楽市令の対象となった市場に限定して座による商売の独占を否定する「楽座」とよばれる施策を布いた。楽市令は諸特権の保障により自由な商売を認める市場振興政策であり，織田信長の城下町振興政策と大きく関わっていた。織田信長はその領土の拡張にあわせてその城下町で自由な商売を認めることで全国から商人を集めようとした。物資が集まればそこに人びとが集まると考えたのである。かれは独占販売権，非課税権，不入権などの特権をもつ商工業者を排除して自由取引市場をつくり絶対的な領主権の確立を目指すとともに，税の減免をとおして新興商工業者を育成し経済の活性化を図った。

　1567年10月，織田信長が美濃国に「楽市場」の制札を掲げてから430年のちの1997年，楽天によって運営される「楽天市場」がサービスを開始す

る。同業他社から遅れて参入した楽天は，当時仮想商店街への出店料が50万円前後だったときにそれを一律5万円として，ほかの企業が採用していた売上にかかるマージンを徴収しないビジネスモデルを提案した。楽天は数多くの商品が集まる「場」を提供し，実際の売買は出店者と消費者とのあいだでおこなわれる。魅力のある製品や商品を取り扱っていてもそれまではその販路がなかった企業にとって同社の提示したビジネスモデルは魅力的だった。従来のように物理的な販路を構築することなしに，一挙にその販路を全国に展開することが可能となったのである。

楽天市場は2年あまりのあいだに店舗数1,200店，取扱商品数10万3,000点，月間取引金額5億5000万円を超え，その後も順調に出店数を伸ばして2020年7月1日現在楽天市場には50,414店が登録されており，取扱商品数は274,420,173点に上っている。こんにち楽天市場はインターネットショッピングモールとして不動の地位を確立している。楽天の2020年度（2020年1-12月期）国内EC流通総額は前期比19.9％増の4兆4510億円である。

楽天市場の取り組みからは織田信長の楽市令と同じ狙いを読みとることができる。楽天は多くの企業に出店してもらうために，出店者はPC1台と月額5万円の出店料さえ支払えば仮想ショッピングモールへの出店が可能となり，あわせて仮想店舗を立ち上げる方法を教えるなどの仕組みを構築した。楽天は出店者のモールへの出店の敷居を低くすることをとおして多くの新規企業を楽天市場に引きこむことができた。楽天市場というネーミングからは楽天の創業者，三木谷浩史が楽市令を念頭においていたことがうかがえる。

ヘンリー・フォードは自動車製造に大量生産の方式を開発して，一部の富裕層にしか手の届かない製品だった自動車を，1908年に850ドルで販売して大衆に普及させた。かれの内製化の象徴がリバー・ルージュ工場であった。1917年に建設が開始され1928年に完成した当時世界最大の自動車工場は，素材の鋼材やガラスまでを自製する垂直統合生産をおこない，自動車運搬船が運河で工場のなかまではいることができた。ここでは工場内に高炉を所有し，鉄鉱石を運びこんでからわずか28時間後にT型フォードを出荷することが可能とされた。内製化と移動組み立てラインによるフォードシステムが実現した大量生産技術によって，販売価格は440ドルまで引き下げら

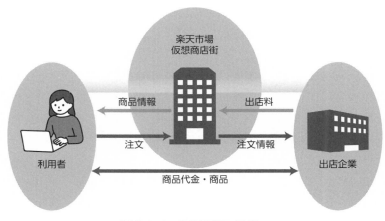

図表 1-1　楽天市場の仕組み

出所：筆者作成

図表 1-2　楽天市場出店数・商品数推移

出所：各年 12 月 31 日の楽天市場ホームページをもとに筆者作成

れ，1921 年には国内シェア 55.5 ％，1925 年には累計生産台数で 1200 万台
を達成した（cf., The History Hour, 2019）。

　江戸時代元禄期の商人とされる紀伊国屋文左衛門は，台風が続いて誰も船
がだせないなか，借りれるだけのお金を借りいれて紀州で出荷できずにだぶ
ついていた大量のみかんを買いいれ，船乗りを説得して高額の手当てで荒海
のなか江戸へ運んだ。当時江戸の鍛冶屋の神事「ふいご祭り」ではみかんを

地域の人に振舞う風習があったことから，みかんは高額で買い取られた。

　大阪で大洪水が起きて伝染病が流行っていると知った文左衛門は，江戸にある塩鮭を買えるだけ買いいれて，上方で流行り病には塩鮭が効くと噂を流した。噂を信じた上方の人びとはわれ先にと塩鮭を買い求めたことから，文左衛門が運んできた塩鮭は飛ぶように売れたとされる。

　みかんと塩鮭で得られた財を元手に材木商になった文左衛門は，江戸で大火があったときには木曽の材木を江戸へ運んで売りさばいた。市場動向をいち早く察知し，他人よりも早く現地のミカン価格の情報を得たり材木の発注情報を現地に伝えて買いつけ，江戸に輸送することで財を築いた。こうした例は情報が武器になることをあらわしている（cf., Akerlof, 1970）。

　アスクルは 1992 年に文具製造業者のプラスの一事業部として創設され，1997 年に法人化されたオフィス用品の通信販売をおこなう会社であり，2000 年に株式公開を果たしている。文房具製造業者のプラスの事業部門としてスタートした同社は，閉鎖的なわが国の文房具の流通に通信販売という新たなチャネルを開拓したパイオニア的存在である。同社の社名は鉛筆 1 本から翌日配送というスローガン「明日来る」に由来している。

　それまでの文房具業界は閉鎖的であり，製造業者の影響力が文具店の陳列棚にまでおよんでいた。その顧客は法人が 75 ％を占めそのなかでもその90 ％以上が従業員 30 人未満の小規模事業所であった。大企業や官公庁，学校法人に対しては大手文具店や流通業者の担当者が受注，配送，割引もふくめて十分なサービスを提供していたのに対して，マーケットの大部分を占める小規模事業所では，長くその従業員が文具店の店頭で商品を購入していた。

　全国約 600 万事業所のうちの約 95 ％が中小事業所であり，ここに巨大な真空マーケットがあることに気づいたアスクルが創りだした文房具の翌日配送は，小規模事業所に歓迎されるはずである。しかしながら問題を複雑にしていたのは，こうした文具店がアスクルの出身母体である文房具メーカー，プラスの顧客である全国約 2 万 3,000 店の文具店と卸売業者の利害を損ねるものである点だった。アスクルのターゲットとなる 600 万を超える中小事業所が利便性に優れている通信販売を利用するようになると，それはそのまま

文具店の売上を損なうことを意味しており，この仕組みがそのまま導入されれば文房具店にとっては死活問題となることから猛烈な反発が予想された。

アスクルの考えだした新しいビジネスモデルはこうした問題を解決し，コンビニエンスストアやホームセンターなどのほかの小売業者に顧客を奪われていた文具店にとってもメリットのある仕組みであった。同社は全国約1,500社の有力文具小売店にエージェント（代理店）になってもらうことで，両者がそれぞれの優位性のある機能を分担するサプライチェーンを構築した。アスクルモデルとよばれるこのシステムでは，エージェントとしての文房具店

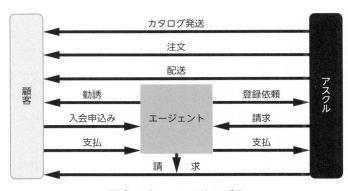

図表1-3　アスクルモデル

出所：筆者作成

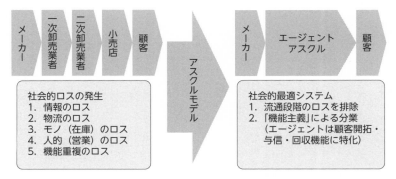

図表1-4　アスクルの流通チャネル効率化

出所：アスクルホームページ

が地域に根づいた信用や外商営業力を活用して新規の顧客獲得のための営業活動や代金回収，債権管理を担当する。アスクルはそれ以外の通信販売の機能である製品カタログの発送，商品の受注，発送，問い合わせなどをおこなう。すなわち文具店はエージェントとしてアスクルとオフィス間の文房具流通の仲介をおこなうが，そうした商品の所有権はもたない。文具店はアスクルとその顧客のあいだにはいって勧誘と決済の仲介を担うが，商品の物理的な移動はアスクルと顧客両者間でおこなわれる。こうした役割分担が従来の流通チャネルにおけるロスの排除につながり，時間と手間の削減，低価格化という顧客価値の向上を実現することになる。

　顧客価値の向上はその品揃えでもおこなわれて，スタート当初は取扱商品の90％がプラスの製品であったが，顧客のニーズに応えるために他社製品の取り扱いも開始される。さらに顧客である事業所というシーンに対応して，かれらが必要とするオフィス用品すべてを扱うようになった。たとえばパソコン周辺機器，プリンタのトナー，コピー用紙，オフィス家具からコーヒー豆，お茶の葉，カップ，湯飲み，お菓子，トイレットペーパー，ティッシュペーパー，石鹸，洗剤，食器洗い乾燥機までを取り扱う。

　マイケル・デルが1984年に設立した（Dell Computer Corporation，現デル（Dell Inc.））は，競合他社が小売店経由でパソコンを販売していたとき，中間業者を排し在庫をもたない注文生産（build to order：BTO）の直販スタイルを構築し，2001年に世界のパソコン出荷台数でトップにまで上りつめた。かれの構築した新しいビジネスモデルが業界のバリューチェーンを変え，イノベーションが速い業界において在庫管理で優位に立つという強力な競争優位を構築することに成功したのである。かれの考えた仕組みは「ダイレクトモデル」とよばれ，中間業者を排して生産から販売まで一貫して効率を追求する在庫をもたない注文生産の直販スタイルが特徴であり，この仕組みをとおして同社は優れた品質，機能，仕様を備えた製品を，他社よりも安い価格で提供することを実現したのである。

　デルのビジネスモデルはスピードがすべてである。同社は最新技術を追求せずコモディティのPCを提供することでビジネスモデルを高速で回し，コスト削減を追求している。競合他社の完成品在庫が平均65日であるのに対

して，デルは受注から出荷まで 36 時間であり，競合他社が出荷した製品の代金を現金化するのに平均 16 日以上かかるのに対して，デルは 24 時間で製品代金を現金化する。

デルコンピュータは受注，マーケティングなどの顧客と接する業務は自前で所有し，部品の調達，配送，整備などの見えない部分は徹底的に外部委託している。デルダイレクトモデルは注文生産と直接販売を組み合わせたビジネスモデルで，顧客からのオーダーをうけてその要望にあわせて外部の業者から部品を調達して，カスタマイズした製品を生産したのち流通，小売業者を介さずに顧客に直接販売する手法である。

デルは北米をはじめ南米，ヨーロッパ，マレーシア，中国など全世界の生産拠点で製造をおこなっている。生産拠点に近く部品の納入がしやすい業者を選定して，インターネットをとおして相互に需要予測，部品納期，価格，在庫，品質などの緊密な情報共有をおこなっている。たとえば日本の顧客から注文があるとアジアの工場に生産が指示され，製品は国際輸送で受注から数日で納品される。このように部品調達や組み立て，テクニカルサポートなどの大部分をアウトソースして最適なサプライチェーンを構築してきた。

デルは設立からわずか 3 年後の 1987 年に最初の海外拠点をイギリスに開設，1990 年には海外製造拠点をアイルランドに開設し，ヨーロッパ市場での積極的な販売活動と顧客に対するサービスやサポートを強化する体制を整えてきた。アジアでは 1989 年に日本法人を設立して 1993 年からビジネスを開始，1996 年にはマレーシアでアジア太平洋地域のアジア工場の稼動を開始し，その後中国や南米にも進出している。こんにちデルは全世界 180 を超える国と地域に展開している。

デルは最先端の技術を追いかけずコモディティになった製品分野のパソコンを提供することをとおして注文の柔軟性と構成を高め，納期をより短くし在庫費用を抑えることで低価格を実現し，2001 年第 1 四半期にコンパック（コンパック・コンピュータ・コーポレーション（Compaq Computer Corporation），2002 年，ヒューレット・パッカード（Hewlett-Packard Company）が吸収合併）を抜いて，パソコンの世界市場シェアのトップに立っている。

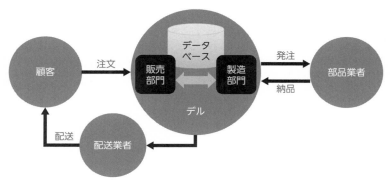

図表 1-5　デルのビジネスモデル

出所：筆者作成

　フレデリック・スミスが 1971 年に設立したフェデラルエクスプレス
（Federal Express Corporation，現 FedEx Corporation）は，日本とは桁違
いに国土が広いアメリカでは経済的に無理と考えられていた貨物の翌日配送
サービスを実現して，重量貨物やドキュメントなどの物流サービスを提供す
る世界最大手企業にまで成長を遂げている。同社の翌日配送の仕組みはすべ
ての荷物を深夜までにアメリカ主要空港まで運び，そこで仕分けをして目的
地まで輸送する「ハブアンドスポークス」システムにある。スミスが構築し
た新たなシステムはビジネスの仕組みを根本的に変革するトリガーとなる。
かりにアメリカ全土で貨物の翌日輸送が可能ならば，家電製品製造業者は修
理拠点を 1 か所にまとめることにより，顧客サービスを維持したまま大幅な
コスト削減が可能になり，コンピューター製造業者はもはや修理部品倉庫を
全米各拠点に配置する必要がなくなる。その後さらにシステムに改良が施さ
れ，特定の物資に関してはアメリカ本土内であれば 4 時間以内の輸送が実現
している。

　iTunes Store（アイチューンズストア：iTS）は，アップル（Apple Inc.）
が 2003 年 4 月にアメリカでスタートしたサービスで，アップルが提供する
楽曲管理ソフト「iTunes」から音楽，オーディオブック，ゲーム，ミュー
ジックビデオ，テレビ番組，映画などをオンラインで購入できるサービスで
ある。同社の iPod（アイポッド）と連携してコンピュータに iPod を接続す

るだけで簡単に楽曲を転送できる機能を備えており，日本では 2005 年 8 月からスタートしており，2009 年には 40 億曲を超える楽曲がダウンロードされている。

iTS はこれまでの音楽ソフトの流通チャネルを大きく変革した。従来楽曲を購入する際には CD などのメディア媒体を物理的に購入していた。それが iTS が提供する音楽配信によって，顧客はいつでもどこでも聴きたい楽曲を低価格で購入するすることができるようになった。楽曲の価格はアメリカでは 1 曲 99 セント，日本版 iTS では 1 曲 150 円または 200 円という価格設定であり，この低価格が既存の音楽配信サービスに比べて群を抜いて安い。同社のサービスが後発の配信事業者ながらもアメリカで圧倒的な人気を集める要因となり，日本でも同じビジネスモデルを適用してシェアを拡大している。

iTS は音楽配信サービスのみで収益をあげるという従来の発想から，ハードまでをふくめたビジネスモデルへのパラダイム転換であった。サービス開始当初同社に大きな収益をもたらしていたのが，2007 年に iPhone（アイフォーン）の初代モデルが登場する以前の iPod の売上であった。すなわち，iTS は iPod を販売するためのサービスという位置づけであり，こうしたハードとのプロダクトミックスで価格を設定できない競合他社は価格競争では同社の価格設定に太刀打ちできなかった。情報通信技術の進化にとも

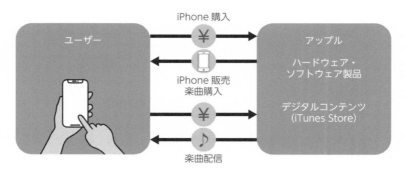

図表 1-6　iTunes Store のビジネスモデル

出所：筆者作成

なって，アップルは 2015 年から Apple Music（アップルミュージック）を
スタートさせ，サブスクリプションモデルを採用した音楽ストリーミング
サービスを提供している。

1-2

チャネルの進化

　スマートフォンの急速な普及にともなって消費者の行動パターンが大きく
変化するようになる。O2O（online to offline）マーケティングとは，Web
サイトや広告などの「オンライン」で集客をおこない，そのあとで「オフラ
イン」である実店舗への来店をうながすマーケティング手法である。代表的
なものにオンラインで割引クーポンを発行して来店をうながすといった手法
などがある。

　O2O には消費者が事前に商品の情報をウェブで検索して価格やレビュー
を調べたあとに，実際の店舗に訪問して商品を最終確認して店頭で購入する
ウェブルーミングと，店頭で実商品を見てからウェブで購買するショールー
ミングがある。ショールーミングとウェブルーミングは，ブランドと人びと
のあいだのシームレスインタラクションを促進するためのフィジカルとデジ
タルを交配させる力学であるフィジタルマーケティングのあらわれとして定
義できる。

　BOPIS（buy online pick-up in store）とは EC サイトで購入した商品を
リアル店舗で受けとるショッピングスタイルであり，広義には「クリック＆
コレクト」と同義であるが，クリック＆コレクトが EC で購入した商品を自
宅以外の場所で受けとるショッピングスタイル全般やその仕組みを指すのに
対し，BOPIS は EC で購入して店舗で受けとるショッピングスタイルをさ
す。ヨドバシカメラではリアルタイムで店舗在庫を EC サイト上で公開し，
店舗在庫がある場合は注文してから 30 分で店舗受け取りが可能で，一部店
舗では店舗の営業時間外でも受取可能な窓口を設置して 24 時間受取可能な

サービスを提供している。

　情報通信技術の発展にともなって流通チャネルは従来のリアル店舗から，通信販売，EC サイト，企業サイト，訪問営業，SNS，ダイレクトメール，メールマガジンなどへひろがっている。シングルチャネルは販売窓口が 1 つのみのチャネルであり，リアル店舗のみあるいは EC サイトのみの場合がこれにあたる。マルチチャネルは複数のチャネルをもつもので，リアル店舗が通信販売をおこなっている場合などがこれに該当する。クロスチャネルはチャネルが複数あり，かつ顧客管理システムや在庫管理システムが連携することでチャネルを横断して情報が管理されている状態である。システムの連携によって在庫や顧客の情報がリアルタイムで反映されることから，ネットショップに在庫があるが実店舗にはないことで生じていた販売機会ロスをなくすることができるが，各チャネルは独立していることから顧客体験は異なっている。リアル店舗で在庫切れの商品の場合，リアル店舗で在庫があるネットショップの商品を購入するといったことはできず，ポイントを相互利用することもできないことから，顧客からは同一店舗として認識されづらく，異なるサービスのように受けとられる傾向がある。

　オムニチャネルとはすべてのチャネルを統合して連携した状態をあらわしている。オムニチャネルが重要になってきた要因としてスマートフォンの普及があげられる。接続性の時代になり顧客は時空間の制約から解放されてインターネットにつながることができることから，リアル店舗で商品を知って最安値を検索してネットショップで購入するというチャネル横断の購買行動をおこなうようになった。こうした環境のなかで売り手の関心はどこでなにがどれだけ売れたかから，誰になにがどのように売れたかにシフトしつつある。

　オムニチャネルは各タッチポイントの特性を尊重しつつ，カスタマージャーニーにおけるブランドと人びとのあいだのインタラクションと売買を可能にするさまざまなチャネルを駆使して，単なる価値の総和を上回る価値を目指していく。オンラインとオフラインの世界の融合を最大限活用することをとおして，顧客にあらゆるチャネル間でシームレスエクスペリエンスからフリクションレスエクスペリエンス体験を提供することができるようにな

る。

　顧客の視点からはオムニチャネルは同一店舗であればチャネルの違いを意識せずに，いつでもどこでも均一の顧客体験を得ることができ，企業の視点では顧客の行動データをチャネル横断的に獲得できることから，顧客のニーズを的確に判断して顧客にシーンに応じた最適なサービスを提供することができるようになる。

　マルチチャネル，クロスチャネル，オムニチャネルはいずれも店舗が複数のチャネルをもつ形態であり，マルチチャネルはシングルチャネルの販売機会を増やすために登場し，マルチチャネルで生じていた販売機会ロスなどの課題を改善するためにクロスチャネルが登場し，クロスチャネルを最適化するプロセスでオムニチャネルが登場する。これらのチャネルの進化を可能にしたのが情報通信技術の発展と普及である。

1-3

プラットフォーマーの登場

　ユーザーにとってほかの人びとが同じ製品やサービスを使うほど自身もそれを使用する効用が高まる現象ネットワーク効果という。ティッピングポイントを超えてユーザーが増加すると，参加者数が増加し続けやがて独占に近い状態にいたる。ひとたびプラットフォームを握ってしまえばその影響力は増幅していく。

　ニューヨーク大学経営大学院教授のスコット・ギャロウェイ（Galloway, 2017）によれば，成功するビジネスモデルはどれも脳（理性），心（感情），性器（生殖本能）という身体の3つの部位のどれかに働きかけるものであるとされる。かれによればグーグル（Google LLC., Alphabet Inc. 傘下）は人びとの神への欲求を満足させ，アップル（Apple Inc.）は人びとのセックスへの欲求を満足させ，フェイスブック（Facebook Inc.）は人びとの愛への欲求を満足させ，アマゾン（Amazon.com Inc.）Amazon は人びとの消費へ

の欲求を満足させるとされる。

　4社はいずれも社会の基盤（プラットフォーム）となる市場を提供し，世界経済のみならず社会や文化にも絶大な影響をおよぼす存在であることから，「ヨハネの黙示録」に記されるそれぞれが地上の4分の1を支配し，剣，飢饉，死，獣によって地上の人間を殺す権威をあたえられている四騎士に準えて，その頭文字を採ってGAFAとよばれる。

　人びとは安全な洞窟から危険な外界へ進出し，脳を発達させてきた。そのプロセスで解決不能な困難に直面したとき人びとは神に祈った。ギャロウェイ（ibidem）によれば，わたしたちはこんにち牧師よりも神父よりも，友人や家族よりもグーグルを信じている。わたしたちは脳に話しかけ，それを補足し，長期記憶をほぼ無限にまで増幅させるが，グーグル検索を使えば世界中の情報を過去のものをふくめて瞬時に検索可能である。さらにそのひとが興味を示しそうなことを推測して提示までしてくれる。自分をそれまでより賢くなったと思わせてくれるグーグルのサービスを，人は愛さずにはいられない（cf., ibidem）。

　ギャロウェイ（ibidem）によればわたしたちはより良い遺伝子をもった子孫を残すために異性に魅力的でなければならない。こんにち異性にもっともアピールできる価値を示すことができるもっとも簡単な方法はiOSをもつことであるとされる。iOSをもっているということは1,300ドルもする電話を購入する経済力があることを示している。アップルの製品はより良いパートナーと巡りあいたいという性的な欲求に訴えかける。2015年にアップルウォッチが登場した際，アップルが広告をだしたのはセレブな女性向け高級ファッション雑誌『ヴォーグ』であった。アップルはほかのラグジュアリーブランド同様，「あなたのほうがライバルよりも優れて見えますよ。」というメッセージを発信しているとされる。

　ギャロウェイ（ibidem）によれば人間は愛なしでは生きられない。経済的に豊かでも愛情のとぼしい環境で育った子供は能力を発揮できない。愛はひととひととの関係，つながりのなかで生まれる。フェイスブックは1人では生きられない人間の心に訴えかける。世界中の利用者がその属性を自ら明らかにし日々の行動を書き込んでいる。

人間が洞窟を飛びだしたときもっとも深刻な問題は飢えだった。飢えをしのぐためにはより多くの食料を蓄えなければならない。ギャロウェイ（ibidem）によれば，わたしたち人間の脳には「もっともっと」という欲求が刷りこまれているとされる。わたしたちはつねにより多くのものを所有しなければならないという強迫観念にしばられている。不必要という合理的な感覚は「もっともっと」という欲求に克てない。厳しい自然環境下で生き抜いてきた人類にとってより良い道具をもつことは生存の鍵だった。その結果，わたしたちは大昔からより多くのものをもつほど，より大きな安心と成功を手にしていると感じる。アマゾンの利便性が人びとの狩猟，採集本能をくすぐるのである。

2

物的流通の高度化

2-1

資本主義社会の誕生

　岩井（2006）によれば資本主義とは差異の発見，活用，創出をとおして利潤を獲得し資本（貨幣）の永続的な蓄積を追求するシステムとされる。そして資本主義はその利益の獲得の仕方から分類される。商業資本主義は価値体系の差異を見つけてそこから利潤を獲得する活動であり，イギリスの東インド会社はインドでコショウを安価で購入し，欧州で金銀と同様の価値で販売することで利潤を得た。産業資本主義は 18 世紀にイギリスで生起した産業革命をとおして生まれたシステムであり，インプットおよびアウトプットで差異を創出してそこから利潤を蓄積していくメカニズムである。

　産業革命前から起こった囲いこみ運動によって郊外の共有地は私有地に転換され，共有地から追いだされた農民が郊外で家内制手工業に従事するようになる。ミシェル・ボー（Beaud, 2006）はこの段階を商業資本主義と産業資本主義のあいだのマニュファクチュア資本主義とよんでいる。その後蒸気機関が発達して運河などの交通網も整備されることで都市部での大規模工場

が発達していく。産業資本主義では農村部と都市部の価値体系の差異から利潤を得ていた。産業資本主義では，原材料を大量購入して他社よりも安い単価で購入する，大量生産によって習熟効果が発揮され相対的に安い単位あたり生産コストを実現するなどのコスト全般で差異を生みだしたり，イノベーションをとおして他社とは異なる製品，サービスを生みだすことで新しい差異を創出するメカニズムがある。

　フランスの歴史学者フェルナン・ブローデル（Braudel, 2008）によれば，「資本主義」という言葉がひろい意味で使用されるようになったのは，ドイツの経済学者であり社会学者ヴェルナー・ゾンバルト（Sombart, 1902）からであるとされる。資本主義とは「市場経済」であるとする研究者は多いが，ブローデル（cf., Braudel, op. cit.）の考えの特徴は資本主義と市場経済を明確に区別していることである。かれは経済を「物質生活」，「市場経済（経済生活）」，「資本主義」の「三層構造」でとらえ，市場経済は一定の透明性や公平性が生じる領域であり，資本主義は投機，利潤，独占，権力が支配的な不透明な領域と考えた。かれによれば市場経済は明瞭で透明でさえある現実でわずかな利潤の世界，すなわち「市（いち）」のイメージであるとされる。そして市は開放を意味しており別の世界への入口と考えられていた。それに対して資本主義とは集中と独占がおこなわれている地域であり，そこは「反市場」であると考えられた。こうした背景には，歴史的に市場が共同体間の交換の場として生成された歴史があると考えられる。

　資本主義という言葉がいつから使用されるようになったのかとは別に，資本主義とよびうるシステムがいつ誕生したのかに関しては議論がある。これについて水野（2014）は，1215年の第4回ラテラノ公会議で，ときのローマ教皇が「金利」を認めたことをもって実質的な資本主義の誕生としている。すなわち高橋＝水野（2013）によれば資本の増殖が資本主義の重要な要因とされる。伊藤（2018）によれば，近代的資本は市場経済の仕組みにもとづいて社会的規模で人びとの労働，生産活動をその価値増殖運動の内部で組織化することによって，投資額を超える剰余価値をその内部で獲得することが可能になったとしている。近代資本主義は外来的で周辺部におかれていた市場経済の秩序を，封建社会の解体によって社会内部の経済生活の基本的原

理に浸透させることをとおして成立してきたのである。

　アメリカの社会学者であり歴史学者のイマニュエル・ウォーラーステイン（Wallerstein, 2004）は，資本主義を無限の資本蓄積が優先されるシステムとして定義される史的システムであるとして，近代世界システムのみが資本主義的なシステムであるとしている。すなわち資本主義は私利の追求を肯定する。バーナード・マンデヴィル（Mandeville, 1989）によれば質素倹約は社会全体の利益にはつながらず，貪欲，放蕩をはじめとする限りない私利の追求が，結果として雇用を創造し，経済的富を生みだし，社会の繁栄につながるとされる。「私悪すなわち公益」は一般に悪徳とされる個人の利己的な欲求充足や利益追求が結果的に社会全体の利益につながるとする逆説的な主張である。

　資本主義とは市場経済をとおして無限の拡大を志向するシステムである。生産者，労働との交換で賃金を得る労働者，商品の交換の場としての市場は紀元前から存在するが，それのみでは資本主義とはいえず，無限の拡大を優先するシステムがあらわれて資本主義の誕生ということができる。すなわち資本主義が存立重要な要件は富の総量の拡大である。したがって経済的資産や資源の総量が有限であれば資本主義は存立しえず，資本主義社会を維持するためには不断の経済的成長が必要になる。

　アメリカの歴史学者ケネス・ポメランツ（Pomeranz, 2001）は，1750年ごろまで当時ヨーロッパの最先端地域であったイングランドと中国の長江下流域にきわめて類似した商業化とプロト工業化がみられたことを提示したうえで，その後両者のあいだにそれまでの人類史とは異なる断絶が生じたとした。かれはその要因としてイングランドでの石炭採掘と新大陸への植民地拡大をあげている。すなわち，イングランドは天然資源の開発と搾取，ならびに貿易の地理的ひろがりをとおして経済的成長という資本主義に必要な要件を満たしてきたのである。

　その後生起した産業革命が産業の生産性を高め，20世紀にはいると大量生産がひろくおこなわれるようになり大量消費社会が出現する。そして流通の位置づけが社会的意味と企業経営的意味での流通から現在の企業経営における機能へと変貌を遂げるなかで，大きな意味での流通をあらわす言葉とし

てマーケティングという概念が登場する。

　マーケティングという思想は1900年代にアメリカにおいて芽生え，1910年代に概念形成がおこなわれる。アーチ・ショー（Shaw, 1912, 1915）は物的流通は需要の喚起と同じ注意を要する問題であると指摘して，企業経営活動を「生産活動」，「流通活動」および「管理活動または調整活動」に区分し，流通活動の構成要素として，「需要創造活動」と「物的供給活動」の2つの活動をあげている。

　フレッド・クラーク（Clark, 1922）は 'physical distribution' という用語を用いてマーケティングの機能を説明している。すなわち，かれはマーケティングの機能を「交換機能」，「物的供給機能」，「補助（促進）機能」の3つに分類し，物的供給機能（functions of physical distribution）を交換機能に対応する流通の基本的な機能の1つとして説明している。さらにクラークは物流の機能は輸送と保管であり，輸送は場所的効用の創造であるとしている。

2-2

サプライチェーンマネジメント

　1990年代後半になって流通プロセスの効率化の動きのなかから消費者の視点から供給連鎖（サプライチェーン）全体の最適化を図ろうとするサプライチェーンマネジメント（supply chain management：SCM）とよばれる考え方が登場する。SCMとは顧客に価値をもたらす製品，商品，サービスを提供するビジネスにおいて，原材料の供給から最終需要者にいたるすべての業務プロセスをトータルで1つの業務プロセスとしてとらえ直し，企業や組織の壁を超えてビジネスプロセスの全体最適化を継続的におこない，製品，商品，サービスの付加価値を高めて企業に高収益をもたらす戦略的な経営管理手法である。ロジスティクスがあくまでも物流という機能をベースとしているのに対して，SCMはサプライチェーンの全体最適を実現するため

のマネジメント手法である。

　サプライチェーンとは原材料の調達から生産，販売，物流を経て最終需要者にいたる製品，商品，サービスの提供のためにおこなわれるビジネス諸活動の一連の流れを意味し，産業によってプロセスは異なるが製造業であれば研究開発，資材調達，生産，物流，販売などの企業がおこなう供給，提供活動の連鎖構造である。たとえばビールのサプライチェーンは小麦やホップの生産からはじまり仕込，発酵，熟成，ろ過，瓶詰，出荷というビール製造プロセスを経て卸売業者，小売業者へ配送され消費者にいたる供給連鎖である。企業はこの過程をマネジメントすることをとおして流通プロセスの全体最適による高付加価値化を図る。

　アサヒビールの場合，欧州統括会社であるアサヒヨーロッパアンドインターナショナルのもと，品質の高い麦芽を安定的に調達するため1,500以上の地元農家と連携し，つねに革新的な機能や仕組みの導入に取り組んでいる。たとえば農家が高品質の麦を着実に収穫できるように ‘orzobirra.net’ とよばれるオンラインプラットフォームを農家へ提供し，各農家がもつ知見から天気予報，地質，収穫物の種類といったあらゆる情報を統合的に管理，共有し，高品質な原料を安定的に生産できるだけでなく，肥料や農薬の効率的な使用や土壌耕うん作業の適正化など環境への負荷の低減も実現している。またアサヒビールは製罐会社4社と共同で環境に配慮したパッケージ開発の一環で国産最軽量級となるビール類350mlアルミ缶を開発し，さらに配送車両への荷積み，荷降ろし時や輸送時に日光や振動による品質劣化を防ぐために荷造り業務を迅速化するために，荷台部分の側面が鳥の羽のように開く形式の車両「ウイング車」や，サスペンションに金属バネではなく空気バネを採用して空気の弾力が振動を吸収して荷台への衝撃が緩和される積荷への衝撃を緩和する「エアサス車」の導入を進めており，すでに約90％がこれらの仕様車となっている（cf., https://www.asahigroup-holdings.com/, 30 June 2021）。アサヒビールの取り組みはサプライチェーンの全体最適とともに，持続可能な開発目標SDGs（sustainable development goals）の考えも組み込まれている。

　SCMのもとで導入された新たな物流システムとしてジャストインタイム

物流システムがある。これは SCM の運用手段として開発されたシステムであり，生産，在庫，配送，販売等のパターンを迅速に計算することによって，必要なものを必要なときに必要な量だけ最小限のコストで流通させる配送システムである。

2-2-1　クイックレスポンス

　サプライチェーンの全体最適のための仕組みにアパレル産業からはじまった QR（迅速消費者対応，quick response）がある。アパレル産業は紡績，織布，染色，縫製といった製造工程を経て，卸売，小売というサプライチェーンを構成して，各工程には中小の独立事業者が多いという特性がある。流行や季節要因など変化の激しい市場であるにもかかわらず，サプライチェーンの長さから機動的な商品提供が困難で，売れ残りや販売機会ロスが発生しやすいという構造的問題を抱えていた。1980 年代のサプライチェーンは繊維原材料が最終製品になって店頭にならぶまで平均 66 週間，そのうち紡織，織布，染色，縫製などの製品の製造をおこなう活動は 11 週間で，残りの 55 週間は倉庫在庫と輸送に費やされていたことから，サプライチェーンの上流では見込み生産を余儀なくされていた。

　こうした環境に対応するために，アパレル産業では自らマーケットの流行を創りだす仕組みを構築していた。すなわち加盟国の色彩情報団体で構成されるインターカラー（intercolor, international commission for color, 国際流行色委員会）が協議して約 2 年前の 5 月に春夏カラー，11 月に秋冬カラーの流行色を選定し，パリを中心としたファッショントレンド情報会社が情報を発信，販売の半年前のパリコレクション，ミラノコレクション，ニューヨークコレクションなどが開催され，同時にファッションメディアから新作情報を発信していた。しかし当然のことながら販売時点における流行を予測することはできない。

　QR はアメリカのアパレル産業内における製販同盟体制を確立してサプライチェーン全体の情報共有を進め，市場の変動に素早く対応する体制を確立するための取り組みである。QR をとおして製造から販売にいたるリードタ

イムを短縮して，在庫削減，売れ筋商品の欠品防止を目指すものである。SCM ではそれまでの製造業者主導のプッシュ型流通から消費者主導のプル型流通への取引のパワーシフトがおこなわれる。

QR はアパレル産業からさまざまな産業にひろがり，1990 年代に入ると食品雑貨産業が ECR（効率的消費者対応，efficient consumer response），外食宅配業界が EFR（efficient foodservice response），医療業界が EHCR（efficient healthcare consumer response）という同様の取り組みをはじめている。

QR が食品雑貨産業に導入された背景には 1980 年代に登場したスーパーセンターの台頭があった。ウォルマート（Walmart Inc.）に代表される巨大スーパーマーケットチェーンが低価格を武器に消費者の支持を得て急成長を続けるなか，既存小売業は自らの存続のための産業改革に迫られていた。ECR はアメリカの加工食品，生活雑貨，日用品のグローサリー産業において製造，卸売，小売が連携して効率的な流通機構を構築し，消費者ニーズに合致した品揃えと迅速な商品補充，および流通コスト削減をとおして適正価格での商品提供がおこなえる体制の確立を目指す業界横断型の経営戦略である。

産業内のサプライチェーンにおける川上と川下が競争的なとき，在庫やコストの押しつけあいが生じ，サプライチェーン全体が非効率となってしまう。ECR ではサプライチェーンに参加する事業者が同盟して POS（point of sales：販売時点情報管理）データを共有したり，EDI（electronic data interchange）を導入して異なる組織間で各種商取引のための構造化されたデータを交換することでサプライチェーンの全体最適を実現することを目指している。

ECR の取り組みとしてはマクドナルド（McDonald's）の国際的な共同仕入れの仕組みである，GPIA（global purchasing information analysis）とよばれるコンピュータネットワークシステムがある。このシステムには同チェーンと取引のある企業名，所在国，企業規模，取扱商品，商品価格，関税，保険料率などの情報がデータベースとして蓄積されており，100 か国あまりに展開する同チェーンの購入する 4,000 を超える原材料について最適な

仕入条件を知ることができる。

　QR が業界の取り組みであるのに対して，企業が業界構造の課題に取り組んだのが製造小売業（specialty store retailer of private label apparel：SPA）とよばれる形態である。SPA とはアパレル業界で製造業者自らが直接消費者に販売する小売店をもつ業態であり，サプライチェーンの多くのプロセスを自社グループ内でおこなっている。この業態では製品の企画から原材料調達，製造，販売までを自社で手掛けることから，マーケットニーズに対応した迅速な製品開発，適時適量生産，流通コストの削減による低価格設定が可能になる。

　SPA はアメリカの衣料品小売大手ギャップ（Gap Inc.）の創業者ドナルド・フィッシャーが，1987 年の株主総会配布資料のなかで自社の業態を 'speciality store retailer of private label apparel' と述べたことがはじまりである。それを繊維関連の業界新聞「繊研新聞」の記者が新聞に「SPA（製造卸小売業）」という略称で記事にしたことをきっかけとして，日本で SPA がひろまるようになる。当初の独自のブランドを販売する衣料品専門店という意味から，現在では素材調達から商品の企画や原材料調達，生産，販売までのすべての工程を一貫しておこなう企業が SPA とよばれるようになっている。

　ギャップをはじめ，「ZARA」を展開するインディテックス（Industria de Diseño Textil, S.A.）や「H&M」を展開するヘネス・アンド・マウリッツ（Hennes & Mauritz AB），「UNIQLO（ユニクロ）」や「GU（ジーユー）」で知られるファーストリテイリングなども SPA とされる。こうした業態は業種を超えてひろがりをみせている。ホームファニシングのニトリは従来の製造小売業とばれるビジネスモデルに物流機能をプラスして，商品の企画や原材料の調達から製造，物流，販売にいたるまでの一連の過程を中間コストを極力削減しながら，グループ全体でプロデュースするビジネスモデルを確立している。

2-2-2　ウォルマート

　ウォルマートなどのスーパーストアに対抗するために構築されたECRであるが，大手スーパーマーケットチェーンは独自にサプライチェーンの全体最適を実現する仕組みを構築し，その成果を価格に反映させることで成長してきた。また，製造業においてはサプライチェーンの全体最適は競争優位性を実現する重要な要因となっている。

　世界最大の小売業ウォルマートの強みの1つは情報システムとそれを活用した物流システムによる徹底したローコストオペレーションの実現である。同社は傘下の店舗の商品の売れゆきと在庫をリアルタイムで把握し，過去のデータの分析から予想される売上を算出して即座に製造業者へ発注すると同時に，受注した製造業者は必要最小限の生産をして即座に納品することによって在庫を削減する。

　これを可能にしているのが「スマートシステム」と「リテールリンク」を活用したカテゴリーマネジメントの実践である。スマートシステムとはウォルマートのPOSによる販売データから商品に関する販売情報を分析するシステムであり，リテールリンクとは取引先製造業者と販売，在庫情報を共有するシステムである。たとえば世界最大の化学品製造業者プロクター・アンド・ギャンブル（The Procter & Gamble Company：P&G）と提携してウォルマート店頭のP&G商品在庫と販売情報，P&Gの生産状況の情報の同期化をおこなっている。取引先各社は商品販売情報を活用した商品の需要予測が可能となり，製造コストを抑えることができる。

2-2-3　トヨタ自動車

　トヨタ自動車の「トヨタ生産システム」はそれまでの欧米の製造業の常識を打ち破った仕組みである。このシステムは「カンバン方式」，「JIT」，「平準化」，「7つのムダ」，「自働化」，「改善」，「ポカヨケ」，「見える化」によって構成され，在庫は悪という考えと人間の能力を核とした生産改善活動をとおして規模に頼らない生産性向上を目的としている。

トヨタ生産システムの一環として元トヨタ自動車副社長だった大野耐一が開発したのがカンバン方式である。MIT のジェームズ・ウォマックらがトヨタ生産システムを研究調査して「リーン生産方式」として欧米に紹介している（cf., Womack=Jones=Roos, 1991）。

　トヨタ自動車は 1933 年，豊田佐吉が愛知県碧海郡刈谷町（現刈谷市）に創業した豊田自動織機製作所（現豊田自動織機）内に開設した自動車部を起源とする。1937 年，愛知県西加茂郡挙母町（現豊田市）に独立した新会社を設立した。カンバン方式は大野耐一が開発した生産現場で連続する工程間の仕掛在庫を最少にするための仕組みで，トヨタ生産システムでジャストインタイムを実現するために開発された手法の 1 つである。部品が後工程で使用されると引き取りカンバンをもって前工程に引き取りにいく，前工程はかんばんを発注書として受け取って製品を加工し，加工品はかんばんとともに後工程に渡され，この一連の流れで工程間の仕掛在庫の最少化が実現する。

　生産指示標としてかんばんを使うことから「かんばん方式」という名称が用いられている。前工程はかんばん（仕掛けかんばん：生産指示標）を発注書としてうけとって製品を加工し，加工品はかんばん（引きとりかんばん：納品書）とともに後工程にわたされる（cf., 大野，1978）。

　ジャストインタイム（just in time：JIT）は必要なものを必要なときに必要な分だけ流れるように停滞なく生産をおこなう仕組みで，この方式では後工程の需要量が生産計画に自動で落としこまれ，各工程が必要なものを必要なときに必要なだけ生産する。これを実現するためには，部品や材料の供給メーカー側の納入も必要な個数を必要なだけ必要なときに納入する必要がある。

　平準化では一定の期間内に生産する生産量や生産品目を均して生産活動をおこなうことで前後工程の在庫が抑えられる。トヨタ生産方式のジャストインタイムは平準化生産が前提となる。平準化生産では顧客からの急な要求にも対応しやすくなる。

　7 つのムダは加工（不要な工程や作業），在庫（不要な在庫，備品，書類，データ），つくりすぎ（不要なモノを余分につくる），手もち（やれる仕事がない状態），動作（不要な動き），運搬（不要なモノの移動・仮置き），不良

（不良品や手直しが必要なモノをつくる）のムダを指し，これらを排除することが生産性の向上につながるとされる。

　自働化は品質，設備に異常が起こった場合，機械が自ら異常を検知して止まり不良品の発生を未然に防止する仕組みで，豊田佐吉が発明した糸が切れたら自動的に止まる「G型自動織機」が起源である。ニンベンのついた自働機は，善し悪しの判断をする装置がビルトインされた機械を指す。

　アンドンは生産現場の「目で見る管理」の道具として設置される設備の稼働状況や作業指示が一目でわかる電光表示盤であり，改善（kaizen）は知恵を絞って無限の可能性をもっている人間の力を最大限に活かして，現状を常によりよい方向に導いていく活動である。

　ポカヨケは生産工程内に設置された作業者のうっかりミス（ポカ）を避け（ヨケ）てくれる仕組みで，「不良自体を発生させないポカヨケ（発生防止のポカヨケ）」と「不良を発見してそれ以上の不良を発生させないポカヨケ（流出防止のポカヨケ）」の２種類がある。重要品質工程には不良発生のポカヨケと不良流出のポカヨケの両方が設置される。品質チェックはそのための基準時間もふくめてすべて標準作業票にもりこまれており，すべての作業プロセスの前後で品質チェックがおこなわれる。

　見える化は問題の所在を「みんなに見える」ようにして改善につなげる取り組みであり，異常を見える化して問題発生を防止する，暗黙知を見える化して知恵を共有する，方針を見える化して連携した行動のできる組織をつくる，成長を見える化してさらに成長する，状態を見える化して自律した職場をつくる，ムダを見える化して価値を高めることを目的とする。

2-3

ロジスティクス

　近代軍事の３要素は戦略，戦術，兵站であり三者は三位一体である。戦略（strategy）は政治目的に適う軍事全体の方向性を示すもの，戦術（tactics）

は戦地における戦い方である。そして兵站（logistics）は兵員や武器，食料などの必要物資の調達，輸送，保管，修理，補充，管理を意味しており，これがビジネスにおけるロジスティクスのルーツである。

兵站の「兵」は兵士，「站」は中継点，宿場，駅をあらわしている。戦争における兵站の重要性は古今東西普遍である。シベリア気団が「冬将軍」とよばれるようになったのはナポレオンのロシア遠征と関係している。フランス皇帝となっていたナポレオンは，1812年4月，約50万という空前の大軍を率いてロシアへの遠征を開始し，9月にはモスクワを占領する。しかしながらロシアが講和に応じなかったことから遠征軍のモスクワ滞在は長引き，ロシア軍がモスクワ市街に放火するなど焦土作戦をとっていたことから，軍隊は食料などの物資を調達できずに消耗していった。10月，ついにナポレオンは退却を決意するが，シベリア気団の厳しい寒さがナポレオン軍に襲いかかり，12月までかかった撤退は飢えと寒さに苦しめられ，約24万人もの犠牲者をだすことになる。シベリア気団の厳しい寒さは全ヨーロッパを支配する勢いだった最強のナポレオン軍を破った冬将軍とよばれるようになった。

日本には戦国時代，籠城する敵を攻略する戦法として敵の食糧補給路を断ち兵糧を欠乏させることによって打ち負かす「兵糧攻め」という攻略法があった。豊臣秀吉は城内への食糧の輸送経路を遮断して飢餓状態に追いこむこの戦法が得意だったことで知られている。1581年の鳥取城攻めでは，周辺の商人からコメを高値で買い占めると同時に補給ルートを完全に絶ち，1582年の備中高松城攻めでは南を流れる足守川に堤防を築き，せき止めた水を流し込んで城を水没させている。

20世紀に入って人類が経験した2回の世界大戦は文字通り世界規模の戦争であり，その後も科学技術の進歩がもたらした新たな輸送手段や軍事兵器は戦争自体をグローバルで大規模なものとしてきた。こうした環境でその善し悪しは別としてそれまでの兵站に科学がもちこまれ，軍事物資の調達，輸送，保管活動のトータルなマネジメント体系が確立してきたのである。

ロジスティクスとはこうした背景で軍事の領域で発展してきた考え方がビジネスにもちこまれたものである。科学技術の発展は戦争同様にビジネスも

グローバル化させ，企業は原材料の調達や販売先を全世界にひろげていった。天然資源を求めてアマゾンやアフリカの奥地にわけいり，安い人件費を求めて東南アジアに生産拠点を拡大している企業にとっては，世界の国や地域間で物資をいかに効率的に輸送するかが重要な経営課題となる。

　ビジネスがドメスティックな環境でおこなわれていたときには，物流という概念しか存在しなかった。物流とは原材料と最終商品の生産地点から使用地点までの物理的流れを計画，実行，コントロールすることであり，具体的にはそれらの包装，荷役，輸送，保管を考えていればよかった。

　物流はビジネスの機能でロジスティクスはマネジメントの概念と整理することができる。ロジスティクスとはトータルな最適在庫を考え，プロセス全体のリードタイムを短縮することを意味している。その手段としてロジスティクスのプロセスを改善したり，ネットワークを改編することがおこなわれる。

　1956年，1人当りの実質国民総生産（GNP）が1955年に戦前の水準を超えたことから，経済企画庁は経済白書「日本経済の成長と近代化」の結びで「もはや戦後ではない」と記述した（cf., https://www5.cao.go.jp/15. May, 2021）。日本では1955年から高度経済成長のはじまりとなる神武景気が幕を開ける。

　1957年，日本生産性本部が製造業の生産性向上と効率化を学ぶためにアメリカ視察をおこない，物資の移動に関する総合的概念であったアメリカの'Physical Distribution'を物的流通と訳している。アメリカでは日本におけ

	物流	ロジスティクス
目的	物流活動効率化	戦略適合
対象	モノの流れのプロセス	モノ・サービス・情報の流れの体系
領域	自社領域	流通過程

図表 2-1　物流とロジスティクス

出所：筆者作成

る輸送，保管，荷役，包装，流通加工，在庫管理，受発注処理などの活動の集合体である物流に相当する言葉がなく，「物資の移動に関する活動の総合的管理」をロジスティクスとよんでいた。

多国籍企業が登場するなかで，1950年代から1960年代にかけて，ロジスティクスはビジネス世界に浸透していく。日本においては1970年代から1990年にかけて，物流を全体としてマネジメントしていこうという考え方の受け皿としてロジスティクスが受けいれられる。ここでのロジスティクスは物資の移動を総合的に管理するというマネジメントの概念であった。日本でロジスティクスという言葉が浸透するのは2000年代にはいってからである。

ロジスティクスとは，それまでの物流（distribution）とは一線を画する概念である。物流とは，経済，経営の機能，領域を示すものであり，ロジスティクスは企業経営における機能としての物流全体に対してのマネジメントの思想，方法である。こうしたことを可能にしたのが情報通信システムである。流通チャネルにもちこまれた情報通信システムは，当初受注処理，在庫管理，荷役機器の制御に活用されていた。それが物流を構成する各活動を結びつけ，生産，販売，物流の分散している拠点間を結びつけるようになる。そしてコンピュータと通信技術の発達と普及が機能統合，拠点統合を可能にして，ロジスティクスがビジネス領域に応用される土壌ができあがっていく。

ロジスティクス（logistics）とは経営戦略を取引活動の中心に位置づけ，原材料調達，生産から流通，在庫，販売にいたるまでをトータルにマネジメントする考え方である。ロジスティクスは，流通プロセスを効率化すると同時にビジネスのスピード化をもたらし，こんにち競争上の優位性を獲得する有力な手段となってきた。

アメリカのサプライチェーンマネジメントプロフェッショナル協議会（旧ロジスティクスマネジメント協議会）は，ロジスティクスを「顧客の要求を満たすために産地と消費地間の財，サービス，そして関連する情報の効果的かつ効率的な川上から川下へ，あるいはその逆のフローとストックを計画，実行，管理するサプライチェーンプロセスの一部である。」（https://cscmp.

org/, 31 March 2021）と定義している。

　日本ロジスティクスシステム協会の定義では，ロジスティクスとは「需要に対して調達，生産，販売，物流などの供給活動を同期化させるためのマネジメントであり，そのねらいは顧客満足の充足，無駄な在庫の削減や移動の極少化，供給コストの低減などを実現することにより企業の競争力を強化し，企業価値を高めることにある。」(cf., http://www.logistics.or.jp/, 31 March 2021）とされる。

　ロジスティクスは原材料輸入と製品輸出，海外と港湾を結ぶ P2P（port to port），部品・半製品の輸入と国内生産，海外と国内の生産ラインを結ぶ L2L（line to line），製品生産と店舗，工場・流通センターと店舗を結ぶ L2S（line to shop），通信販売による宅配，店舗・配送センターと家を結ぶ D2D（door to door）など多くのシーンでおこなわれている。

　ロジスティクスや SCM，ジャストインタイム物流システムが誕生してきた背景には，流通チャネルの効率化という観点もさることながら，消費者のライフスタイルの変化にともなう消費ニーズの多様化，個性化への対応という側面も大きな要因となっていた。そうした変化に対応して売上を伸ばすためには，それぞれの消費者が望む多様な製品アイテムを競争優位性のある価格で提供しなければならず，そのためには店頭在庫を極力抑えることが必要となる。

　またプロダクトライフサイクルが短くなるなかで競合企業との市場競争を勝ち抜いていくためには，顧客の欲求に迅速に応えなければならない。そのためには顧客の欲求を競合企業に先駆けてとらえることが必要となり，顧客情報データにもとづいた売れ筋商品の販売予測と，そうした商品の迅速な配送システムの構築が不可欠となってきたのである。こうした要請に対応するために物流共同化や多品種小口配送システムが構築されることになる。ジャストインタイム物流システムを支援するシステムとして物流共同化と多品種小口配送システムがある。個別に配送されていた製造業者ごとの商品を共同配送センターを設置することによって一括配送する共同配送は，物理的なトラックの配送回数を劇的に減少させ，あわせて流通コストを削減する。またドミナント展開するチェーンオペレーションにおいて，共同配送システムは

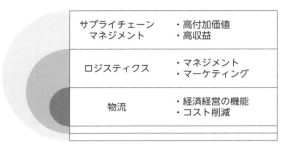

図表 2-2　ロジスティクスの位置づけ

出所：筆者作成

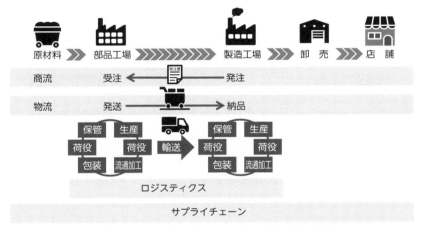

図表 2-3　サプライチェーンとロジスティクス

出所：筆者作成

多品種少量配送システムの重要な構成要素である。

　さらに共同配送において配送エリアや配送時間によって配送ルートを設けるルート配送，ダイアグラム配送の仕組みが構築されてきた。ダイアグラム配送は配送ルート，配送順序，配送車輌の出発時間，各配送先の到着時間，帰着時間などを鉄道ダイヤのように計画的に設定した配送手法である。こうした物流共同化，多品種小口配送システムによるジャストインタイム物流システムを実現させたのが情報通信技術である。

こんにちグローバルサプライチェーンが構築され，サプライチェーンの複雑化，高度専門化が進むなかで，ロジスティクスのアウトソーシングがおこなわれるようになり，ロジスティクスマーケットが誕生している。こうした環境で企業のロジスティクスには地球環境問題，都市交通問題を考慮にいれることが求められる。物流効率化，物流力強化から交通混雑解消，安全問題，住環境問題，排ガス問題，ドライバーの労働条件改善，さらには流通センターの外観と周りの景観とのマッチング，都心ビルの荷受，駐車施設整備などの課題に対応するために，提携による混載促進，そしてひろく地域活

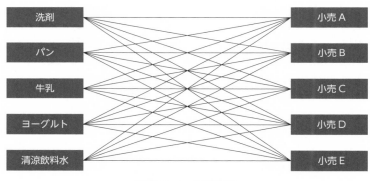

図表 2-4　個別配送

出所：筆者作成

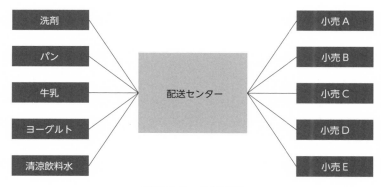

図表 2-5　共同配送

出所：筆者作成

動，文化活動への参加など，企業にはロジスティクスマネジメント技術の高度化が求められている。

3

情報社会と情報ビジネス

3-1

情報社会

　2020 年版情報通信白書によれば，2019 年のインターネット利用率は89.8 ％で，端末別のインターネット利用率はスマートフォンが63.3 ％でパソコンの50.4 ％を12.9 ポイント上回っている（cf., https://www.soumu.go.jp，2020 年 4 月 14 日アクセス）。情報化は流通にも大きな変化をもたらしたが，インターネットがどんなに発展しようとも回線のなかを商品が往来することはできない。

　アメリカの未来学者，ジョン・ネイスビッツ（Naisbitt, 1982）は情報時代におけるコンピュータを産業革命における機械と同様に位置づけている。こんにちわたしたちが生活する世界は高性能コンピュータと高速ブロードバンドが普及した「情報化」された社会である。ここでは物理的財とサービスの生産と消費が密接に連携しており，情報ならびに情報通信領域での発展が資本主義の存続をささえている。

　情報革命が産業の変革とそれにともなう社会構造の変革をもたらしてい

る。ハンス・ケルナー（Kellner, 1992）は新たなテクノロジー，エレクトロニクス，コンピュータ化が旧来の機械，機械化を代替し，生産過程，社会組織，日常生活において情報や知識が決定的に重要になった時代が生起したとする。資本主義社会における産業をはじめとする社会の情報化はそのプロセスで従来の産業の枠組みを破壊してきた。あるいは産業における機能は不変のままそれを担うプレイヤーに変化を生じさせてきたプロセスでもある。社会学者，アンソニー・ギデンズ（Giddens, 1991）は現代の生活が社会的に組織化されていることを指摘する。身近な事例を考えてみても電力供給，ごみの収集，処理，電車やバスの運行時刻，学校運営などを円滑におこなうためには計画が必要不可欠であり，われわれはほとんど意識していないが，計画を調整するシステムが機能している。こんにちのスーパーマーケットやコンビニエンスストアを考えてみても，かれらは情報通信技術を駆使して製造業者，生産者，流通業者，金融業者そして顧客の行動を不断に調整することなしには運営しえない。

ウェブスター（Webster, 1995）は社会の組織化は個人の自由を阻害しないという近代化のパラドックスを，「個体化（individuation）」と「個人性（individuality）」という概念を使って説明している。すなわち個体化は名前，生年月日，住所，職歴，学歴，収入，生活様式といった記録によって個人が同定される状況であり，個人化は個人が選択権をもって自分の生活を自らが決定できるような状況とされる。個体化と個人性は相反するように考えられるが，われわれの社会がその構成員を個人としてあつかうためには個人の個体化は必要条件であると考えられる。たとえば選挙権，生活保護，選挙権をささえるのは，国民を規定してかれらの年齢と住所の管理することにほかならない。

しかしながら個人の個体化の問題点を指摘する研究者も少なくない。バーナム（Burnham, 1983）によれば，通話，小切手，クレジットカード，タクシー，ケーブルテレビなどのわたしたちの日常生活を網羅する情報が自らが知らないところで日常的に収集され，データが構築されてしまうとされる。

フランク・ウェブスター（Webster, op. cit.）によれば，組織と観察は現代社会の発展のなかで結合されともに成長するとされる。社会生活を調整す

るためあるいは組織化するためには個人に関する情報の収集が不可欠である。かれによれば観察はわれわれの自由を阻害することを意味していない。すなわち前工業社会以前には自然の驚異が人間の自由を制限しており，ルーティン化，システム化された社会は監視された社会を意味してはおらず，むしろわれわれの自由の増大は組織化とともに進行すると考えられた。かれによれば社会生活を調整，組織化するためには個人に関する情報の収集が不可欠であり，情報収集は人間の自由を阻害することを意味していないとされる。

　ギデンズ（Giddens, 1987）は資本主義企業内での監視は経営の鍵であるとしている。かつてフレデリック・テイラー（Taylor, 1911）は，経営者の存在理由を情報スペシャリストとして行動することであるとして，経営者の役割は大量の知識を収集し，記録し，法則を創りあげることであるとしている。

　テイラー（ibidem）からはじまる経営学の焦点は生産プロセスの監視であったが，ウェブスター（Webster, op. cit.）はその後の資本主義の発展による経営の範囲の拡大を指摘してきしている。アラン・トラヒテンベルク（Trachtenberg, 1982）はこうした企業のドメインの拡大を「社会の企業化」とよんだ。こうした環境では効率を追求する経営者の監視の対象は，生産プロセスにとどまらず企業組織の枠を超えて企業活動全般にひろがっていく。ウェブスター（Webster, op. cit.）によれば，こうした企業の枠を超えたマーケットリサーチの進展は顧客を知ろうとする経営者の要求のあらわれであるとされる。

　かつてバーナム（cf., Burnham, op. cit.）が危惧した問題，あるいはトラヒテンベルク（cf., Trachtenberg, op. cit.）が社会の企業化とよんだいわゆる「監視」は，こんにちわたしたちの日常生活のなかに深く浸透している。わたしたちは無料でグーグル検索を利用できているわけではなく，わたしたちが検索したすべての検索履歴はグーグルに蓄積されている。またわたしたちが開いたアマゾンのサイトは利用者ごとに異なっているが，これは過去の購買履歴，検索履歴が反映されており，同社がユーザーの顧客情報を活用していることをあらわしている。同様にアマゾンアレクサ（Amazon Alexa）

はこんにち世界で週に数十億回ユーザーと会話しているが，それらの履歴は
すべてアマゾンに蓄積される。そしてフェイスブックには世界中のユーザー
の行動履歴が蓄積されている。

　ハーバート・シラー（Schiller, 1975）によれば，新たな情報テクノロジー
の性質や見通しに関するもっとも重要な問題はそれがだれの利益になり，そ
れがだれの管理もとで遂行されるかであるとされる。情報の分配先やアクセ
ス能力が社会的ヒエラルキーのどこに属するのかによって「情報革命」から
得られる利益の享受先が決まる。アニータ・シラー＝ハーバート・シラー
（Schiller, A.＝H. Schiller, 1982）によれば，情報も資本主義社会におけるほ
かの商品と同様に扱われ，歯磨き粉や朝食のシリアルや自動車などのように
情報は購買され，売られるとされる。

　リチャード・バーネット＝ロナルド・ミューラー（Barnet＝Müller, 1975）
によれば，情報や情報技術の発展は公的目的よりも私的目的のために開発さ
れ，アルフレッド・チャンドラー（Chandler, 1977）によれば，これは資本
主義が確立した性質であり資本主義初期からの要素とされる。リチャード・
バーネット＝ロナルド・ミューラー（cf., Barnet＝Müller, op. cit.）によれ
ば，資本主義は集中化し，しばしば寡占化した企業組織によって支配され，
その勢力は地球レベルとされる。こんにち情報を事業の中核にすえたいくつ
かの企業がそのドメインを拡大し「超国家帝国」を構築している。

3-2

アマゾン・ドット・コム

　アマゾン・ドット・コム（Amazon.com, Inc.）は 1994 年，ジェフ・ベゾ
スが自宅ガレージではじめたネット書店からスタートした。同社はそのドメ
インの拡大を続けて，すべての経済活動がアマゾンで完結するアマゾン経済
圏を構築して，こんにちアメリカ西海岸北西部シアトルに 30 以上の社屋ビ
ルからなるアマゾン本社群を擁する「超国家帝国」を構築している。アマゾ

ンのビジネスモデルの根底にあるのは顧客情報の収集と管理である。

　アマゾンの2019年度決算売上高は30兆5768億9800万円，純利益は約1兆2630億円，うちオンラインストア売上は15兆3959億，その大部分が買収したホールフーズ店舗が占める実店舗売上は1兆8739億円，マーケットプレイスで第三者が販売するサービスに関する手数料売上は5兆8601億円，AWS（Amazon Web Services）売上は3兆8178億円，サブスクリプションサービス売上（「Amazon プライム」の会員費など）は2兆939億円であった。アマゾンのプライム会員は2019年末までに世界中で1億5000万人を超える。

　AWSはアマゾンのネット通販事業のために開発されたクラウドコンピューティングシステムを市場に開放したもので，アマゾンの売上の10％，営業利益の70％を占める。AWSはクラウドコンピューティングから，ネットワーキング，データベース，データ分析，IoT，AIなど「ビッグデータ×AI」のプラットフォームをとおして，企業が求めるITリソースを世界に提供して，世界のクラウド市場シェアの30％を占める。企業はAWSのサービスを利用することで自社でシステム構築したり，セキュリティ対策をしなくても済むようになる。

　2019年8月23日に起こったAWSのシステム障害では，スマホ決済サービスPayPayの支払いやチャージができなくなる，楽天のフリマアプリ「ラクマ」のすべての機能が使えなくなる，ユニクロとGUのECサイトやスマートフォンアプリでログインや商品購入ができなくなる，ほかにも日本ピザハット，スターバックスコーヒージャパン，ゼンショーホールディングスのファミリーレストラン「ココス」，アクサ生命保険，バンダイナムコオンライン，東洋経済新報社，ミクシィ，楽天，ローソンなど30を超える企業のシステムに不具合が生じた。この障害はアマゾンAWSがひろく日本企業のシステムに浸透していることを印象づけた。

　百貨店やスーパー，書籍をはじめとしたコンテンツ産業，生鮮食品や衣料品といった業種で業績への影響や業態変化が起きている現象はアマゾンエフェクトとよばれ，アマゾンによる買収や新規事業拡大が多くの産業分野にもおよんでいることをあらわしている。

アマゾンの創業時のビジネスの特徴は，一度購入した履歴があればワンクリックで決済が完了する「ワンクリック決済」と，ユーザーの好みを分析してユーザーごとに興味のありそうな情報を選択して表示する「リコメンデーション機能」であり，アマゾンの優位性は高い検索性とロングテールの書籍が購入できることにあった。

　こんにちでこそ書籍を通信販売で購入することはあたりまえになっているが，アマゾンが登場するまでは，わたしたちにとって書籍はリアル書店で購入する商品であり，ほかの選択肢を想定していなかった。書店での購入の場合，書店にでかけて書籍を探して購入してもちかえって読むというプロセスであるが，アマゾンを利用する場合には，サイトへアクセスして書籍を検索してクリックで注文して宅配された書籍を読んで，カスタマーレビューを書きこむというプロセスである。そしてアマゾンのサイトや登録されたメールアドレスには，リコメンデーション機能によってお薦め書籍のメッセージが発信される。商品が届くスピードも速く多くの地域では翌日に届けられる。

　ワンクリック決済はアマゾンのカスタマーエクスペリエンスの向上の重要な手段となっている。ボタンを1回押すだけで注文が完了する「1-Click（ワンクリック）」は，アマゾンが1997年に開発して1999年に特許を取得した技術である。アマゾンのリコメンデーションのアルゴリズムは協調フィルタリング，ユーザーごとの購入予測モデルにもとづいて「この商品を買ったひとはこんな商品も買っています。」というリコメンドがおこなわれる。ロングテール現象とは「死に筋」と考えられてきた商品＝「しっぽ」の売上総額が売れ筋の売上を上回る現象である。アマゾンは戦略的にテールからあがる売上を見込んだビジネスモデルを考えていた。

　アマゾンのミッションは「地球上でもっとも顧客第一主義の会社」であり，設立当初からカスタマーエクスペリエンスへの強いこだわりをもっており，ワンクリックはその考えを実践するものである。アマゾンのビジネスモデルを支えるのは「低価格×豊富な品揃え×迅速な配達」である。カスタマーエクスペリエンス（customer experience：CX）とは顧客の経験価値であり，製品，商品，サービスをとおして顧客が得られる価値の総称である。CXには製品，商品，サービスに対する金銭的，物質的な価値だけではな

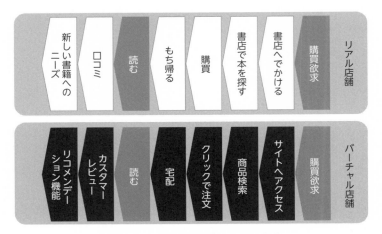

図表 3-1　書籍購買プロセスの変化

出所：筆者作成

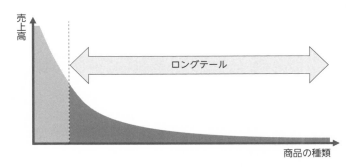

図表 3-2　ロングテールのイメージ

出所：筆者作成

く，商品を使用したときやサービスをうけたときに感じる心理的，感覚的な価値がふくまれる。

　経験価値マーケティングは顧客価値の範囲をひろくとらえ，顧客が商品，サービスを購入して利用する際の体験を意識的にデザインすることで総合的な顧客価値の提供を図るマーケティング手法で，コロンビア大学ビジネススクールのバーンド・シュミット（Schmitt, 1999）などが提唱した。経験価値には感覚的価値（sense），情緒的価値（feel），創造的・認知的価値（think），

肉体行動，ライフスタイルに関わる価値（act），準拠集団への帰属価値（relate）などの要素がふくまれる。

　企業にはカスタマーエクスペリエンスをパーソナライズするすることが求められている。企業が顧客について理解を深めたのちは，タイミングやチャネル，内容などを個別に最適化してかれらにパーソナライズしたアプローチをおこなう。顧客は自分にとって有益な情報が絶妙なタイミングで提供されることを求めているため，すべての顧客に画一のアプローチを続けていると顧客はやがて離反していく。企業は顧客と接点をもつすべての瞬間で高品質な体験を提供するために，顧客に対して人間的で誠実な対応をハイテックでハイタッチな手法で提供することで信頼関係を構築していくことが重要になる。

　アマゾンのビジネスモデルはジェフ・ベゾスが紙ナプキンに描いたものとされる（cf., https://www.amazon.co.jp/, 31 March 1999）。購買経験をとおして優れたCXを体験した顧客は取引（トラフィック）を増やすようになり，顧客の取引が活発なプラットフォームには販売事業者（セラー）が集まる。セラーが多くなると顧客の選択の機会（セレクション）が増えることで顧客はさらに高いCXを獲得し，満足した顧客はさらに取引を増やしていく。トラフィックの増加は規模の経済性，範囲の経済性を生みだすことで低コスト構造を構築して取り扱い商品の低価格化を実現する。そして取り扱い商品の低価格化はさらに高いCXを顧客にもたらすことになる。

　ジェフ・ベゾスは消費者は決して満足しないと考えている。現実に便利な生活に慣れたこんにちの人びとのフリクションへの許容度は下がり続けている。消費者は些細なことにストレスを感じる。サクサク動くスマホに慣れると数秒のタイムラグに耐えられず，スーパーマーケットやコンビニエンスストアのレジのまえで小銭をだすのに手間取っているひとがいるとストレスを感じる。ベゾスが目指したのはフリクションの解消であり，ワンクリックはその象徴であった。アマゾンのCXの目的は顧客に取引をしていると感じさせないことである。

　電子書籍のケースではソニーをはじめとする先行企業がCXが低い段階でサービスをローンチしたのに対して，アマゾンの電子書籍と電子書籍リー

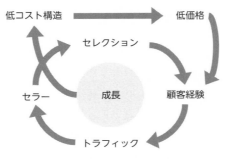

図表 3-3　アマゾンのビジネスモデル

出所：Amazon.jobs ホームページ

ダー，アマゾンキンドル（Amazon Kindle）は CX にこだわった。キンドル
のこだわりはデバイスを忘れるほどの自然な操作感であった。キンドルでは
ダウンロードにかかる通信費をユーザーに求めず，発売までに 10 万タイト
ルをダウンロード可能にした。

　アマゾンはワンクリックを発展させてアマゾンダッシュを提供した。これ
は物理的なボタンを自宅やオフィスに置いておき，商品が欲しいときにそれ
をプッシュすれば配送されるサービスであり，それに続くアマゾンエコーは
音声アシスタントによってコマンド注文ができるサービスであり，いわばワ
ンクリック技術の拡張版である。アマゾンダッシュは IoT 時代の決済デバ
イスであり，Wi-Fi 接続機能と 2 つのボタンを搭載するのみの IoT 機器で
あり，注文プロセスにおけるカスタマーの手間をいかに省略するかというコ
ンセプトによって実装された。洗剤や飲料，オムツなど日常的に使われる商
品がラインナップされているアマゾンダッシュは，ストックがなくなった際
にすぐ注文できるという手軽さゆえ，ワンクリックにおけるある種の到達点
であった。2019 年，アマゾンはアマゾンダッシュボタンの新たな展開を中
止して，音声認識 AI アシスタント，アマゾンアレクサを活用したボイスペ
イメントへとサービスを進化させている。

　ボイスペイメントはアマゾンエコーなどアレクサ搭載デバイスで買物が可
能になり，手足を使わず，「○○が欲しい」と一声かけるだけで注文が完結
する音声ショッピングである。同社はサードパーティーへ開発ツールを公開

し，2020年12月時点でアレクサは10万種類以上の製品に搭載され，搭載デバイスの出荷数は世界で1億台以上，82の国や地域で多彩なサービスを提供して，アレクサで多くの生活シーンをカバーする「アレクサ経済圏」の構築を進めている。

そしてこんにちのフリクションレス取引の到達点がアマゾンゴーである。これはアマゾンが運営する無人レジコンビニエンスストアで，2018年1月，シアトルで1号店をオープンし，2020年6月現在シアトル，サンフランシスコ，シカゴ，ニューヨークで26店舗を運営する。アマゾンゴーは顧客に買物をしている，支払いをしていることを感じさせない。顧客はスマホにアプリをダウンロードしてアマゾンアカウントにサインインしてゲートにスマホをかざして入店し，商品をもって出店すると商品代金はアマゾンアカウントに請求される。'Just Walk Out' 技術を可能にしているのは店舗内に複数設置されているカメラとマイク，棚に設置されたセンサーの組みあわせで，ディープラーニングアルゴリズムによりひとの動きをトラッキングし，一度手に取った商品をキャンセルして棚に戻したりする動作なども正確にとらえる。

これまでのあたりまえは不便，手間がかかる，時間がかかる，ひとがやる，フレンドリーでない，楽しくない，取引していることを意識させられるというものであったが，ベゾスが標榜しているのは便利，手間がかからない，時間がかからない，わかりやすい，自動でしてくれる，フレンドリー，楽しいであり，顧客が取引していることを意識しないことである。

4

プラットフォーマーの
ビジネスモデル

　プラットフォーマーとよばれる巨大 IT 企業が世界を席巻している。プラットフォーマーとしてもっとも成功している企業の 1 つがアメリカ電子商取引大手のアマゾンであり，アメリカにおける EC の売上の半分近くを占めるまでに成長している。

　GAFA のなかでアップルは 1980 年の創業以来わずか 38 年で時価総額が 1 兆ドルを超えるアメリカ初の企業となり，2021 年現在の同社の時価総額は 2 兆 3100 億ドルである。同じくグーグルの時価総額は 1 兆 387 億ドル，アマゾンの時価総額は 1 兆 210 億ドル，フェイスブックの時価総額は 7580 億ドルである。これらのプラットフォーマーの事業拡大は止まるところを知らず，あらゆる産業を飲みこむ現象が生起している。

4-1

察するテクノロジー

　プラットフォーマーは「IoT×ビッグデータ×AI」の活用をとおして，人間が五感で相手の考えていることを推察する能力を手にいれようとしている。アマゾンでチーフサイエンテイストだったアンドレアス・ワイガンド

（Weigend, 2017）は，アマゾンのマーケティングを 0.1 人規模でセグメンテーションすると表現している。

　従来型マーケティングにおける年齢，性別，職業，学歴，所得から顧客を分類し，ターゲットを設定していた時代は終わった。こんにち企業はユーザーの購入履歴，閲覧履歴，検索履歴などのビッグデータをもとに特定ユーザーの心理や行動パターンを AI で解析してリコメンデーションをおこない，リアルタイムでユーザーと 1 対 1 のマーケティングをおこなっている。

　リコメンデーション機能とは顧客の好みを分析して，顧客ごとに適すると思われる情報を提供するサービスのことである。アマゾンのリコメンデーションのアルゴリズムは協調フィルタリングとユーザーごとの購入予測モデルによっておこなわれ，さまざまなユーザーの行動ログや検索履歴のビッグデータを利用して統計にもとづいて似たものを集めてグルーピングされる。

　アマゾンでは顧客に着目したユーザーベースのフィルタリングと商品ベースのフィルタリングがおこなわれる。特定のユーザーと別のユーザーがチェックあるいは購入したデータの両方を使ってユーザー同士の類似性や商品同士の共起性が解析される。前提となる仮説は人間は似ているひとがもっている商品を欲しがり，自分と似ているユーザーの評価と自分の評価は似ているというものである。アマゾンにおけるリコメンデーションは，多くのユーザーのなかから類似性のあるユーザーを探しだして，もっていないユーザーに勧めることである。

　アマゾンは従来のネット通販にくわえてリアル店舗へ進出することをとおして，より詳細なビッグデータの収集を進めている。「ユーザーの位置情報×行動範囲×時間データ」がわかればユーザーの正確なプロファイリングが可能になる。24 時間 365 日の情報がわかれば個人が特定できるとされる。たとえば夜 8 時から朝 7 時までいる場所は自宅，午前 9 時から午後 5 時までいる場所は職場であり，住所と勤務先，年齢がわかれば年収が類推可能とされる。データの重要なポイントは正確性とカバレッジ，鮮度であり，リアルタイムでこれらのビッグデータを収集することをとおして，消費者が行動変容をおこなうタイミングと理由が推測可能とされる。行動変容する可能性のある消費者を推測できれば，かれらが求める商品を的確なタイミングで推奨

することが可能になる。

　アマゾンのもつ絶対的ケイパビリティは圧倒的な持続的競争優位を有する物流システムが実現するクイックデリバリーである。アマゾンはこの強みを活かして，商品の保管から注文処理，配送，返品に関する問いあわせ対応まで請け負うサービスであるフルフィルメントバイアマゾンを提供している。このサービスを利用すれば製造業者や生産者，流通業者にかぎらず，個人であっても，製品や商品さえあればビジネスをはじめることができる。さらにオーダーフルフィルメントでは，受注後顧客に配送するための一連の業務である受注管理，在庫管理，ピッキング，パッキング，発送，代金請求，決済処理，返品処理，問い合わせ，苦情処理といった一連の業務を完遂してくれる。

　アマゾンはB2Cプラットフォームであるアマゾンマーケットプレイス（Amazon Marketplace）を運営している。これはセラー商品をアマゾンサイトをとおして販売できる仕組みである。アマゾンマーケットプレイスでは，アマゾンですでに販売中の商品であれば在庫数と価格などの最低限の情報の入力のみで販売開始可能であり，配送業務や代金回収，商品ページへの集客はアマゾンが代行してくれる。

4-2

ネットとリアルの融合

　アマゾンはオンライン経験とオフライン経験をシームレスに消費者に提供しながら，同時にビッグデータを収集して，CX向上につなげる体制を構築している。アマゾンはリアル店舗であるアマゾンブックス（Amazon Books）の取扱商品はアマゾンでの評価が4.0以上の人気商品に絞り込まれている。アマゾンブックスではすべての書籍は表紙を正面に向けて陳列され，これによって多くの品目数を陳列することよりも商品の探しやすさが重視された陳列がおこなわれている。需要と供給に応じて価格が日々変動する

ダイナミックプライシングを採用し，書籍が陳列されている棚には値札が一切ついておらず，店内に設置してあるスキャナーやアマゾンアプリで書籍のバーコードをスキャンすると，価格が表示される仕組みになっている。アマゾンアプリを使ってスキャンすると価格がわかるだけでなく，その場所での決済も可能である。

　アマゾンブックスでは「アマゾンでの検索数」，「レビューの多かった本」，「ほしいものランキング」，「リコメンド機能」などのオンラインでの買物体験が，リアル店舗の陳列でも採用されている。「Highly Quotable」と表示された棚では，キンドルでもっともハイライトされた書籍が陳列される。ハイライトとは文章をマーキングできる機能であることから，ハイライトされた箇所が多い書籍は重要な情報が満載されている書籍であると考えられる。

　2017年8月，アマゾンはアメリカに448店舗，カナダに13店舗，イギリスに9店舗を展開する高級生鮮食料品マーケット，ホールフーズ・マーケット（Whole Foods Market, Inc.）を買収する。アマゾンはここをユーザーのビッグデータの収集とともに，店舗内にアマゾンロッカーを設置して，ネットとリアルの融合による顧客に標品を届ける「ラストワンマイル」の拠点としている。またアマゾンプライム会員であれば，35ドル以上の買物をした場合に無料デリバリーのサービスを受けることができる。

　アマゾンプライム（Amazon Prime）はアマゾンの提供するサブスクリプション（定額サービス）モデルで，日本でのサービス開始は2007年，プライム会員は一般顧客よりもリピート率が高く1回あたりのバスケット価格（一度の購入金額，購入数）が高額であることがわかっている。2019年度，サブスクリプションサービス売上（「Amazon プライム」の会員費など）は2兆939億円，2020年8月現在，年会費はアメリカが119ドル，日本では4,900円で，会員数は米国内で1億100万人，米家計の64％以上が利用している。アマゾンプライムでは，当日・翌日配送，日時指定配送を無料かつ無制限に利用可能で，対象エリア内であれば最短2時間で商品が届くサービスを利用できるプライムナウ，タイムセールの商品を通常より30分早く注文できるプライム会員限定先行タイムセール，対象商品を通常の価格よりも割引されたプライム限定価格で購入できるプライム限定価格，会員特典対象の

映画や TV 番組を無料で視聴できるプライムビデオ，100 万曲以上の楽曲やアルバム，プレイリストを無料で楽しめるプライムミュージック，対象のキンドル書籍が追加料金なしで読み放題となるプライムリーディングが利用できる。

　プラットフォームが提供するさまざまな便益を享受するために，会員たちは年間 2,500 円から 12,500 円あまりを喜んで支払っている。会員は数百万点ある商品を 24 時間から 48 時間のあいだに送料無料でうけとることができ，このサービスのユーザーはほかのユーザーの 2 倍の頻度で購買することがわかっている。

4-3

ロボットと AI の活用

　アマゾンは世界中に 200 を超える大規模物流拠点であるフルフィルメントセンターをもつ。これらの倉庫では可動式商品棚がピッキング作業者のもとへ移動する「アマゾンロボティクス」が利用されている。アマゾンロボティクスは 2012 年にアマゾンが 7 億 7500 万ドルで買収したキバ・システムズ（Kiva Systems，現アマゾン・ロボティクス）が開発した搬送ロボットの「キバ」である。アマゾンの物流倉庫で使用され，作業者が欲しい商品を選択すると該当の商品が収容された棚ごと作業者の元に運んできてくれるため，作業者は巨大な倉庫内を歩き回る必要がなくなる。同社のロボットはカメラとリアルタイム画像処理システムを搭載しており，物流センター内を自立して移動し，荷物を運ぶことができ，商品のピッキングプロセスが大幅に改善されている。

　アマゾンフレッシュ（Amazon Fresh）は，2007 年にアメリカでサービスが開始されたアマゾンが展開するプライム会員向けの生鮮食品配送サービスであり，日本ではアマゾンの日本法人，アマゾンジャパンが 2017 年にサービスを開始し，生鮮食品にくわえキッチン用品，ベビー用品など計 10 万点

以上の商品が対象で注文から最短4時間で配送される。アマゾンフレッシュではAIが生鮮食料品の品質管理をおこなっているが，イチゴの品質をグレーディングする場合でもカメラによる視認は人間の目を上回る性能とされる。

4-4

金融機能のデュプリケーション

　銀行の3大業務は預金，貸出，為替であり，これらは銀行業の免許を取得することなくプラットフォーマーによってその機能が複製されている。アマゾン，アリババなどのメガテックはすでに大手金融機関を凌駕しているとされる。アマゾンがデュプリケーションしている決済機能はアマゾンペイ（Amazon Pay），貸出機能はアマゾンレンディング（Amazon Lending），預金機能はアマゾンギフトカード（Amazon Gift Card），アマゾンキャッシュ（Amazon Cash）である。

　アマゾンペイではアマゾンショッピングアプリでQRコードを表示して，店舗にある端末に読みこませることで最短2クリックで支払いができる。代金はアマゾンアカウントに登録されたクレジットカードで決済がおこなわれて支払いが完了する。またアマゾンペイが導入されたECサイトでは，アマゾンアカウントを利用することで購入時に配送先やクレジットカード情報を入力することなく決済をおこなうことができることから，消費者は特定ドメインのECサイトでの情報入力の不安や情報入力の手間などが解消できる。アマゾンにはマーケットプレイス保証プログラムによる保証も付帯している。

　販売事業者のメリットとしてはサイトを訪問したひとが商品を購入したり資料請求したりするコンバージョン率の向上，カゴ落ちの削減，アマゾンの顧客を獲得すること，世界水準のセキュリティを利用できることなどがあげられる。日本では日本郵政をはじめ，「フジテレビオンデマンド（FOD）」

など1万社を超える企業で採用されている。

　アマゾンレンディングはアマゾンのサプライヤーやセラー法人のビジネス拡大を支援する短期運転資金貸出サービスである。金融ディスラプター企業は商流を見て融資をおこなうことをとおして，既存金融機関よりも本格的な金融機能を実現している。ほかの金融ディスラプターや銀行との違いは商流，物流，金流の三位一体のビジネスモデルにある。アマゾンの出店者であるセラーの売上推移，顧客からの評価などをふくむデータで信用力を評価して融資をおこなう。

　アマゾンレンディングはアマゾンマーケットプレイスに参加している法人販売事業者を対象として，かれらのビジネスの成長を支援することを目的として必要とする資金を最大5000万円まで，シンプルな手続きで必要とするタイミングでタイムリーに提供するための仕組みである。初回の申しこみはローン入金まで最短で5営業日で完了し，2回目以降の申しこみは手続きのプロセスがさらに簡略化され，最短で3営業日目にローンが入金される。返済は販売事業者の売上が決済されるアマゾンのアカウントから毎月自動で引き落とされ，早期弁済時の手数料は不要である。

　従来の金融機関での融資には事業計画にくわえて担保なども必要で，銀行などが融資を決定するまでに要する時間も数週間におよぶのが通例だった。アマゾンレンディングでは従来とは異なる基準で融資をしている。事業計画や担保の替わりに過去の販売実績や決済データなどを審査の材料として活用し，蓄積されたデータにもとづいて融資の可否を判断するため，審査にかかる時間も大幅に短縮化されている。

　販売事業者はアマゾンレンディングを利用することで，特定の商品の人気が急騰した際などに在庫切れで販売機会を喪失することなく，円滑な資金繰りで商品を再入荷して需要に応えることができるようになる。

　銀行の3大業務のなかで自己資本比率などもっとも規制をうけているのが預金であり，預金は銀行のレゾンデートル（存在意義）である。アマゾン内でのショッピングに使えるアマゾンギフトカードはポイントというかたちで銀行預金では考えられない水準の実質的な利息を提供している。アマゾンギフトカードはチャージタイプのギフトカードで，コンビニエンスストアや

ATM，ネットバンキングでチャージするたびに通常会員は最大2％，プライム会員は最大2.5％のポイントが付与される。メガバンクの普通預金金利が0.001％，定期預金金利0.01％であることを考えると，ユーザーの利用価値は高い。

　アマゾンキャッシュはプリペイド口座で，アカウント作成，銀行口座，クレジットカード登録の手間を省き，口座に入金した現金で買物が可能である。米連邦預金保険公社によると，アメリカで銀行口座をもたない層は3350万世帯存在しており，こうしたマーケットをターゲットとしている。

4-5

テンセント・ホールディングス

　テンセント・ホールディングス（騰訊控股有限公司）は1998年にポニー・マーによって創業されたソーシャルネットワーキングサービス（SNS），微信（ウィーチャット）を手掛ける企業である。同社は2004年に香港証券取引所に上場し，2020年7月3日時点で時価総額5兆香港ドル（約69兆4000億円）を突破して，香港市場におけるアリババグループ（阿里巴巴集団控股有限公司）の時価総額4兆7400億香港ドル（約65兆8000億円）を抜いてアジア首位，世界7位である。

　テンセントはネット・モバイル関連の付加価値サービス，ネット広告，Eコマースを収益の柱としている。看板商品のインターネットメッセンジャー「テンセントQQ」で築いた膨大な顧客基盤とブランド力を背景にSNS，ミニブログ，オンラインゲームなどつぎつぎと新分野を開拓している。同社の2019年度決算売上高は約5兆8300億円，純利益は約1兆4400億円である。

　SNSアプリ「WeChat（国内版は「微信」，海外版は「WeChat」）」の月間アクティブユーザー数（MAU）は国内外あわせて12億人を超え，インスタントメッセンジャー，テンセントQQ（スマート端末版）のMAUは6億4700万人を超える。2020年度第1四半期決算では，売上高が前年同期比

26.4％増の約 1 兆 6210 億円，純利益が前年同期比 6.2％増の約 4360 億円，スマホゲーム収入が前年同期比 63.9％増の約 5213 億円と急速に事業を拡大している。

オンラインゲームのチームストラテジーゲーム「王者栄耀（Honor of Kings）」，バトルロイヤルゲーム「和平精英（Game For Peace）」とその海外版「PUBG MOBILE」，アクションシューティングゲーム「使命召喚（Call of Duty）」などのモバイルゲームを配信する。2020 年上半期の全世界モバイルアプリランキングによると，PUBG Mobile が世界最高売上を達成し，王者栄耀が第 2 位にランクインしている。

テンセントのオンラインゲームには月間 1 億 5000 万人の有料契約者がおり，同社は世界最大オンラインゲームコミュニティ運営している。ほかにもアニメーションプラットフォームのテンセント・コミック，映画製作のテンセント・ピクチャーズ，音楽配信プラットフォームのテンセント・ミュージックなどの事業を展開している。

テンセントのビジネスモデルは「コミュニケーション＆ソーシャル」という大きな歯車が動力源となって，オンラインゲーム，メディア，フィンテック，ユーティリティという小さな歯車を動かしている。大きな歯車が大きく強くなるほど小さな歯車も成長するという考えのもとで，小さな歯車を追加することで事業を拡大している。

2013 年にサービスを開始したウィーチャットペイはスマホにインストールされたコミュニケーションアプリ，ウィーチャット内のウォレット機能の 1 つである。アリペイが金融サービスであるのに対して，ウィーチャットペイはコミュニケーションアプリとして起動されることから，QR 決済までのプロセスがスムーズである利点がある。ウィーチャットペイは 12 億人超の月間アクティブユーザーがメッセージをやりとりするたびに起動されており，ユーザーの利用頻度と親密度が高く，あらゆるサービスシーンで利用可能である。

零銭通（Lingqiantong）は 2018 年 11 月にサービスが開始された流動性の高い小額投資商品である。零銭通口座はウィーチャットペイ同様に QR コード決済，送金，紅包（レッドポケット）に利用可能であり，ウォレットに滞

留する資金を有効活用する手段として利用されている。

　ウィーバンクは2014年12月に中国初のオンライン銀行としてサービスが開始され，従来銀行からの融資が困難だった個人，中小企業，零細企業をターゲットとしている。ウィーバンクではビッグデータによる信用格付け，スマホ顔認証などのテクノロジーを活用した少額融資がおこなわれ，ウィーチャット，テンセント QQ，ウィーバンクから申しこみ可能である。ウィーチャット，テンセント QQ，Qzone に関わるすべてのデータ，スマートリテールへの取り組みから得られる購買データ，行動データを AI，クラウドコンピューティングで解析することで，審査5秒，融資まで1分で手続きが完了する。

　テンセントクレジットは個人の信用力をスコア化することで，金融関連サービスだけではなくさまざまな生活サービス上の優遇や恩恵を提供している。

5

流通チャネル

5-1

流通チャネルの段階

　こんにちの日本ではほとんどの農作物や魚介類が季節を越えて1年中手に
いれることができる。冬でもスイカが食べられるし，秋でなくても新そばが
食べられる。こうした社会が実現した背景には，生産技術の進歩や農作物の
品種改良はもちろんのこと，輸送手段の発達や世界規模でのインフラ整備が
ある。

　近代的な流通システムが発達していない時代には，産地と消費地間をつな
ぐ馬や船などの物流手段所有している商人，すなわちこんにちの流通業者に
権力が集中しており，かれらは産地と消費地間の価格差をそのまま自らの利
益にすることができた。またかれらには産地間の情報が集中して，所有する
物流手段は武器となって商品の価格や流通量を操作することができた。

　交通インフラや移動手段，情報通信インフラが整備されたこんにちでは，
産地直送や消費者自らが生産地へ直接購買に行くことも可能ではあるが，現
実にはかれらが自らの生活に必要なすべての品物を直接購買することは現実

的ではない。そこに流通業者の存在する意味があり，消費者は交換をとおして自らが必要とする品物を手にいれることになる。

　ここで交換の行為主体となっているのが製品を生産している製造業者，農産物を収穫している生産者，魚介類を狩猟，採集している漁業従事者，商品を購入している消費者，そして消費者と製造業者，生産者，ほかの流通業者をつなぐ卸売業者，小売業者，運輸業者，倉庫業者である。製造，生産された製品や商品は卸売業者から小売業者，そしてわたしたちへと流通する。

　こうした流通経路は製造業者，生産者から消費者へ製品，商品が届くまでに関与する流通業者の数によって段階を形成する。製造業者，生産者から消費者へダイレクトに製品，商品が届けられる場合には流通チャネルは0段階で直接流通とよばれ，産地直送などがこれにあたる。直接流通以外はすべて間接流通とよばれ，製造業者，生産者と消費者のあいだに小売業者が介在する場合を1段階，卸売業者と小売業者が介在する場合を2段階，以下同様に介在する流通業者の数にしたがって流通チャネルの段階は増えていく。

　そしてこんにち流通を取りまく環境に大きな変化が続いている。マクロ的には交通インフラや情報通信技術の普及にともなって世界市場は実質的に1つとなり，こうした状況を背景として日本国内では規制緩和が進んでいる。こうした流通システムの革新はビジネスの仕組み自体にも大きな変革をもたらすようになっている。

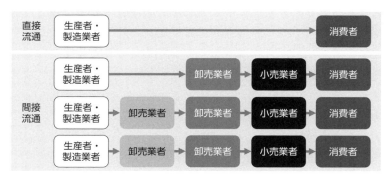

図表 5-1　流通チャネルの段階
出所：筆者作成

このように物流は製造業者，生産者にとって自らのプロダクトをエンドユーザーに届けるプロセスをマネジメントする仕組みであって，ビジネス展開上極めて重要な位置づけを占めるようになっている。そして物流を効率的にマネジメントすることをとおして，ビジネスは抜本的に再構築される可能性を秘めている。

5-2

流通チャネルの機能

フィリップ・コトラー（Kotler, 1999）によれば，物的流通（physical distribution, market logistics）とは顧客の必要にあわせて，かれらの便益になるように原材料と最終商品の生産地点から使用地点までの物理的流れを計画，実行，コントロールすることとされる。物的流通とは顧客の希望する商品を希望する場所に希望する時間に最小のコストで届けることであり，こうした物的流通の経路を流通経路または流通チャネルといい，このプロセスを担うのが流通業者である。流通チャネルはプロダクトならびにその所有権を生産地点から使用地点へ移動するためのあらゆる活動をおこなう機関の集合体である。この流通業者の活動の場である流通チャネルを流れるのは物的流通である製品や商品のみではない。物的流通に付随して商的流通である所有権が移転し，情報の流れである情報流通が生じる。

流通チャネルの基本的役割は製造業者や生産者によって生産される製品，商品の品揃えと消費者によって求められるそれらのマッチングをおこなうことである。そして流通チャネルのなかでは，流通業者によって基本的機能とは切り離せないいくつかの付随機能も担われている。

製品や商品の物理的移動に不可欠なのは荷役，包装，仕分けである。これは文字どおり流通プロセスで生じる製品や商品の積み降ろし，輸送の際に必要な包装，仕分けの機能であり，製品や商品に荷札やバーコードを貼付するといった流通加工機能もおこなわれる。また流通業者は価格や数量などの交

換条件やその注文を生産者に替わって受けつけるという取引条件の調整，購入意思の伝達機能を担う場合がある。

　流通業者が担う機能には在庫，保管，危険負担機能がある。これは製品や商品がつぎの流通業者あるいは消費者のもとへ届けられるあいだ，それらを保管，管理して，その品質保持を担い，破損，陳腐化などの責任を負う役割である。有形財の移動の際に商品が破損する，生鮮食料品が傷むということはもちろんのこと，ファッション性の高い商品の場合には流行の変化による需要の減少に対するリスクも負わなければならない。とくに熱狂的に支持されて需要が急伸する商品はその人気が冷めるのも早く，流通業者はその製品の仕入れにかかったコストを回収できなくなってしまうリスクを負うことになる。

　皮全体が青い状態で収穫されて低温輸送船などで運ばれてきたバナナは，温度と湿度が管理されたムロでエチレンガスを充満させて追熟させたのちに出荷される。バナナ専用の熟成用ガスが開発されるまでは炭を焚いて，部屋を酸欠状態にすることでエチレンガスを発生させて追熟させていた。こうした保管，流通加工機能は流通チャネルが担う機能である。

　流通チャネルには顧客情勢，市場動向に関する情報が流れて伝達される機能がある。こんにちは情報がリアルタイムで伝達される情報通信環境が整っており，かつてのように流通業者しか産地と消費地の情報を知ることができないという環境にはないが，実際に製品や商品の流通に関わる流通業者には市場や顧客動向に関する臨場感のある情報が集まってくる。流通チャネルでは，顧客と直接の接点がある流通業者にしか得られない需要動向，潜在需要，競合企業の動きといった体感的情報が流通する。

　流通業者は流通金融，代金決済機能を担う場合がある。これは製造業者や生産者に支払った製品や商品の代金を，つぎの流通業者あるいは消費者からそれが回収されるまでのあいだ立て替えたり，製品や商品の代金回収をかれらに替わっておこなう。たとえば流通チャネルにおいて一定期間の取引代金を一括で支払うという取引条件や，わたしたちが通信販売で利用する代金引換は，商品の代金回収を荷主に替わって配送業者がおこなっている事例である。

5-3

流通チャネルの方向

　通常製品や商品は製造業者や生産者から流通業者そして消費者へと一方向に流れるが，製品の循環を意味するリサイクルはプロダクトが消費者から流通業者，そして製造業者や生産者へと反対方向に流れるプロセスである。環境問題や資源問題に対応するために今後この逆方向流通チャネルの重要性がますます高まってくることが考えられる。

　特定家庭用機器再商品化法（家電リサイクル法）ではエアコン，テレビ（ブラウン管，液晶・プラズマ），冷蔵庫・冷凍庫，洗濯機・衣類乾燥機などの「家電4品目」について，小売業者による引き取りおよび製造業者等による再商品化等（リサイクル）が義務づけられ，消費者（排出者）には家電4品目を廃棄する際に収集運搬料金とリサイクル料金を支払うことなどがそれぞれの役割分担として定められている。

　セカンドストリート（2nd STREET）が展開する総合リユースショップ，2nd STREET（セカンドストリート）のビジネスモデルは，消費者から商品を買い取って再販売する仕組みである。

　製品の流通経路は「川」になぞらえて「川上から川下へ」と表現される。川上は製造業者，生産者，川下は消費者を指して，中間に位置する流通業者は川中とよばれる。高度経済成長期においては多くの製品や商品の需要が供給を上回っていたことから，流通の主導権は製造業者がにぎっていた。製造業者はマスマーケットをターゲットにして大量生産をおこない，流通業者の役割は製造業者や生産者から送られてくる大量の商品を効率よく流通させることだった。こうした環境のなかで店舗での商品の販売に関する情報を収集，分析する手段としてPOSシステムが登場し，消費者のニーズを反映させた流通業者ブランド（private brand）が開発される。

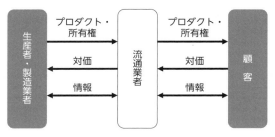

図表 5-2　プロダクト・所有権・情報の流れ

出所：筆者作成

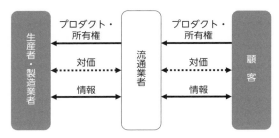

図表 5-3　逆方向流通チャネル

出所：筆者作成

5-4

卸売り部門と小売部門の分化

　つぎに流通チャネルの階層が複数になる論拠を考えてみる。流通チャネルにおいて製造業者，生産者と小売業者のあいだにさらに卸売業者が介在する。消費者は小売業者から商品を購入するが，卸売業者はどうして存在するのだろうか。戦後から高度経済成長期にかけて小売業者が販売の対象とする消費者の多くは日本全国に分散して居住し，こんにちのようなスーパーマーケットは存在せず消費者の購買単位は小さかった。冷蔵庫や自家用車は普及

途上で，家庭では毎日の献立を料理するために買物かごをもって毎日近所の個人商店に買物にいくのが一般的であった。

　結果として小売業者は分散して立地し，概して小規模でその取引単位は相対的に小さくなるが，かれらには消費者のニーズを満たすために多品種で少量の品揃えが求められていた。こうした環境で卸売業者は製造業者や生産者から商品を仕入れ，それらを全国に散在する小売店に卸すことで流通チャネル全体の効率化を担ってきた。

　1970年代にはいってスーパーマーケットやコンビニエンスストア，ドラッグストアなどの新しい小売形態が登場する。それらはチェーンオペレーションのメリットを活かして大量仕入れ，直接仕入れ，直接輸入，PB商品の開発など流通チャネルにおけるほとんどの役割を担うまでに巨大化していく。また社会はますます豊かになり，冷蔵庫や自家用車が普及して，人びとのあいだに週末に自家用車で買物にでかけて1週間分の食材を購買してくるというライフスタイルが定着してくる。

　さらには巨大プラットフォーマーが誕生して独自の経済圏を構築するなかで，卸売業者の存在意義が問われている。こんにちの卸売業者には情報提供機能の強化を軸にした新たな卸売業の役割の構築が求められている。

5-5

卸売業者が機能しないケース

　1954年にはじまった高度経済成長では白黒テレビ，電気冷蔵庫，電気洗濯機の三種の神器が個人消費を牽引する。1950年から1960年の10年間で3倍になった個人消費にささえられ，企業の生産規模は拡大して大量生産体制が構築されてきた。大量生産大量消費の時代が訪れたが，わが国の流通チャネルには依然として小規模な卸売業者と小売業者が多く効率的な流通はおこなわれていなかった。こうしたなか1957年に中内功が大阪市にのちのスーパーマーケットチェーン，ダイエーの起源となる「主婦の店ダイエー」を開

店している。

　こうした環境のなかで田島（1962）は流通機構の革新を掲げて流通経路の短縮化，流通経路の複数化，問屋の専売化を提唱している。かれによれば当時の日本の流通機構は流通業者も小売店も零細過多であるがゆえに多段階となり，全体として非近代的という構造的問題を抱えているとして，大量生産と大量消費をつなぐパイプとしての流通の革新が求められるとした。かれは小売店の零細過多という問題はスーパーマーケットの登場によって解決され，同時に零細な問屋も淘汰されることになると考えていた。林（1977）は盲腸を例に挙げて形態は残っていても機能がなくなったものとして卸売業者を説明している。

　その後わが国においては田島（op. cit.）や林（op. cit.）が考えたほどには小売業の寡占化は進まず，人口あたりの小売店数は欧米と比較してかなり多い状況が継続している。また林（ibidem）は旺盛な需要を満たすために規格化された商品が大量に供給されると考えていたが，成熟化した市場では多様性が進んで多種多様な商品が市場にあふれるようになった。相当数の小売業者が存在し，複雑で多種多様な市場のニーズが存在する環境のなかで，日本における卸売業者はこんにちでも製造業者と消費者をつなぐ役割を果たしている。

　流通チャネルには卸売業者の機能がコントロールされているケースや卸売機能が小売業者によって担われているケースがある。前者の例としては資生堂があげられる。同社の構築した「資生堂連鎖店制度」は化粧品製造業者が自社系列の販社をとおして契約を結んだ契約小売店に自社製品を卸す仕組みである。この仕組みがモデルとなって松下電器産業の創業者，松下幸之助が契約小売店制度を構築することになる。

　資生堂では卸売段階において子会社による販売会社制度が採用されて，地区別テリトリー制度で運営されている。同社は子会社をとおして卸売段階までの価格をコントロールしている。トイレタリー商品を主力製品とする花王も販売会社をもっており，販社をもたないライオンなどと比較すると，価格コントロールをしやすいという側面がある。

　小売業者によって卸売機能が担われているケースとしては，こんにちの大

規模スーパーマーケットチェーンをはじめとして，コンビニストア，ホームセンター，ドラッグストアなどの大手チェーン店があげられる。かれらはチェーンオペレーションのスケールメリットを活かして大量仕入れ，直接仕入れ，直接輸入，PB 商品の開発など流通チャネルにおけるほとんどの役割を担うまでに巨大化している。

6

チャネル設計

製造業者や生産者はそのマーケティング目的を達成するために自らの製品や商品のチャネルを設計する。

6-1

流通の系列化

　流通の系列化とは製造業者が自社商品の販売ならびに競争上の優位性を獲得することを目的として，卸売業者や小売業者などの流通業者を組織化することである。製造業者は自社の流通政策を川下まで浸透させるために，自社商品を取り扱う卸売業者や小売業者に対してさまざまな支援策の提供と引き換えに自社との関係強化を求める政策をおこなってきた。流通の系列化をとおして販売管理や価格管理がより確実となること，生産から販売までの基盤を強力に築くことで競合製造業者や新規参入企業が自社の市場にはいりにくくなるというメリットから，日本では家電産業や化粧品産業を中心として系列化政策が採用されてきた。

　系列化には製造業者が自社商品のみを扱う契約を流通業者と結んで商品を提供し，他社の商品の取り扱いを制限する専売制，製造業者が販売地域を設

定してその地域での独占的な販売権を流通業者に与えるテリトリー制，流通業者を「店会」に加入させて組織化する店会制，製造業者が小売店に自社商品の仕入先の卸売業者を1社に指定する一店一帳合制がある。

　店会制はメンバー間で情報共有を図ることをとおしてメンバーとしての結束を高めたり，メーカーからの情報発信や経営指導，共同の販売促進活動の円滑化を図る場としての役割を担う。松下電器産業（現パナソニック）は1957年から販売会社制度を全国的に展開するのと相前後して各地で他社製品も同時にあつかう「ナショナル店会」の結成を開始，松下電器産業（現パナソニック）製品のみをあつかう「ナショナルショップ制度」も発足させて，これらの販売店は家電量販店の登場までながく「街の電器屋さん」として愛されることになる。

　一店一帳合制は日本の戦後復興の過程で製品の流通過程の把握や再販売価格の維持を図り，流通の近代化，合理化に貢献すると考えられていた。1964年に花王が全国27万店の小売店と結んだ再販売価格維持契約は卸店の一店一帳合制を前提として統一伝票を使うこと，非契約者へ融通・転売の禁止，約束に違反したときの措置などを規定しているが，こんにちの流通環境においては競争の有効性を阻害するなど法律上の課題がある。

　大手小売チェーンが登場してかれらがバイイングパワーを発揮して価格主導権を握るようになり，さらにインターネット通信販売市場が急成長するにしたがって，かつての商圏も製造業者が当初設定したテリトリーを越えて変動するようになり，商品の品揃えや価格設定が制限される流通系列化は消費者の購買行動に適合しないものとなってきた。

6-2

チャネル設計

　チャネル設計の際に考慮されるのはプロダクトの性質，ロット，それらがエンドユーザーに到達するまでの所要時間，提供側とユーザーサイドの空間

的利便性，付帯サービスなどである。チャネル設計には開放的チャネル政策，専売的チャネル政策，政策的チャネル政策がある。

6-2-1　開放的チャネル政策

　もっともひろく採用されているのが開放的チャネル政策である。ここでは流通業者の最大化による売上増大が目的とされるため流通業者の数は多いが，誰でも参加可能なため流通業者の特定の協力は期待できない。

　1958 年に日本で誕生した本田技研工業の小型オートバイ「スーパーカブ」は翌年アメリカに進出する。カリフォルニア州ロサンゼルスにアメリカンホンダモーター（American Honda Motor Co., Inc.）を設立して販売を開始する。ホンダはアメリカにドリーム 305 と 250，ベンリィ 125，ホンダ 50（スーパーカブ C100）を輸出したが，初年度半年間で売れたのは 170 台あまりで悪闘苦戦のスタートになった。アメリカの人びとの好みは 900cc から 1200cc エンジンの米国製ハーレー・ダビットソンや英国から輸入される 650cc のトライアンフなどの大型車であった。

　ところがアメリカの人びとは大きな国で小さなバイクなど売れるわけがないと誰もが思っていたホンダ 50 に関心をもった。アメリカの人びとの目には日本の実用車が玩具的モビリティーに見えた。当時アメリカには小さくて廉価で誰もが手軽に乗れる二輪車が存在しておらず，アメリカの人びとはキャンプや狩猟，釣りへいくときはピックアップトラックやキャンピングカーにホンダ 50 を載せて運び，目的地で降ろして長靴やトレッキングシューズのように遊びの足がわりにホンダ 50 を使うようになった。ティーンエージャーはクリスマスのプレゼントにホンダ 50 を買ってもらい，学生たちはアルバイトで稼いだお金でパーソナルモビリティーとしてホンダ 50 を買うようになる。

　アメリカホンダは二輪販売店だけではなく釣具店やスポーツショップへと販路を拡大することで売上を伸ばしていく。ホンダ 50 はローン販売の取り扱い，ハンター仕様やフィッシング仕様などを発売するなど製品ラインを充実させることで，発売 3 年後の 1961 年には月間販売台数 1,000 台を記録し，

1962年には年間4万台以上販売してアメリカでブームを巻き起こして社会現象のひとつになった。

6-2-2　専売的チャネル政策

　専売的チャネル政策は流通業者を限定することによる売上や価格の安定を目的とする。ここでは流通業者の数は少なく，かりに相応の売上が見込める製品の場合にはかれらにメリットがあるため，供給サイドは流通業者の積極的な協力が期待できる。資生堂は専売的チャネル政策としてチェーンストア制度を構築して成長を遂げてきた。

　化粧品業界では大正から昭和初期にかけて過度の廉売が問題となってきた。廉売によって製造業者はもちろん卸売業者，小売業者までもが苦境に立たされていた。こうした環境で資生堂の福原信三初代社長は「資生堂化粧品連鎖店（チェーンストア）制度」を導入して，契約した小売店以外には資生堂の製品を供給しない仕組みを構築した。この制度は取次店，小売店が適正な利潤を確保できるよう定価販売を励行することが狙いであった。この仕組みでは製品の小売段階での価格競争が生じないことから，小売店にもメリットがある。定価販売という理念に共鳴する小売店がつぎつぎと契約を結び，契約小売店数は予想を大きく上回って翌年には2,000店を超えた。

　チェーンストア契約は緩やかなネットワークであり同業他社製品の排他的契約はない。取引開始時に一定金額以上の仕入れをおこなえば保証金やロイヤリティなどのコストが発生しない。資生堂が自社製品の定価流通に細心の注意を払ったことから，同社とチェーンストアは強い信頼関係で結ばれるようになった。

　さらに販売におけるサポートの仕組みが充実しており，これによって同社のチェーン店は飛躍的に増加してきた。資生堂とチェーン契約を締結すると，チェーンストアは発注量に関係なく70％から75％までの一定の掛け率で製品を仕入れることができる。契約小売店が製品を発注すれば翌日には店舗に届けられ，試供品，ポスターなどの販売促進のためのさまざまなツールが無償や一部有償により提供される。またチェーンストアは商品を仕入値で

返品することが可能で，返品制度は価格コントロールのための重要な要件となっている。さらに納期，支払い条件も全国一律に定められており，チェーンストアは月間の仕入金額に応じて15％までのリベートを資生堂からうけとることができる。

　チェーンストアに対する販売支援としてはメイクアップテスター，サンプル，ポスターの配布のほか，美容部員の無償派遣がある。資生堂から派遣された美容部員は美容相談やカウンセリング，実際の化粧品を使ったデモンストレーションをおこなって販売を勧める。美容部員は資生堂の社員であり美容に関する高度な教育訓練をうけたプロフェッショナルである。美容部員の無償派遣は小売店によっては人件費の削減にもつながる制度である。美容部員の明確な派遣基準が定められていないのが一般的で，資生堂のプロモーションの一環として販売実績をはじめとするさまざまな条件から派遣人数，派遣日数が決定される。

　1974年の独占禁止法の改正までは，再販売価格維持制度のもとで合法的に出荷停止をおこなうことができたため，資生堂は自社製品の定価販売を厳重に管理できた。1997年にすべての化粧品が再販売価格維持制度の適用除外品目からはずれると，資生堂のチャネルマネジメントは新たな局面をむかえることになる。激しい市場競争のなかで資生堂化粧品を値引き販売する契約小売店があらわれ，同社は自社製品の出荷停止によって対抗することになるが，こうした小売店とのあいだで訴訟を抱えることになる。

　こうした環境の変化に対応して2001年に資生堂は契約小売店とのあいだに新しい取引契約を導入する。これによって同社は契約小売店に自社製品の卸売と通信販売を禁止して自社製品の横流しを防止した。また新たにレジ一体型の販売時点情報管理端末（レジ一体型POS端末）を希望する契約小売店に無償で提供することをとおして，小売店の囲いこみに力をいれた。POSレジで収集されたデータからどの契約小売店でどのブランドがいくつ売れたのかなどを分析することをとおして契約小売店の適正在庫を実現し，資生堂の在庫償却コストの削減を実現する。さらにそれまでのリベート体系を改めて，仕入金額に応じて最高15％だった料率を13％に引き下げるかわりに，プラスアルファとしてPOSレジの導入で最高1％，店舗での売上目標達成

に応じて最高2％，返品率に応じて最高2％のリベートを設定した。この改定によって契約小売店は最高18％のリベートを受けとることができるようになった。

6-2-3　政策的チャネル政策

政策的チャネル政策は流通業者限定による安定的売上確保や販売促進を目的として採用される。流通業者の数が少ないことと流通業者の協力を期待できる点では専売的チャネル政策と同じだが，それが特定の目的のために採用される点で異なっている。特定の目的が達成されると，政策的チャネル政策は開放的チャネル政策へ移行される。花王は「ヘルシア緑茶」のチャネル設計にあたって政策的チャネル政策を採用した。

ヘルシア緑茶は厚生労働省から許可を与えられた特定保健用食品で，1日の摂取目安量350ミリリットルあたり脂肪の分解と消費に働く酵素の活性を高める茶カテキンを通常の茶飲料の約3倍にあたる540ミリグラムにふくんでおり，脂肪を代謝する力を高めてエネルギーとして脂肪を消費し，内臓脂肪を減らすのをたすける。同商品は生活習慣病の増加などで体脂肪を気にする消費者が増加していることから開発され，飲料部門ではじめてとなる「特定保健用食品」の指定を取得している。

特定保健用食品（特保）は生理学的機能などに影響をあたえる保健機能成分をふくむ食品で，消費者庁長官の許可を得て特定の保健の用途に適する旨を表示できる食品である。特定保健用食品にふくまれる保健機能を有する成分を「関与成分」といい，特定保健用食品はその有効性と安全性が消費者庁によって個別に審査される。有効性の証明として査読つきの研究雑誌に掲載されること，定められた試験機関によって関与成分の含有量の分析試験がおこなわれるなどの条件があり，こうした審査を経て認可された食品は特定保健用食品としてのマークと特定の保健機能について表示することが可能となる。

花王は販売にあたって販路を関東甲信越のコンビニエンスストア（CVS）に絞りこんだ。同社では発売前に同地区のCVSの店舗経営指導員である

スーパーバイザーに対して製品コンセプトを説明するなど，CVSサイドへ協力を求めている。ローソンは茶カテキンの効果を継続的に得るため毎日飲用するひとが多いことに着目して6本パック用の袋を用意，ビジネスパーソンの多い都心店舗では入口付近の一番目立つ棚6段すべてにヘルシアをならべ，その効果を謳ったPOP（point of purchase advertising）広告が大きく掲げられた。さらに通常は冷蔵ケースのみに陳列される茶飲料を，CVSサイドの協力で店頭にも大量陳列するなどされた結果，花王が開発した新しいカテゴリーの茶飲料は瞬く間にマーケットに認知された。

　開放的チャネル政策を採用したのではこうした販売店サイドの協力を仰ぐことは難しい。一方ですべての製造業者が政策的チャネル政策を採用できるわけではない。花王がヘルシア緑茶の発売に際して政策的チャネル政策を採用できたのは，ヘルシア緑茶が同社がそれまで取り扱ったことがない商品カテゴリーであったことによる。日用品メーカーである花王はそれまで清涼飲料水を製造販売したことがなかった。かりに売れる商品であればどの流通業者もそれを手掛けたい。既存のチャネルをもつ製造業者は利害関係があることから特定の流通形態にのみチャネルを絞り込むことができない。

　また政策的チャネル政策は販売サイドにもメリットがなければ成立しない。売り場面積が限られているCVSにとって売れ筋商品を独占的に入手するメリットは小さくない。また350ミリリットルで180円という価格設定は当時他社の緑茶飲料と比較して販売単価が30％から40％高く，CVSサイドからは同じスペースからそれだけ高い利益をもたらしてくれるのである。

　ヘルシア緑茶は2003年12月に販売エリアを東海，北陸，近畿地方に拡大し，2004年2月には販売エリアを北海道，東北，中国，四国，九州，沖縄地方に拡大していく。ヘルシア緑茶は2003年5月の発売から1年間で約200億円を売り上げ，2003年の「日経優秀製品・サービス賞審査委員特別賞」を受賞している。また2010年秋からは日本人間ドック健診協会が「ヘルシア緑茶」を推薦している。

　当初の目的を達成した花王は翌2004年3月から政策的チャネル政策を開放的チャネル政策に切り替える。ただしCVSとの競合を避けて新しい販路向けには新しい製品アイテムを導入している。2004年6月には新サイズと

して 340 ミリリットルアルミ缶と 1 リットルペットボトルを関東・甲信越地区のスーパーマーケット，ホームセンター，ドラッグストアで販売をはじめる。2004 年 10 月にはこれらを全国に拡大し，あわせてホット専用の「ヘルシアあたたかい緑茶」をコンビニエンスストア限定で全国発売している。つづく 2005 年 3 月には「ヘルシア烏龍茶」を発売するが，ヘルシア緑茶と同様に 350 ミリリットルペットボトルはコンビニエンスストア，340 ミリリットルアルミ缶と 1 リットルペットボトルはスーパーマーケット，ホームセンター，ドラッグストアでの販売とした（2006 年 3 月で販売終了）。

7

取引環境

7-1

流通業者の社会的意義

　直接流通を想定した場合，消費者が製造業者や生産者から直接商品を購買するのにかかるコストは「商品価格 + α」である。プラスアルファの部分はその商品を購入するためにかかる交通費や人件費などである。ここでこの商品価格 + α と「流通業者が提供する商品価格」を比較して，後者の価格が前者のコスト以下であれば流通業者が流通チャネルに介在する社会的意義があると判断できる。

　フィリップ・コトラー（Kotler, 1999）は製造業者や生産者が直接に流通活動をおこなわず流通業者を活用する理由として，エンドユーザーとの接点，経験，専門化，活動規模を比較した場合，かれら自身が流通活動をおこなうよりも流通業者を利用したほうがより優れたパフォーマンスをあげることができることを指摘している。

　製品や商品などのプロダクトがチャネルを流通するにしたがって最終的に消費者が交換のために支払うコストは増大していく。したがって流通チャネ

ルが0段階すなわち消費者が製造業者や生産者から直接製品や商品を購入すると，プロダクトをもっとも安価で購入することができるのではないだろうか。もしそうであるならば流通業者の存在意義はあるのだろうか。

ユニクロは商品の生産を中国をはじめベトナム，カンボジア，バングラデシュなどの約70社のファーストリテイリングのパートナーの工場に委託すると同時に，積極的な技術サポートをおこなっている。パートナー工場ではユニクロ商品を100万着単位という大きなロットで生産している。

たとえば，ユニクロのワイシャツはショップで購入すれば商品価格のみで購入できるが，ファーストリテイリングの取引先の製造工場で直接購入することを想定すると，商品価格そのものはショップより安く購入できるかもしれないが，わたしたちは交通費などを出費しなければならず，実際には小売店で購入したほうが製品や商品を安価で購入することが可能である場合が多い。

流通業者が流通チャネルに存在する社会的意義を実現する理論的根拠として取引数単純化（取引数量最小化，取引総数単純化）の原理，集中貯蔵（不確実性プール）の原理，情報縮約整合の原理，規模の経済性の4つが考えられる。取引数単純化の原理と集中貯蔵の原理は，卸売業者の存立論拠としてマーガレット・ホールが提唱したことから，ホールの法則とよばれることもある（cf., Bartels, 1950）。

取引数単純化の原理は製造業者や生産者と消費者とのあいだに流通業者が存在することによって，商品の取引総数が減少することで取引コストが削減されることを説明する原理である。マーケットに衣類，靴，鞄，文房具，清涼飲料水の5つの製品の製造業者とA，B，C，D，Eの5人の消費者が存在すると仮定する。この場合かれら全員がすべての製品を手にいれるために考えられる取引の組み合わせは（5×5）で25とおりである。

つぎに流通チャネルに流通業者が介在するケースを考えてみる。図のケースでは衣類，靴，鞄，文房具，清涼飲料水を製造する製造業者は2社のスーパーマーケットチェーンに自らの製品を納入する。そしてそれらのすべての製品を手にいれなければならない消費者はいずれかのスーパーマーケットに買物にいけばその目的を達成することができる。この場合考えられる交換の

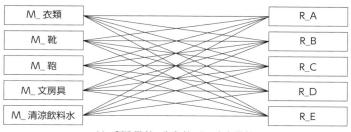

M：製造業者・生産者，R：小売業者

図表 7-1　取引の組みあわせ

出所：筆者作成

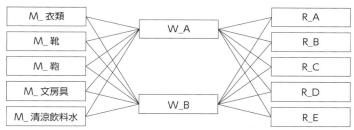

M：製造業者・生産者　W：卸売業者　R：小売業者

図表 7-2　取引数単純化の原理

出所：筆者作成

組み合わせは 2×(5＋5) で 20 とおりとなる。現実社会の製造業者，生産者，流通業者，消費者の数を考えた場合，流通チャネルに流通業者が介在することをとおして取引の組みあわせが大幅に削減されて効率化されることで，社会的にみると取引上の費用が節減されることになる。

　製造業者と小売業者との取引において総取引数を T，製造業者の数を M，小売店の数を R とすると，総取引数 T は直接取引では M×R，卸売業者が W 社はいると W(M＋N) となり，算術演算子が「×」から「＋」に変わって，取引回数が大幅に少なくなることがわかる。配送だけを考えてみても，たとえば小売業者が 10,000 種類の商品を 10,000 社の製造業者に直接発注すると，10,000 台のトラックが必要になるが，卸売業者が 1,000 社のメーカーの商品をまとめればトラックは 10 台でよいことになる。

集中貯蔵の原理は卸売業者の需給調整機能を説明する原理である。マーケットの需要動向や市場環境の変化など不確実性が存在する場合に，卸売業者が在庫を保有することをとおして流通業界全体としての在庫リスクを削減することができる。たとえば特定の商品を販売する小売業者は変動する需要に備えて在庫をもたなければならないが，かりに卸売業者がその機能を代替した場合に必要となる在庫量は，小売業者のみが在庫をもつ場合のかれらの在庫量の総和よりも小さくなる。この原理は卸売業者が需給調整をおこなうことをとおして流通チャネル全体でのコスト削減につながるという考え方である。

　特定の商圏における特定の商品の需要が100個，この商圏に存在する小売業者を5店と仮定する。各小売店が品切れによる販売機会ロスを防止するため25個の商品を仕入れた場合，この商圏の商品在庫は125個となり，この状況では全体で25個の売れ残りが生じてしまうことになる。かりにこの商圏に卸売業が存在して商品を速やかに小売業者に配送できる状況が整っていれば，各小売店は推察される平均販売数である20個よりも少ない商品在庫であっても，販売機会ロスに対応できることになる。また小売店は在庫リスクを抱えることがないことから，リスクにかかるマージンを価格に転嫁する必要がなく，購買者も商品価格というかたちでその恩恵を受けることができる。このように卸売業者が小売業者の替わりに商品需要の変動を見越した在庫をプールして変動に対応することから，不確実性プールの原理ともよばれる。

　流通業者のもとには製造業者や生産者からの生産情報，消費者の需要情報などの臨場感のある情報が集まる。情報縮約整合の原理は流通業者が市場情報を縮約，整合することをとおして取引を効率化させて，流通コストを削減させるという考えである。流通業者のもとには製造業者や生産者からの生産情報，消費者の需要情報が集まり，ここで両者のすりあわせがおこなわれる。またかれらは流通プロセスに熟練していることから，かれらのもとに集まった情報にもとづいて取引相手の探索，取引条件の交渉，取引契約の履行などの活動をおこなうことで，それらにかかるコストが低減される。流通チャネルで活動する経済主体は流通チャネルをとおして最適な取引相手，取

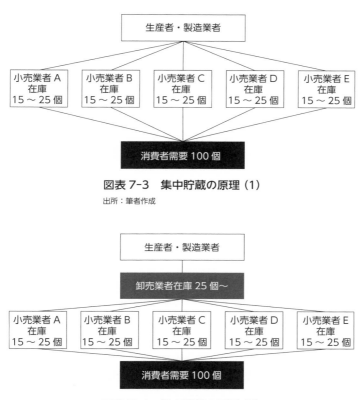

図表 7-3　集中貯蔵の原理（1）
出所：筆者作成

図表 7-4　集中貯蔵の原理（2）
出所：筆者作成

引価格をほかの方法よりも低いコストで選択している。

　規模の経済性（economic of scale）とは，事業規模が大きくなるにしたがって製品あたりのコストが低下することで，平均コストが下がるメリットのことをスケールメリットとよぶ。規模の経済性が発生する原因についてもっともよく知られているのは固定費が存在する場合である。製造業の場合工場などの固定費は生産量に関係なく不変であるため生産量が大きくなると製品単位当たりのコストが小さくなる。また工場や小売店舗の規模拡大は間接費の削減と設備稼働率の上昇による労働生産性の向上をもたらすことが考えられる。

流通業者の場合は物流センターを設置することをとおして商品単位あたりの物流費用が節減されて，工場や店舗そして物流センターの操業度の向上が流通チャネルのパフォーマンスの向上をもたらす。さらに事業規模の拡大は調達コストの低下をもたらし，製造業における原材料，小売業における商品の仕入量が大きくなると買い手の交渉力が強まり，優位な価格で取引をおこなうことが可能になる。

　一方で，特定企業が規模の経済を追求してコストを下げ続けることで販売量が増え市場シェアが拡大すると，競合企業は顧客を奪われることになり，そのコストは相対的に増加して利益は減少することになる。

　物流費用をC，固定費をCF，単位変動費をCV，取扱量をqとする。物流費用（C）は取り扱い数量に依存しない固定費と取り扱い数量に依存する変動費の和であらわされる。平均費用関数（C/q）はCF/q＋CVであらわされ，この関数を移項して単位変動費（CV）をあらわすと（C−CF）/qとなって，取り扱い数量が増えると単位変動費が小さくなることがわかる。

　流通チャネルにおける固定費には減価償却費（施設建設費・車輌費），保険料，税金，事務費，人件費（固定），変動費には燃料費，修繕費，その他（道路利用料），人件費（変動），取引慣行に関わる費用にはリベート，利益の割り戻しなどがある。取引数単純化の原理と規模の経済性が組みあわされることでさらなる経費節減効果が生じる。

$$C = CF + (CV \times q)$$

$$C/q = CF/q + CV$$

$$CV = (C - CF)/q$$

C：物流費用　　CV：単位変動費
CF：固定費　　q：取扱量

図表 7-5　物流費用における規模の経済性

出所：筆者作成

7-2

再販売価格適用除外制度

　日本の流通チャネルにはさまざまな興味深い取引慣行が見られる。再販売価格維持行為もその1つで，製造業者や卸売業者が小売業者の価格設定をコントロールしようとする行為であり「製造業者希望卸売価格」や「製造業者希望小売価格」が実質これに該当する。わが国では長くこうした建値制にもとづいた取引がおこなわれてきた。建値制とは製造業者が卸売業者や小売業者に支払うマージンを考慮したうえで，自社の利益を見込んだ小売価格をあらかじめ決めておく制度で，製造業者は希望小売価格を建値としてその掛率によって卸売段階での取引価格を設定してきた。

　再販売価格維持行為がおこなわれる背景には経済主体間に外部効果が強く作用することも影響していた。外部効果とはある経済主体の行為が他の経済主体の利益に影響を与える現象である。すなわち小売店の陳列やプロモーション，接客態度，アフターサービスは製造業者の売上高に影響をおよぼすのみならず，製造業者やその製品のイメージ，製造業者とほかの小売店との関係にも少なからぬ影響を与える。製造業者サイドからするとある小売店が特定の製造業者の製品を推奨し，アフターサービスもしっかりしていれば，その製品を製造した製造業者のイメージも向上し，結果として売上増につながる一方で，反対の作用が働けば製造業者やその製品のイメージが傷付くことになる。そこで製造業者はこうした外部効果の影響を避けるために，流通価格に影響力を及ぼすことを通して流通チャネルをコントロールしようとするのである。

7-2-1　再販売価格維持行為

　再販売価格維持行為（再販行為）とは商品の製造業者が，卸売業者，小売

業者に販売価格を指示してそれを遵守させる行為をいう。再販行為は流通段階の自由で公正な競争を阻害して需要と供給の原則にもとづく正常な価格形成を妨げて消費者利益を損なうこと，その産業への新規参入者への参入障壁としても作用することから，資本主義経済国家の多くは独占禁止法で原則禁止しており，わが国では1947年に独占禁止法が施行されて禁止された。

　文書によるか口頭によるかを問わず，製造業者または供給者と流通業者とのあいだで価格拘束がある場合には再販売価格の拘束があるとみなされる。また製造業者または供給者の提示した価格で販売しない場合に経済上の不利益を課したり，または課すことを示唆するなどなんらかの人為的手段を用いることによって，当該価格で販売するようにさせている場合も同様であり，確定した価格のみならず条件つきや一定の幅のある設定もふくまれる（cf. https://www.jftc.go.jp/, 31 March 2021，独占禁止法（独禁法）2条9項4号：再販売価格の拘束）。

　正当な理由がある場合には違法とはならず，2015年「流通・取引慣行ガイドライン改正」でその考え方が明確化されている。「正当な理由」の要件としては，再販売価格の拘束によってブランド間の競争が促進されること，当該商品の需要が増大して消費者の利益の増進が図られること，ほかの方法によっては当該競争促進効果が生じ得ないこと，必要な範囲および必要な期間の拘束であること，委託販売や取次販売の場合があげられている。

　すなわち実質的に製造業者が販売していると認められるいわゆる委託取引の場合，一定の要件を満たしていれば再販行為をおこなっても通常は違法とされない。この場合，製造業者自らが在庫リスクおよび売れ残りのリスクを負担して取引しており，製造業者が直接消費者に商品を販売していることと同視できることから，契約自由の原則で価格決定の自由を認めても自由競争を減殺する怖れがないとされる。アパレル分野などの高級ブランドは委託取引方式や直営店による販売方式を採用している場合が多い。

　ただし例外的に一部商品は一定要件で再販行為を容認している場合があり，これを再販売価格維持制度（再販制度）という。

7-2-2 再販売価格維持制度

再販行為は原則として不公正な取引方法（再販売価格の拘束）に該当して，独占禁止法第19条（不公正な取引方法の禁止）違反に問われるものであるが，おとり廉売防止等の観点から同法第23条（再販売価格維持）の規定にもとづき，公正取引委員会が指定する再販指定商品，および著作物を対象とするものについては例外的に独占禁止法の適用を除外されている（cf., https://www.jftc.go.jp/, 31 March 2021，独占禁止法（独禁法）23条：再販売価格の維持）。

独占禁止法の適用を除外される行為は再販売価格を決定して，これを維持するためにする正当な行為であるが，一般消費者の利益を不当に害することとなる場合およびその商品を販売する事業者がする行為にあっては，その商品を生産する事業者の意に反してする場合には適用除外とはならない。

再販行為の実施には製造業者や販売業者らが再販価格維持契約（再販契約）の締結，公取委への届出が要件となる。消費者や勤労者の互助を目的とする消費生活協同組合などの団体に対して販売する場合にも適用除外とならず，共済組合や生活協同組合は独禁法第23条5項の規定により再販契約を遵守する義務を負わないことから再販商品も値引が可能である（cf., ibidem）。

製造業者が卸売価格や小売価格を維持するためにとる再販売価格維持が認められる再販商品には指定商品と法定商品があり，前者は公正取引委員会の指定をうけた品目で後者は独占禁止法の適用除外扱いとなっている品目である。再販商品は製造業者や販売業者らが任意に取り決めて運用でき，一定の期間が経過した商品を再販契約の対象から除外する時限再販，一部の商品を再販契約の対象から除外する部分再販，一定の値引き販売を許容する値幅再販がある。

7-2-2-1 指定再販商品

日本における再販制度は1953年の独占禁止法一部改正によって導入され，書籍，新聞，音楽CD，1,000円（消費税導入前）以下の化粧品などが

再販売価格維持行為が認められる独占禁止法の適用除外品目に指定された。再販制度の趣旨は当時横行していた販売業者が店舗に顧客を誘引する目的で特定のブランドを廉価に販売するおとり廉売を事前に規制することにあった。また新聞や書籍，雑誌などの文化的側面をもつ商品は，公共性の観点から価格競争を抑制してこれら商品が流通しない地域をなくする目的があった。

　1953年から1959年にかけておとり廉売からブランドを守る目的で化粧品，毛染め，歯磨き粉，家庭用石けん，合成洗剤，雑酒，キャラメル，医薬品，写真機，ワイシャツの9品目が指定された。これらは品質が一様であることを容易に識別することができる，一般消費者により日常使用される，自由な競争がおこなわれているという条件に該当すれば，公正取引委員会に契約内容を届けでれば再販売価格維持ができた。

　こうした適用除外品目は当初の目的が達成できたことからこれまでに段階的にその指定が解除されてきた。1966年に雑誌，キャラメル，ワイシャツ，その後1973年に石けん，洗剤，歯磨き粉，1,000円以上の化粧品，1995年にビタミン剤，ドリンク剤，1996年には風邪薬，目薬など14品目と1,030（消費税率3％）円以下の化粧品，そして1997年には最後まで残った一部化粧品と医薬品の指定が廃止されている。

7-2-2-2　法定再販商品

　法定再販品目に関しては独占禁止法の条文上に再販行為が認められる著作物の範囲の限定はないが，公正取引委員会はその範囲を限定的に解釈しており，平成4年4月15日公表文「レコード盤，音楽用テープ及び音楽用CDの再販適用除外の取り扱いに関する公正取引委員会の見解」において，1953年の再販制度導入時に定価販売慣行があった書籍，雑誌，新聞およびレコード盤の4品目ならびにレコード盤と機能，効用が同一である音楽用テープおよび音楽用CDの2品目の計6品目のみが再販行為可能な著作物であるとしている。

　この公正取引委員会の解釈にしたがえばビデオ，DVD，ブルーレイディスクなどの映像ソフト，音楽ソフトでも法令に明示していないパッケージソ

フト，コンピュータソフトウェア，ゲームソフト，ならびにインターネットからのダウンロード形式により販売される電子データ，電子書籍，インターネットでの音楽配信，次世代の音楽メディア規格である Super Audio CD や DVD-Audio などについては再販制度の適用外と考えられる。「Apple Music（アップルミュージック）」はスマートフォン，タブレット，PC などを使って毎月 980 円，学生 480 円で約 6000 万曲の楽曲が聴き放題のサービスを提供している。

　再販行為をおこなうにあたっては，製造業者と販売業者間で再販価格維持契約を締結してそれを公取委に届出する義務がある。同じ著作物でも，ビデオや DVD などの映像ソフト，コンピュータソフト，ゲームソフトや，ダウンロード形式により販売される電子データもふくまれない。また，再販商品であっても非再販商品をセットにして再販商品として定価で販売することも認められていない。

　著作物の範囲が問題となった事例としては，ソニー・コンピュータエンタテインメント（現ソニー・インタラクティブエンタテインメント）およびセガ・エンタープライゼス（現セガ）が，ゲームソフトは著作物であり再販制度の対象と主張して小売店に定価販売を強制した事例があるが，この件では前者に関しては 1998 年に公正取引委員会が独禁法違反で勧告をおこなって裁判で争われた結果，2001 年に違反が確定している。

　音楽著作物に関しては，一般社団法人日本レコード協会によれば，公正取引委員会からの再販制度の弾力運用要請を受けて，1992 年 4 月以降発売後 2 年間は製造業者の決めた販売価格を維持し，それ以降は自由に販売してもよいとする時限再販制度が導入され，1998 年 11 月以降は時限再販期間が 1 年または 6 か月に短縮しているとされる。また非再販商品に関しても，洋楽のポピュラー，クラシック等のアルバムが 2000 年以降，邦楽アルバムについても 2001 年以降各社から順次発売されているとされる（cf., https://www.riaj.or.jp/, 31 March 2021）。

　日本では CD アルバムの価格が 1 枚 3,000 円前後であり，欧米諸国の平均価格 1 枚 1,800 円から 2,200 円と比較して著しく高額である。旧来型のビジネスモデルに固執してインターネットによる音楽配信への進出に消極的なレ

コード会社の姿勢，2004 年に施行された音楽レコードの還流防止措置，いわゆるレコード輸入権制度との二重保護状態に対する批判もあり，政府知的財産戦略本部のコンテンツ専門調査会が，2006 年に音楽ソフトの再販制度廃止を公正取引委員会に勧告している。

　書籍，雑誌に関しては，書店は売れ残った書籍の買取保証つきの販売契約に組みこまれている再販売価格維持契約によって書籍，雑誌を定価で販売するが，一定期間経過後に商品が売れ残った場合，商品を出版取次に返品することができる。再販制度の適用書籍には定価が提示されている。書店は返品が保証されることによって在庫リスクが軽減されることで需要の少ない専門書などでも店頭にならべることができ，世界でも類をみない小部数で多様な書籍が刊行される出版大国となっている。かつて書店組合ではポイントカードは実質的な値引きであり再販契約違反だとして反対していたものの，公取委は値引きであるが消費者利益に資するとして容認している。

　電子書籍は書店側に在庫が発生しないため売れ残りの買取保証を前提とした再販売価格維持ができない。日本出版者協議会は紙媒体の出版物との価格バランスと収益確保のために，電子書籍にも再販売価格維持契約の適用を求めているが，公正取引委員会は独占禁止法上の原則から違法としている。

　書籍，雑誌の流通チャネルに変革の胎動が生じている。アマゾンジャパンは 2015 年 6 月 26 日から 7 月 31 日の期間限定で，ダイヤモンド社，インプレス社，廣済堂，主婦の友社，サンクチュアリ出版，翔泳社の 6 社 110 タイトルの書籍を定価から 20 ％値引き販売を実施している。さらに 2019 年には出版社から書籍を直接購入して販売する「買い切り」方式の試行を開始している。出版取次をとおさない返品なしの買い切り方式では，対象書籍を出版社と協議して決定し，一定期間は出版社が設定した価格で販売後，売れ残った場合は出版社と協議して値下げ販売などが検討される。楽天ブックスも 2021 年になって期間限定で定価から 45 ％の値引き販売を実施している。

　実質的に製造業者が販売していると認められるいわゆる委託取引の場合，一定の要件を満たしていれば再販行為をおこなっても通常違法とはされない。これは自らが在庫リスクおよび売れ残りのリスクを負担して取引をおこなっている以上，製造業者が直接消費者に商品を販売していることと同視で

きることから，契約自由の原則どおりに価格決定の自由を認めても自由競争を減殺する怖れがないためである。アパレル分野等の高級ブランドが上記以外の商品分野においても価格統制をおこなうことができている理由は，この委託取引方式，もしくは直営店をとおした販売方式を採用しているからである。

　新聞は再販制度とあわせて新聞特殊指定により差別定価や定価割引が原則として禁止されている。全国一律の価格で販売され，売店等で販売する場合は原価率8割，販売者の手数料収入は2割と決められている。ただし取り扱いが多い場合に販売者に対し販売報奨金をだすことがあり，売れ残った場合は返品できる。たばこの販売はたばこ事業法第33条から第37条までの「小売定価制度」で規定される。

7-2-3　モバイル市場の環境整備

　こんにちモバイル市場の競争促進に向けた制度整備が進められている。政府はモバイル市場の競争の促進および電気通信市場の環境の変化に対応した利用者利益の保護を図るために，電気通信事業法の一部を改正（2019年5月17日公布，10月1日施行）して，競争をおこなう際の最低限の基本的なルールとして携帯電話事業者と代理店に対して，モバイル市場の公正な競争のための通信料金と端末代金の完全分離，端末の購入等を条件とする通信料金の割引等の利益提供（端末代金の割引やキャッシュバック等）を約束することの禁止，ゆき過ぎた囲いこみの禁止，契約の解除を不当に妨げる提供条件を約束することの禁止を求め，違反した場合は業務改善命令の対象となるとしている。

7-2-3-1　リベート

　再販売価格維持行為は独占禁止法の観点から原則として違法とされる。そこで製造業者が流通業者に対して出荷価格をオープンにし，それ以外の価格設定には一切関与しないオープン価格が浸透している。こうした環境で製造業者としてもただ単純に製品を特定価格で出荷するだけでは流通チャネルに

影響をおよぼすことができないため，かれらは小売業者が自社製品を推奨してくれるようなさまざまな誘因を与えなければならない。

　製造業者が流通チャネルの統制や販売経路拡大のために支払う一種の報奨金をリベートという。リベートは英語の値引きをあらわす'rebate'がカタカナ語になったもので手数料，世話料，謝礼金，報奨金，賄賂などの意味があり，商取引におけるリベートは取引終了以降に製造業者が流通業者に対してかれらが支払った金額の一部を割り戻することを指している。

　リベートにはいくつかの種類があるが販売額や商品の取引量に応じて支払われる累進リベート，新商品を扱ってもらうなど特定の役割に対する報奨として支払われる機能リベート，流通業者が自社製品を専売してくれた場合などに支払うロイヤリティーリベートのほか，決済期間の長短，店舗内の陳列場所の優劣や面積の大小によるもの，ひろく販売目標達成リベート，バーゲンに対する協賛金，特定製品の販売促進に関するリベートなどがある。累進リベートの基準には金額に対するリベート，数量に対するリベートがあり，資生堂のチェーンストアは月間の仕入金額に応じて0％から13％までのリベートを同社から受けとることができる。また取引時点現金決済を促すために割り戻しが支払われるケースもある。

　リベートは商品の仕入に関連して支払われるものが多いことから，一般的には仕入高から控除され，リベートの対象となった商品が期末に在庫として残った場合には原則としてリベートを棚卸資産と売上原価に配分することになる。リベートの内容によっては「販売費及び一般管理費」の控除項目とすべき場合もあると考えられるため，その経済実態に即した会計処理がおこなわれる。

　製造業者が取引先の経営状況に応じて個別にリベートの金額を調整したり，取引先の利益を補うケースも少なくなく，不透明で複雑なリベートは事務処理の負担を増加させる。こうしたリベートは日本独特の取引慣行であり，海外から非関税障壁のひとつとして批判を浴びることもあることから見直しを図る製造業者が増えている。

　アローワンスとは，商取引においては製造業者等が商品を販売してもらうために取引先に支払う協賛金のことをいう。広告掲載に対して支払われる広

告アローワンス，指定の陳列をしたことに対して支払われ陳列アローワンス
などリベート同様にさまざまな種類がある。リベートは製造業者が商品を取
り扱ってもらうために支払うもので明確な支払い基準がなく，取引先に応じ
て設定され支払いに関してもオープンにされないのに対して，アローワンス
は，商品を販売してもらうために基本的にどのような取引先に対しても共通
の支払い基準でオープンに支払われる。

8

流通革命

　こんにちのわたしたちは高度に成熟した社会のなかで便利で快適な環境に
生きている。しかしながらこうした社会が到来したのは実はそんなに遠い昔
の話ではない。こんにちどこの家庭にもある乗用車やカラーテレビ，電気冷
蔵庫，電気洗濯機，電気掃除機さえも昭和30年代（1955年から1964年）
には，一般家庭では所有していないのがあたりまえだった。内閣府が統計を
とりはじめた昭和32（1957）年当時，家事労働を軽減してくれる電気洗濯
機の家計普及率は20.2％，生鮮食料品の長期保存を可能にしてくれる電気
冷蔵庫の家計普及率はわずか2.8％にすぎなかった（cf., https://www.esri.
cao.go.jp/, 31 March 2021）。このとき電気掃除機やカラーテレビはまだ登場
していない。

　当時女性の社会進出は進んでおらず，家庭の主婦はタライと洗濯板を使っ
て洗濯をし，毎日食材の買物にでかけ，肉や野菜，日用雑貨を購入するため
にそれぞれの個人商店を回っていた。この時代1つの場所で日常生活に必要
なすべてのものを販売する小売店は存在せず，レジ袋も存在していない。買
物かごをもって買物にでかけるのがあたりまえの時代だった。

　スーパーマーケットや外食産業が日本中どこにいっても見られるように
なったのは1970年代にはいってからであり，それまでワンストップショッ
ピングができるのはデパートだけだった。コンビニエンスストア（CVS）が
はじめて日本に登場したのは1974年5月，東京都江東区にオープンしたセ

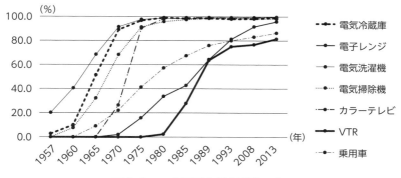

図表 8-1　主要耐久消費財普及率

出所：内閣府ホームページの資料をもとに筆者作成

　ブン－イレブンだった。それはいまからわずか 47 年まえに過ぎない。当時
セブン－イレブンはその名称どおり朝 7 時から夜 11 時まで営業する小売店
だった。こんにちでは小売店が 24 時間営業していることが当然のように思
われているが，小売店のほとんどが夕方には閉店していた時代，セブン－イ
レブンの登場は新たな時代の到来を予感させてくれるものだった。
　日本の流通チャネルではこれまでに何度かの大きな変革が生起し，変革後
はそれまでとは不連続の新しい社会が登場してきた。いまから半世紀前の
1960 年代まで日本ではスーパーマーケットの全国展開ははじまっておらず，
コンビニエンスストアもドラッグストアもファストフードも存在していな
かった。個人商店では商品の定価販売がおこなわれており，同一商品の価格
が店舗間で異なることは稀であった。わたしたちがスーパーマーケットで低
価格で商品を購入することができるようになるのは 1970 年代にはいってか
らである。

新たな小売形態の登場

　流通革命第1ステージの特徴は新たな小売形態の登場である。1970年代にはいって社会の発展とそれにともなうわたしたちの消費生活の向上，ライフスタイルの多様化によって取引の形態は大きな変化を遂げることになる。1960年代初頭の自家用車の普及は消費者の行動半径を拡大させ，大型冷蔵庫の普及は生鮮食料品の長期保存を可能にした。小売形態においては消費者の買物場所が家の近くにある肉屋，魚屋，八百屋といった家族経営の個人商店であるいわゆる「パパママストア」から，食料品から日用雑貨まで総合的ニーズを満たすようにデザインされワンストップショッピングができるスーパーマーケットへと移り変わってきた。

　スーパーマーケットは小売形態に「セルフ販売方式」と「チェーンオペレーション」という2つの新技術を導入することによって大きな成長を遂げることになる。セルフ販売方式は都市生活者のニーズに適応した新しい買物スタイルを提案すると同時に，店頭の販売要員の削減によって店舗の効率化を実現し，チェーンオペレーションの導入は間接部門のウェイトを削減し，企業としての経営効率化を実現している。

　セルフ販売方式は1916年にクラレンス・サンダースがメンフィスに開店したセルフサービ式食料雑貨店「ピッグリー・ウィッグリー」の誕生とともにはじまるとされる。それまでのアメリカのグローサリーストア（食料雑貨店）の販売形態は，来店した顧客がカウンター越しに注文した商品を店員が棚や倉庫から取りだして代金と引き換えに商品を渡す販売形態であった。サンダースは来店した顧客を直接倉庫にいれて自ら商品を手にとって選べるようにして，集中レジで精算するという販売形態を考案した。

　チェーン経営の特徴は特定地域への集中的出店が可能にする店舗運営のコスト削減と大量販売を実現するドミナント効果，返品なしの大量仕入れによ

るバイイングパワーの発現，物流センターの設置によるジャストインタイム物流体制があげられる。

　スーパーマーケット登場以前の小売店では対面販売が中心だったが，スーパーマーケットではセルフ販売方式とそれを可能にする商品項目ごとのアソートメント，買物プロセスを考慮した商品配置をとおして大勢の顧客が短時間でたくさんの買物ができるようになった。

　こうしたスーパーマーケットのなかからスーパーマーケットよりも規模が大きく日常的に消費される食料品と非食料品を総合的に品揃えするスーパーストアが生まれ，さらに取り扱い商品の総合化，高級化，PB商品を取り扱うゼネラルマーチャンダイズストア（GMS）へとその形態を発展させてきた。とくに成長力の高い企業はほかの小売チェーンを吸収しながら店舗を日本全国に展開する巨大なチェーン組織を構築してきた。

　1910年に東京青山に果物商として創業した紀ノ国屋が1953年に開店した店舗は，セルフサービス方式で商品を選んでレジでまとめて精算するというシステムであった。1952年に旧京橋駅構内に開店した京阪スーパーマーケットには，スーパーマーケットという言葉が日本ではじめて店名に使用された。1956年に北九州市の小倉に開店した総合食料品店の丸和フードセンターは広い売場面積を有してこんにちのスーパーマーケットと同様の総合的な食品を低価格で提供していた。

　1956年に西友の前身となる西武ストアーが設立され，1957年には中内㓛が大阪市にのちのスーパーマーケットチェーン，ダイエーの起源となる「主婦の店ダイエー」を開店させる。ダイエーは日本で最初にアメリカで流行していた大型商業施設（ショッピングセンター方式）を取りいれ，日本全国に普及させることになる。1920年，台東区浅草に羊華堂洋品店として創業されたイトーヨーカ堂の前身であるヨーカ堂がレギュラーチェーン化に着手したのが，1961年であった。

8-2

チェーンストア理論

　チェーンストア理論は企業活動を中央集権的に本部へ集中させて，現場ではオペレーションに専念することで経営効率をあげる経営手法である。チェーン経営の特徴として，特定地域への集中的出店が可能にする店舗運営のコスト削減と大量販売を実現するドミナント効果，返品なしの大量仕入れによるバイイングパワーの発現，物流センターの設置によるジャストインタイム物流体制があげられる。代表的なチェーストア形態としてレギュラーチェーン，フランチャイズチェーン，ボランタリーチェーンがある。

　レギュラーチェーンを構成するのは同一資本の直営店で，フランチャイズチェーンを構成する店舗は経営的に独立した小売業者である。いずれもチェーン本部が売場レイアウト，品揃え，店舗管理システムを標準化，マニュアル化して店舗のオペレーションを統括してマネジメントしていく。レギュラーチェーンやフランチャイズチェーンに対抗するために同じ目的をもった独立小売店が組織化してチェーンオペレーションを展開しているグループをボランタリーチェーンという。ボランタリーチェーンは加盟店が主体となっていることから加盟店同士の横のつながりがあるのが特徴である。

　チェーンオペレーションをおこなうにあたって重視されるのが 3S の原則である。3S の原則とは「標準化（standardization）」，「単純化（simplification）」，「専門化（specialization）」の 3 つの英単語の頭文字をとった言葉であり，本部で効率的に管理活動をおこなうために必要とされる。

　傘下のすべての店舗でも同じ店舗運営をおこなうためにはわかりやすく標準化，マニュアル化されたシステムが必要である。理解したり習得したりするのに時間がかかるシステムでは，パート従業員やアルバイトを活用した店舗運営が難しくなる。オーナーやスタッフが習得すべき作業システムを単純化することをとおして短期間での研修や教育が可能になる。そして単純化す

るだけでは競合企業と差別化をはかることができないために専門化が必要になる。市場競争に勝ち残っていくためには企業独自の個性や強みをもつことが重要であり、特定の技術や知識をもったスタッフを育てたり配置することで専門化を図ることができる。店舗で取り扱っている商品に対して、そこで働く誰もが理解を深めて専門家として販売活動にあたることが重要である。

8-2-1 レギュラーチェーン

レギュラーチェーン（コーポレートチェーン）は多数の小売店舗が単一の資本のもとに結合されて店舗の経営と運営をおこなう。チェーン本部が品揃え、レイアウト、店舗管理システムを標準化、マニュアル化することをとおして複数の店舗運営を本部で集中的に管理する。スーパーマーケット、専門店、飲食店などで多いチェーンオペレーションの形態で、同一資本、同一経営という点では多数の店舗をもつ百貨店も同じであるが、商品の集中大量買取仕入れ、販売促進活動の統合化、商品管理システムの一元化などのチェーンオペレーションが存在することから、店舗ごとに比較的独自な営業活動をおこなっている百貨店などとは区別される。

チェーンストア最大の特徴はマスマーチャンダイジングと店舗運営の標準化である。マスマーチャンダイジングは大衆が求める商品をより安い価格で提供するために、スケールメリットを追求して効果的な営業活動をおこなうことである。店舗経営の標準化をとおしてすべての店舗で同等の商品、サービスを少ない人数で効率的に提供することができるようになる。店舗運営をマニュアル化することで安定した質の高いサービスが提供でき、店舗責任者、従業員、パート、アルバイトへの教育をマニュアル化することで短期間で効率よく教育が実施できる。また店舗において収集されたPOS情報などは本部で一元管理、分析されることで、データにもとづく経営活動が可能になる。

日本にチェーンストア理論が導入されたのは1960年代である。渥美俊一が1962年に設立したアメリカのチェーンストア理論を学ぶための教育機構、ペガサスクラブの設立当初のメンバーにはダイエーの中内㓛、イトー

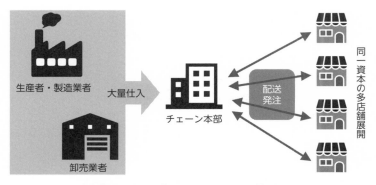

図表 8-2　レギュラーチェーンの仕組み

出所：筆者作成

ヨーカ堂の伊藤雅俊，ジャスコの岡田卓也，マイカルの西端行雄，岡本常男，ヨークベニマルの大高善兵衛，ユニーの西川俊男，イズミヤの和田満治などがいた。

8-2-2　フランチャイズチェーン

　フランチャイズチェーンは資本と経営ノウハウをもったチェーン本部であるフランチャイザー（franchiser）と，独立小売店であるフランチャイジー（franchisee）とのフランチャイズ契約にもとづいて展開されるチェーン形態である。フランチャイザーは自身の商標および経営のノウハウを用いて同一のイメージのもとに商品販売その他の事業をおこなう権利を与え，フランチャイジーはその見返りとして一定のロイヤリティ（royalty）を支払うことを前提に，事業に必要な資金を投下してフランチャイザーの指導のもとに事業をおこなう小売形態である。フランチャイズチェーン形態はコンビニエンスストア，ファストフードにこの形態が多く見られる。フランチャイズ契約ではスーパーバイザーの派遣による経営指導がおこなわれる。

　フランチャイズチェーン形態は本部をトップとしたピラミッド構造であり，加盟店の店舗の外観や内装，接客方法，商品アイテム，キャンペーン，店舗の運営はすべて本部の指示やマニュアルにしたがわなければならない。

フランチャイズ契約では商品の仕入，商標やノウハウなどを使用する対価としてロイヤリティを支払う義務があるが，粗利分配方式では売上高から売上原価を引いた売上総利益のうちの決められたパーセントをロイヤリティとしてフランチャイズ本部に支払う。粗利分配方式では加盟店が売上を伸ばすほど，加盟店とフランチャイズ本部の双方が利益を享受できる。大手チェーンの場合，フランチャイジーは開店のためには研修費，開業準備手数料，開業時出資金として100万円から300万円支払わなければならない。

　ロイヤリティには，土地や建物を本部が用意してくれるタイプの契約とオーナー自身が土地や建物を用意するタイプの契約があり，セブン–イレブンの場合，前者は売上総利益の金額に応じてその56％から76％，後者の場合にはその43％を支払う。ローソンの場合，前者は売上総利益の金額に応じてその45％から60％，後者の場合は21％から41％で，売上総利益が600万円以上であれば21％になる（cf., https://www.fc-mado.com/, 30 May, 2021）。

　セブン–イレブンのロイヤリティは相対的に高いが，「複数店経営奨励制度」，「従業員独立支援制度」といった出店に関するサポートと，「最低保証制度」，「水道光熱費80％負担」，「OFC（オペレーションフィールドカウンセラー，店舗経営相談員）経営相談」，「不良品原価15％負担」といった店舗運営に関するサポートがある。各社決算補足資料によれば，2019年度の1日あたりの平均売上高はセブン–イレブンが約65万円，ローソンが約53万円である。

　フランチャイズチェーンでは，チェーン本部には少ない資本で多くの店舗が展開できるメリットがあり，加盟店には知識や経験がないひとでもビジネスがはじめられ，チェーン本部の情報収集力を利用できるメリットがある。一方で，加盟店は契約内容に縛られて厳しい経営を余儀なくされることもある。しかしながら，こんにちの社会のなかで個人商店を経営することは難しい。全国で56,000店，人口10万人あたり45店あまりのコンビニエンスストアはいたるところで24時間365日営業をおこなっており，そこでは2,500以上のアイテムがならんでスケールメリットを活かした商品価格設定がおこなわれている。かつてはまちのいたるところに見られた個人商店が見られな

いのはこうした理由による。

　小売店経営を継続するためにコンビニチェーンの傘下にはいった場合，フランチャイズ契約期間は通常 10 年から 15 年で，契約満了前に契約を解除する場合には 6 か月分のロイヤリティを支払う契約が一般的であり，多くの場合この金額が 1000 万円を超える。すなわち廃業したくてもできない状況になってしまう。加盟店はロイヤリティを支払ったあとの売上総利益のなかから，光熱費をはじめとする店舗運営費用とアルバイトの人件費用をまかなうことになる。

　2009 年，公正取引委員会は加盟店が消費期限の迫ったデイリー商品を値引きして販売する「見切り販売」を制限したことが独占禁止法違反（優越的地位の濫用）にあたるとして，セブン‐イレブン・ジャパンに排除措置命令をだしたことがニュースになった。セブン‐イレブンでは，毎日納入される弁当などのデイリー商品に製造業者などが定める消費期限・賞味期限前に販売期限を定めており，販売期限を過ぎた商品はすべて廃棄されていることになっているが，チェーン本部は加盟店に対して廃棄処分が迫った食品の値引き販売をおこなわないように制限しており，値引き販売をおこなう加盟店には基本契約の解除などを示唆して，値引き販売の取り止めを余儀なくさせていたとされる。

　加盟店が値引き販売をおこないたい背景には廃棄商品のロイヤリティの計算方法がある。ロイヤリティは売上総利益にチャージ率を乗じて計算されるが，計算式は ｜売上高－（総売上原価－廃棄ロス原価－棚卸ロス原価－仕入値引高）｜ となっており，廃棄された商品原価は売上と同様に処理されることになる。すなわちチェーン本部にとっては商品が売れても廃棄されても実質的に違いがない一方で，加盟店にとっては廃棄された商品の原価相当額の全額を負担するのみならず，廃棄された商品にかかるロイヤリティも支払わなければならないことになる。

　セブン‐イレブンでは 2007 年 3 月 1 日から平成 2008 年 2 月 29 日までの 1 年間に，加盟店のうち無作為に抽出した約 1,100 店において，廃棄された商品の原価相当額の平均は約 530 万円であり，これを 20,000 店舗で計算すると 1000 億円を超える廃棄処分がでていることになる。こうした問題は，

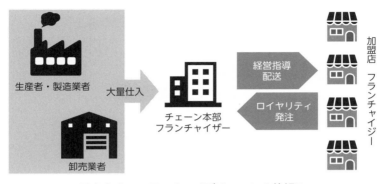

図表 8-3　フランチャイズチェーンの仕組み

出所：筆者作成

持続可能な開発目標（SDGs：Sustainable Development Goals）の目標 12「つくる責任つかう責任」にももとる行為である。

　加盟店はチェーン本部に不満をもっていても値引き販売の動きがひろがらない背景には，セブン－イレブン・ジャパンの圧倒的な優越的地位が存在している。売上が大きい店舗の近くには競合するチェーンのコンビニエンスストアのみならず，同系列の新規出店がおこなわれることから，加盟店の経営者は安穏としていることはできない。同一商圏に複数の店舗が立地することは店舗経営者によっては脅威であるが，チェーン本部にとっては利益を損なうリスクを負うことなく利益の増加を目指すことができる手法となる。

8-2-3　ボランタリーチェーン

　中小の小売事業者が経営の独立性を維持しながら，共同で仕入や販売促進活動をおこなうことによってスケールメリットを追求することを目的にして組織化されるのがボランタリーチェーン（任意連鎖店）である。ボランタリーには「自発的」という意味があり，この形態は事業主が自らの経営における裁量権を残しながら，大手資本に対抗できる手段である。ボランタリーチェーンにも本部はあるが，規則は比較的緩やかでそれぞれの店舗に任せられる裁量が大きく，店舗としての独自性を保てることから加盟店ごとのブラ

ンドを確立することが可能である。

　アメリカでは卸売業者が主宰するもののみをボランタリーチェーンとよび，小売業者が主宰するものはコーペラティブチェーンとよばれるが，日本ではいずれが主宰する場合もボランタリーチェーンとよぶ。取扱商品，営業時間，商品価格，値引き販売など比較的自由な店舗運営も可能になる。フランチャイズチェーンと同様に，チェーン本部が商品の仕入，配送，マーチャンダイジング，各種プロモーション，情報処理などをおこなう替わりに，加盟店は加盟料や指導料を本部に支払うがその額はフランチャイズチェーンと比較して少額である場合が多い。ボランタリーチェーンでは独立した店舗経営者が自発的に手を結んで組織の運営おこなうことから，店舗やオーナー同士のつながりが強いという特徴がある。POS データに関わる情報はレギュラーチェーン形態やフランチャイズチェーン形態と同様に共有可能であるが，加盟店同士の横のつながりをとおして人間同士による体感的情報の共有もおこなわれる。

　一方で，店舗経営者の裁量権が大きいということは経営者の能力が求められることを意味している。フランチャイズチェーンの場合，本部の指示にしたがうことで知識や経験にもとづいた経営手法を実践することが可能であり，使用を許可される商標はすでに市場で認知されていることから，加盟店は開店時点から商品の品揃えとそれらの品質に対する顧客の信頼という見えない資産を与えられている。すなわち大手フランチャイズチェーンに加盟することでその看板を掲げることができるため，店舗の名前を周知する努力をすることなしに集客が可能になる。ボランタリーチェーンの場合，店舗経営における意思決定は経営者がおこなうものであり，知識や経験にもとづいた経営ノウハウもたないひとがボランタリーチェーン形態を採用することは困難である。

　シジシージャパングループは，東京新宿にある三徳のよびかけに応じて各地の中堅・中小スーパーマーケットが，結集した日本最大の共同仕入機構をもつボランタリーチェーンで，グループ総企業数 200 社を超え，グループ参加企業の年商は 4 兆 6000 億円を上回る。CGC 加盟店は店舗入口のステッカー，ポスターなどで確認でき，「CGC」のブランドロゴがついた約 1,600

品目を超える商品が CGC グループに加盟している小売店の店頭にならんでいる。

　シャディはお中元，お歳暮，出産祝い，入学祝い，母の日，父の日，クリスマス，バレンタインデー，ホワイトデー，誕生日，記念日，快気祝い，仏事などあらゆるギフトシーンに対応した商品販売ノウハウを提供している。シャディの販売店にはボランタリーチェーン形態の「シャディ店」，フランチャイズチェーン形態の「シャディサラダ館」の 2 つのタイプで全国約 2,200 社以上の店舗が地域に密着した活動をおこなっている。1970 年代後半から「シャディは 1 冊の百貨店」をスローガンとしたコマーシャル放送が流された。

　シャディ店ではシャディ本部はマーチャンダイジングと物流機能を担い，各店は地域顧客に対する心の行き届いた販売活動，サービス活動をおこなう。1988 年にはフランチャイズ形式のギフト専門店，サラダ館が開設されている。

　物質的に高度に成熟した社会のなかで消費者の要求水準が精緻化，高度化している。こうした環境に対応して消費者のニーズにこたえるためには，今後はチェーンストア理論の良さである効率性を維持しながら，本部権限の一部を店舗に移譲するフランチャイズチェーン形態とボランタリーチェーン形

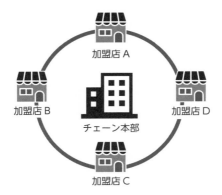

図表 8-4　ボランタリーチェーンの仕組み

出所：筆者作成

態のハイブリッドな経営手法も見られるようになるかもしれない。これは
チェーンストア理論にもとづいた個店経営であり，チェーンストア理論のメ
リットを活かしながら，マーケットにもっとも近いところにいる店舗に価格
や品揃え，サービスなどの権限を一部委譲する仕組みである。

9

流通チャネルの情報化

　流通革命の第2ステージは情報化と価格破壊である。1980年代にはいると単身世帯の増加，女性の社会進出，夜型生活スタイルの浸透といった人びとの生活慣習の変化に対応して深夜営業と地域密着を特徴とした新たな小売形態としてコンビニエンスストアが急成長を遂げてくる。コンビニエンスストアはPOS（point of sales：販売時点情報管理）システムによる商品情報，顧客データ管理手法の導入，店舗作業のデジタルマニュアル化などをとおして急速な店舗拡張を推進していく。

　スーパーマーケットの登場以降の主要な小売形態の進化は店舗の大規模化であり，取扱商品のひろがりと深さの変更であって，日本の取引慣行のなかで流通チャネル全体の効率化はあまり進展しなかった。ところが1980年代も終わりに近づいて円高による内外価格差が顕在化し，日本の流通に関する各種の規制緩和を訴える外国の圧力が激しくなる。この時代に登場したディスカウントストアは既存の流通チャネルに縛られることなくより低コストの流通チャネルを開拓し，コストの削減分を小売価格に反映させることをとおして短期間で消費者の支持を獲得していった。

　こうした環境のなかで，価格競争に直面した小売業者にとって流通チャネルの効率化は避けてはとおることのできない課題として浮かび上がってくる。ときを同じくして情報技術の発達によってPOSシステム，EOS（electronic ordering system）に代表される新たな顧客情報管理システム，オン

ライン受発注管理システムが開発され，流通チャネルの効率化は流通チャネルの自動化，ネットワーク化の形態をとって一気に進展していくことになる。

9-1

POS システム

　1974 年に東京都江東区豊洲にオープンした日本第 1 号のセブン - イレブンの課題は，日販に対して非常に大きな店舗在庫であった。1970 年代のセブン - イレブンでは 1 日の平均売上が約 30 万円であるのに対して平均在庫は約 1000 万円であった。セブン - イレブンでは売上と比較して在庫が多いにもかかわらず，特定商品の品切れが常態化していた。こうした状況は在庫回転率が悪い，すなわち回転しない在庫「死に筋商品」が多いことを意味していた。こうした不良在庫を抱えこむことによって仕入れにかかった代金が回収されず，売れた商品を補充しようにも当時はまだ納品ロットが大きく，バックヤードの在庫スペースの限界から売れ筋商品を仕入れることができないという悪循環に陥ってしまっていた。

　そもそもセブン - イレブンが POS システムを導入した理由は，アメリカのサウスランド社との契約交渉の責任者だったイトーヨーカ堂の鈴木敏文（のちのセブン＆アイ・ホールディングス会長兼 CEO）が多くの在庫を抱える店舗の品切れの多さに着目したからだといわれている。そこで鈴木は手作業で単品ごとの販売集計を日次でおこなって死に筋を見つけて商品構成を変えていくことを考えた。

　鈴木は開店の午前 7 時から閉店の午後 11 時まで紙と鉛筆をもって店舗に立ち，顧客の属性，購買時間，購買内容を記録した。店舗での「売れ筋商品」をはじめとする商品の 1 日の販売数量を予測することができれば，少ない在庫量でも品切れによる販売機会ロスを防ぐことができる。特定商品の購買される時間，購買するひとの属性がわかれば，ドミナント展開するセブン

－イレブン全店の品揃えに活用することができる。

　1982年，セブン－イレブンはアメリカでレジの打ち間違いや不正防止目的で使われていたPOSシステムを日本に導入し，世界ではじめてマーケティングに活用する。POSシステムを活用することで，発注担当者が毎日の天気や地域の行事などの情報をもとに需要に関する仮説を立てて発注し，その販売結果をPOSデータで検証したうえでつぎの発注の仮説を立てるという「単品管理」の仕組みを構築する。コンビニエンスストアは限られた陳列スペースとバックヤードしかもっていない。店舗面積が限られているコンビニエンスストアにとって，売れる商品を売れる数量だけならべることと品切れによる販売機会の喪失を招かないことは極めて重要であり，POSシステムはこうした要請に応えてくれる仕組みであった。

　セブン－イレブン・ジャパンによってはじめて導入されたPOSシステムは，それまでの流通システムの常識を覆す画期的なシステムであった。POSシステムではあらかじめ商品につけられたバーコードを読み取ることによって，単品ごとの売上データ，時間帯ごとの商品販売状況を把握できる。こうしたデータはオンラインでフランチャイズチェーン本部のホストコンピュータに伝送され，本部はこうして送られたデータの分析をとおして売れ筋商品，死に筋商品を見極め，需要予測や販売機会ロスの削減に役立てることができるようになった。

　購買日時，購買顧客属性データ，季節，天候，地域性，イベント，流行などがチェーン本部で分析されており，たとえば小学校や幼稚園の運動会がある際には，POSシステムから前年までの販売データを参照して発注をおこなうことができる。使い捨て容器のような運動会のときにだけ売れる商品，清涼飲料水やおにぎりなどの運動会のときに多く売れる商品の発注を，過去の販売データをもとにおこなうことができる。運動会が開催された場合でも，気象条件によって特定の商品の売上は大きく変動するが，複数年にわたるデータの蓄積，同じ条件に該当する店舗のデータなどが複合的に分析されており，商品発注をサポートする重要な情報を提供してくれる。

　POSシステムを稼働させるためは商品情報を電子化して識別するための標準規格の確立が必要である。これまで日本ではPOSシステムを運用する

ための商品識別のための標準規格として JAN（japan article number）コードと，ITF（integrated two of five）コードが採用されてきた。JAN は個々の製品アイテムのための識別コードであり，ITF は JAN をベースとした段ボールや箱に印刷されている物流商品用の識別コードであり，これらは通常は商品の製造段階で直接個々の商品に印刷，貼付される。

　JAN コードは国コード 2 桁，製造業者コード 5 桁または 4 桁，製品アイテムコード 5 桁または 1 桁，チェックデジット 1 桁からなり，標準タイプは 13 桁，短縮タイプは 8 桁から構成される。国コードは 0 〜 9 がアメリカ合衆国とカナダ，30 から 37 がフランス，400 から 440 がドイツ，49・45 が日本，50 がイギリス，690・691 が中華人民共和国である。同じ製品ラインの異なった製品アイテムにはすべて異なった JAN コードがつけられる。花王の「ヘルシア緑茶 α 350ml」のバーコードは「4901301324498」で，「01301」が花王をあらわし，「32449」がこの製品の製品コードである。「ヘルシア緑茶 α 1050ml」の JAN コードは「4901301365217」で，同じヘルシア緑茶 α であるが内容量が異なる製品は別個の製品アイテムであり，JAN コードは異なる。

　POS レジで商品のバーコードがスキャニングされると，ストアコンピュータで商品名，販売価格が紐づけされる。POS レジには購買者の属性を知るために顧客の性別と年代を入力するキーがあり，精算時にこのキーを押さなければ完了できない仕組みになっている。レシートには清算内容が記された余白に，購買情報，顧客の属性から推奨される広告が印字される。

　POS データによる分析から 1，2 か月程度で売れ筋商品，死に筋商品が判断されて商品のいれ替えがおこなわれる。清涼飲料水の場合，売れ筋商品上位 3 銘柄で当該カテゴリーの売上の 80 ％以上を占めるといわれている。カルビーのじゃがいもを原材料にしたスナック菓子に「じゃがりこ」と「ジャガビー」があるが，POS データからじゃがりこは夕方の購入が多く，ジャガビーは夜間が多いことが示されている。

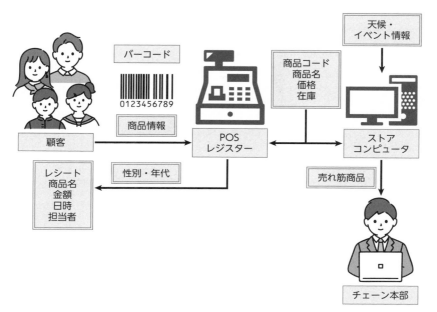

図表 9-1　POS システムの仕組み

出所：筆者作成

男	女
12	12
19	19
29	29
49	49
50	50
登録	

図表 9-2　POS レジ年齢入力キーイメージ

出所：筆者作成

デジタル革命

　流通革命第3ステージの特徴はエレクトロニックコマース（EC）である。現代社会ではコンピュータを使わない商取引は考えられないが，流通チャネルに変革をもたらすコンピュータの商業利用は1980年代にはじまり，それがひろく普及するのは1990年代にはいってからである。わが国においてeコマース（electronic commerce：EC）が本格的にはじまったのは1995年頃で，楽天市場が1997年にオープンし，アマゾンの日本語サイトは2000年にスタートしている。そして2004年にはマーク・ザッカーバーグとハーバード大学のルームメイト，エドゥアルド・サベリンがフェイスブックを創業している。

　かつてマサチューセッツ工科大学メディアラボの創設者，ニコラス・ネグロポンテ（Negroponte, 1996）は，「アトム（物質）からビット（情報）へ」という言葉でデジタルがメディア，ライフスタイル，職場環境などあらゆる社会構造を根本的に変容させると予測した。スマートフォンとクラウドサービスの普及は利用者の行動履歴をインターネット上に蓄積することを可能にし，こうして集積されたビッグデータはビジネスでの可能性を大きくひろげている。

　流通革命第4ステージの特徴はデジタル革命である。デジタル革命は小売業界の前提を変える。デジタル革命がもたらすデジタル社会は，リアルなものやサービスを非物質（デジタル）化することで新しい価値が生みだされて，わたしたちの文化，産業，人間のライフスタイルを一変させていく社会である。

　2007年のアップル（Apple Inc.）のiPhoneに代表されるパソコンと同等の機能が搭載されたスマートフォンの登場は，1995年以降続いてきた通信とコンピュータの融合に大きな変化をもたらすことになる。わたしたちはス

マートフォンのアプリをとおしてeコマース，金融サービス，ゲームなどのインターネット上の各種ビジネスが利用可能になった。経済産業省の調査によると2019年のB2CのEC市場規模は19兆3609億円，年間成長率は前年比7.65％増加，うちスマートフォン経由の物販分野の売買は4兆2618億円は前年比で16.6％増加している（https://www.meti.go.jp/, 31 March 2021）。

　安価なコンピュータや携帯電話，低コストのインターネット，オープンソースに代表されるニューウェーブの技術はブログ，ツイッター，フェイスブック，YouTube，フリッカーなどのソーシャルメディアの台頭をもたらした。世界で約30億人がスマートフォンを使用してほぼ同人数が少なくとも1つのソーシャルネットワークに登録する世界では，ほかのユーザー，競合企業，メディア，公的機関が発言権をもつオーディエンスとしてリアルタイムで対話が発生する社会になっている。人びとはSNSをとおして無数の人びとにメッセージを発信し，企業業績やブランドイメージに大きな影響をおよぼす潜在力をもつようになっている。

　ツイッターは140文字以内の文章を投稿する無料のウェブサービスで，ツイッターで文章を投稿することをツイート（つぶやく），特定のユーザーを自分のアカウントに登録することをフォロー，特定のユーザーをフォローしているひとをフォロワー，他のユーザーが投稿したツイートに返事をすることをリプライ，ほかのユーザーが投稿したツイートを再投稿することをリツイートという。リツイートされたツイートはそのツイートを気にいったフォロワーがさらにリツイートすることで拡散していく特徴がある。

　ニューウェーブの技術は個人が自己を表現することやほかの人びとと協働することを可能にして「参加の時代」を出現させた。参加の時代においては人びとをコンシューマー（消費者）からプロシューマー（生産消費者）へと変化させる。フェイスブックなどのSNS上での会員同士のつながりは企業がマーケットについての知見を得るための有力な媒体となり，消費者がマーケターの仕事にとってかわるというトレンドはビジネスに大きな影響をあたえはじめている。企業はもはや自社のブランドを完全にコントロールできなくなっている。企業のマーケターは消費者の集合知と競争しなくてならない

時代が訪れている。

9-3

デジタル社会

　デジタル社会は世界中のひとが「縦」から「横」へつながる社会であり，インターネットによるグローバリゼーションがもたらした誰にとっても平等な社会である。創業間もない小規模なベンチャー企業であってもアイデアが優れてさえいれば伝統ある大手企業と競争することが可能であり，かつては大手企業でしか開発できなかった自動車や飛行機もいまではベンチャー企業が新しいモビリティサービスや小型のライトプレーンを開発している。

　2003 年 7 月に発明家であり電気技師であったニコラ・テスラに敬意を表してテスラモーターズとして設立されたテスラ（Tesla, Inc.）は，2008 年から創業期に資金の大半を提供したイーロン・マスクが CEO になると，2009 年に最初の電気自動車モデルであるロードスターの生産を開始した。2017 年に発表した量産型の「Model 3」セダンは 2020 年 12 月までに 80 万台以上が納入されており，世界でもっとも売れているプラグイン電気自動車になっている。テスラの自動車は動くスマートフォンというコンセプトであり，従来の自動車のエンジンルームは空間になっている。

　テスラの CEO であるイーロン・マスクが 2002 年に設立したのが，スペース・エクスプロレーション・テクノロジーズ（英：Space Exploration Technologies Corp.），通称スペース X（SpaceX）である。SpaceX はロケットのほか貨物宇宙船ドラゴンや衛星スターリンクを開発し，アメリカ航空宇宙局 NASA（National Aeronautics and Space Administration）に替わって地球の軌道上にある国際宇宙ステーションへのアメリカの補給便サービスを担っている。

　世界最大のオンラインショッピングサイト，アマゾンの創業者ジェフ・ベゾスもロケット開発を目的とするブルーオリジンを設立し，将来宇宙に 100

万人の経済圏ができることを想定して有人宇宙飛行を見据えて宇宙旅行ができるロケット開発に取り組んでいる。

　こんにち企業の競争力の決定要因は規模や母国の過去の優位性ではなくなっている。企業は顧客コミュニティやパートナーとつながって共創したり，競争相手とつながって協力したりするほうが高い競争力を維持できる。顧客の信頼という概念ももはや縦のものではなくなっている。かつての顧客はマーケティングキャンペーンに影響されやすく，権威者や専門家に助言を求めてそれに耳を傾けていた。さまざまな産業にまたがる最近の調査では，こうしたマーケティングコミュニケーションよりも「Fファクター」が重要であることがわかっている。

　FファクターとはFriends, Families, Facebook fans, Twitter followersである。多くの顧客がSNS上で見知らぬ人たちにアドバイスを求め，広告や専門家の意見よりも信頼する（cf., Kotler=Kartajaya=Setianan, 2016）。

　イェルプ（Yelp, Inc.）は2004年に開設された世界最大のローカルビジネスの口コミサービスであり，1億5000万人以上のユーザーが利用している。食べログやRetty（レッティ）などと違いレストランだけではなく，美容室，フィットネス，スパ，歯医者，病院などすべてのローカルビジネスを網羅している。トリップアドバイザー（TripAdvisor, Inc.）はホテル等の旅行に関する口コミ，価格比較を中心とするウェブサイトおよびアプリであり，旅行口コミサイトとしては世界最大の閲覧数をもっている。

　デジタル社会ではデジタルネイティブとよばれる新しいタイプの顧客が登場している。かれらは物心がついたときからインターネットやパソコンなどが普及した環境で育った世代である。デジタル社会は移動性と接続性の時代でもある。接続性は企業，従業員，チャネルパートナー，顧客，その他の関係者間における交流のコストを大幅に低下させて参入障壁が高そうで長い伝統ある産業をまたたくまに崩壊させる。アマゾンは店舗を構える書店，出版業界を，ネットフリックス（Netflix, Inc.）は店舗を構えるビデオレンタル店，衛星放送産業，ケーブルテレビ産業を，スポティファイ（Spotify）やアップルは音楽販売において創造的破壊をおこなった。

　デジタル社会ではカスタマージャーニーにも変容が生じる。カスタマー

ジャーニーとは人びとが多少なりとも意識的に財やサービスの購入者として行動するときにたどる，ブランドとのファーストコンタクトから購買決定にいたるまでのプロセスである。消費者の購買シーンにはこれまでのリニアなプロセスから多くの瞬間が存在するようになり，さまざまな瞬間が決定的に重要となる。こんにち，より細分化した購買プロセスのなかでリアル店舗が果たす役割を根本的に再定義する必要性が生じている。

10

流通政策

　流通政策は大きく競争政策と調整政策とに分けられる。競争政策とは自由な競争を促進するためのルールを定めるもので，その代表例は不公正な取引を制限する独占禁止法である。調整政策とは自由競争をそのまま認めるといろいろな弊害が生じると予想される分野に，政府が介入して調整することである。日本では調整政策が多いことから，海外からながく「日本市場への参入障壁」として強い批判を浴びてきた。1980年代から経済活動は原則自由，社会的規制は最小限度という方針で規制緩和が進められている。

10-1

規制緩和と日常生活

　ここ半世紀あまりのあいだに経営環境は大きな変化を遂げてきた。産業技術や情報通信技術の発展がそれまでの不可能を可能にし，あわせてわたしたちの生活の利便性は高まり，こうした環境がわたしたちの考え方やライフスタイルに新たな影響を与えて，それがわたしたちの生活環境に変化を生じさせるというスパイラルを形成してきた。こんにちのわたしたちの社会生活，家庭生活すべては半世紀前とは別世界である。

戦後日本は経済の復興を目標として国家が主導してさまざまな産業振興や社会的インフラの整備をおこなってきた。政府は幅ひろい領域で国レベルでの復興と成長を目指すことを目的として，事業や製品の安全基準，技術規格，事業範囲などの企業活動にガイドラインを提示し，それらを法律や条例，許認可の形で保護してきた。具体的には金融，航空，電気通信事業，郵便事業，鉄道事業，道路運送，貨物自動車運送といった社会インフラから酒類や医薬品の製造販売，大規模小売店舗の出店，営業時間や営業日数にいたるまで管理されてきた。

　戦後日本の驚異的な経済復興とその後の成長の背景には国家の政策の恩恵が少なからず存在した。1980年代以降日本政府は産業や事業に対する規制を縮小し，市場本来がもつメカニズムをとおして市場競争を促進して経済を活性化させようという政策を推進している。流通関連の規制緩和の動きの代表的なものは米穀販売における免許制から登録制への移行と酒類免許制度の緩和，化粧品に対する再販制度（再販売価格維持制度）の適用除外などである。規制緩和による市場競争の促進は日本の産業構造や流通構造を大きく変える原動力となった。同時に規制緩和はわたしたちの日常生活にも少なからぬ影響を生起させた。

10-1-1　道路運送

　道路運送法は旅客自動車運送であるタクシー，バスなどの事業，有料道路などの自動車道路事業について定めている。日本において自家用自動車を有償で運送の用に供することは「道路運送法第78条」に規定されており，災害のため緊急を要する場合と市町村や特定非営利活動法人その他国土交通省令で定める者が，公共の福祉を確保するため区域内の住民の運送などをおこなう場合を除いて禁止されている。

　ウーバー・テクノロジーズ（Uber Technologies, Inc.）は自動車配車ウェブサイトおよび配車アプリを運営する。ウーバーの事業の中心は個人所有車を使った乗りあいサービスのライドシェアリングである。同社は一般的なタクシーの配車にくわえて，一般人が自分の空き時間と自家用車を使用して他

人を運ぶ仕組みを構築した。ユーザーは利便性の高い廉価な輸送サービスを利用でき，車両オーナーにとっては簡単な小遣い稼ぎができ，顧客が運転手を評価すると同時に運転手も顧客を評価する「相互評価」を実施している。

　2013年9月には日本法人，Uber Japan が第2種旅行業者として登録され，2014年8月から東京都内全域で本格的にタクシーの配車サービスを開始して，その後全国にサービスをひろげていった。2015年2月には，福岡市において諸外国同様に一般人が自家用車で運送サービスをおこなう「みんなの Uber」のテストを開始するが，国土交通省からサービスを中止するよう指導されている。

　2014年8月からオンラインフードデリバリーサービス「Uber FRESH」を開始して，その後「Uber Eats（ウーバーイーツ）」に改称された。ウーバーイーツは2020年2月時点で日本をふくめた45以上の国と地域，6,000以上の都市でサービスを展開され，日本では2016年9月からサービスが開始されている。

　ウーバーイーツは「レストランパートナー」と「配達パートナー」をマッチングするサービスである。「配達パートナー」とよばれるデリバリー担当者は自分で用意した自転車や原付バイクを使用して，「レストランパートナー」となった飲食店で作った食事を注文者の指定した場所まで配達する。従来の宅配サービスと異なるのは宅配業者や店舗のスタッフが配達するのではなく，一番近くにいてスムーズに配達できるひとによって商品が受け取られて配達される。ウーバーイーツは加盟店，配達パートナー，注文者のそれぞれから手数料を得るビジネスモデルである。

10-1-2　酒類の流通

　酒類の販売は1953年に制定された酒税法によってながいあいだ規制の対象とされてきた。酒税法は酒税の賦課徴収，酒類の製造および販売業免許等を定めた法律で，既存の小売業者を保護し酒税の安定した賦課徴収を図ることを目的として，新規参入者に対しては酒税法にもとづく厳格な制限が課されてきた。

酒類の販売は 1938 年 4 月に酒造税法の改正により免許制が導入され，1940 年 3 月制定の酒税法（旧法）を経て，1953 年 2 月制定の酒税法（現行法）へと受け継がれ，1959 年 3 月には酒税法が改正され，酒類販売業免許は卸売業免許と小売業免許に分離された。1988 年 12 月の臨時行政改革推進審議会の公的規制の緩和等に関する答申を受けて，国税庁は 1989 年 6 月に酒類販売業免許等取扱要領を改正して規制緩和がおこなわれた。ここでは店舗面積 10,000 平方メートル以上の大規模小売店舗の特例免許として，単年度において各都道府県人口の 200 万人につき 1 つの売り場を許可すること，許可審査に世帯基準にかえて人口基準を導入すること，人口 30 万人以上の都市の国税局長が指定する主要駅から 500 メートル以内にある商業地域における距離基準を 50 メートルに緩和すること，通信販売酒類小売業免許を新設することが決定された。

　1995 年 3 月に「規制緩和推進計画について」が閣議決定され，1995 年 12 月には行政改革委員会において，酒類小売業免許自由化に向けた基本的方向が示される。1997 年 6 月には，中央酒類審議会「酒販免許制度等の在り方について」において需給調整要件の廃止が提言され，1997 年 12 月の行政改革委員会で「最終意見」がまとめられた。そして，1998 年 3 月に規制緩和推進 3 か年計画が閣議決定され，同時に国税庁が酒類販売業免許等取扱要領を改正し，1998 年 9 月から適用されることになった。

　同要領では「距離基準」は 2000 年 9 月廃止，「人口基準」は 1998 年 9 月から段階的に緩和して 2003 年 9 月に廃止と決められた。なお，2000 年 8 月の閣議決定で 2000 年 9 月から実施するとされていた距離基準の廃止は，4 か月遅れの 2001 年 1 月から実施することとされた。このように 2001 年 1 月に販売店間に一定の距離を置く距離基準が廃止，2003 年 9 月には地域ごとに人口あたりの免許枠を定めていた人口基準が廃止され，さらに 2006 年 9 月には既存業者を保護する「緊急調整地域」の指定もなくなり，種類の販売は実質的に完全自由化となった。

　同じコンビニチェーンでも酒類を扱っている店舗とそうでない店舗があったのは，酒類店からコンビニエンスストアに形態転換した小売店かそうでないかの違いである場合が多かった。北海道札幌市に本社を置くコンビニエン

ススストアチェーン，セイコーマートは地場の酒販関係者の協同組合から派生したことから，酒類販売業免許が取得しにくかった時代においても北海道内の旧産炭地で廃業した酒販店の免許を多く転用することによって，ほぼ全店で酒類をあつかうことができた。1974年に日本1号店をオープンしたセブン-イレブンは出店を拡大するにあたって酒類免許をもつ酒店経営者をフランチャイズ加盟店のターゲットにしていた。

10-1-3　コメの流通

　日本におけるコメの流通は1942年に制定された食糧管理法のもとで，主食であるコメや麦などの食糧の価格や供給などを国が管理する「食糧管理制度」にもとづいておこなわれてきた。これによってコメの集荷，卸売，小売の各事業ともに「許可制」が採用され，参入が制限されてきた結果，営業区域が制限されその取引先も固定化していた。コメの輸入や販売価格も政府によってコントロールされ，集荷を握る農協組織が実質的にその流通量の7割以上を押さえていた。

　GATT（General Agreement on Tariffs and Trade：「関税および貿易に関する一般協定」）ウルグアイラウンドの合意をうけた市場開放によってこうした環境が一変することになる。1994年12月14日，新食糧法（「主要食糧の需給及び価格の安定に関する法律」）が公布され，一部の条項をのぞいて1995年11月1日に施行され，これにともなって食糧管理法は廃止され，「食糧管理制度」も内容の変更に沿って「食糧制度」に改められた。この法律によってコメは政府が計画的に生産，流通させる計画流通米（自主流通米と政府米）と販売ルートが自由な計画外流通米（自由米など）の2種となり，農家は自由にコメを販売することができるようになった。

　この規制緩和は少なからずわたしたちの生活に影響をあたえた。それまで許可制だった卸売，小売の各事業が「登録制」へ変わり，卸売は販売量，小売は施設など一定の要件を満たせば基本的に当該事業へ参入することが可能になり，コメを扱う卸売業者と小売業者の数が増加する。

　それまで同じコンビニチェーンでもコメを扱っている店舗とそうでない店

舗があったのは，米穀店から形態転換した小売店かそうでないかの違いがほとんどであった。大規模小売チェーンも，多店舗展開するすべての店舗でコメを販売するためには，米穀店から営業権を購入してコメを扱ったり，米穀店にテナントにはいってもらわなければならなず，チェーンストアとしてのスケールメリットを活かすことができなかった。

　1995 年以降，わたしたちはそれまでよりも多くのチャネルをとおしてコメを購入することが可能になった。スーパーマーケットやコンビニエンスストアのほとんどの店舗でコメが販売され，ガソリンスタンドや自動販売機，さらには多様な小売業者の参入によってインターネットをはじめとする通信販売でもコメが販売されるようになった。スーパーマーケットは，コメを本部で一括大量購入することで価格交渉力を高め，わたしたちはその恩恵を受けることができるようになったのである。

　その後食糧法を大幅に改正する「主要食糧の需給及び価格の安定に関する法律等の一部を改正する法律」（2003 年法律第 103 号）が制定され，2004 年 4 月 1 日に施行されたことを受けて，従来からの農業従事者に限らずだれでも自由に米を販売したり流通させることができるようになっている。

　流通チャネルにおける規制緩和は生産者サイドにも大きな影響を与えることになった。それまで農家は自らが栽培したコメの流通を心配する必要がなかったため，コメの収穫量にのみその関心が向かっていたが，すぐれた品質のコメを作らなければコメは売れなくなったことから，コメの産地間でのブランド競争が生じてきたのである。

　最近では多くのコメブランドを目にするようになった。たとえば北海道のコメでは「ほしのゆめ」，「ななつぼし」，「きらら 397」，「ふっくりんこ」，「ゆめぴりか」などがある。「八十九（おぼろづき）」はコメにふくまれるアミロースの割合が少なく，やわらかい食感と強い粘りが特徴で，日本穀物検定協会へ委託した食味試験ではコシヒカリとならぶ高い評価を得るようになっている。

　日本穀物検定協会の各種試験のうち，炊飯したコメの官能試験にもとづく評価で決定される「米の食味ランキング」で，2019 年産ランキングは 155 産地品種銘柄中最高ランクである「特 A」にランクインしたのは 54 銘柄，

2018年産と2019年産2年連続で特Aを獲得した銘柄は33銘柄であるが，このなかに「ゆめぴりか」，「ななつぼし」がはいっている。

10-1-4　信書の送達

　2015年，ヤマト運輸は同社のサービスであるメール便を利用したことで郵便法違反容疑で書類送検されたり，警察から事情聴取されたケースがあることを理由として同サービスの廃止を発表している。同社は1997年からメール便を全国展開しており，2013年度には約21億冊を取り扱い，売上は親会社のヤマトホールディングスの連結売上高の1割弱を占める約1200億円だった。

　利用者の利便性を考えてみると，郵便の場合国内郵便物は長辺235ミリ短辺120ミリまでの定形郵便物が25グラムまで80円（税金は考慮しない。以下同様），50グラムまで90円であるが，A4サイズ（210ミリ×297ミリ）を折らないで送ることはできない。クロネコメール便は縦，横，厚さの合計が700ミリ以内，1,000グラムまで80円で送ることができたが，郵便で1,000グラム送る場合には定形外郵便物の規格内で580円である。さらにクロネコメール便には「お問い合わせ番号」で配送状況を確認でき，速達料金はプラス100円であったが，郵便の速達料金は390円である。両者のサービスを比較してみるとクロネコメール便の利便性は高い。

　ヤマト運輸はメール便を利用するにあたって「出荷票」に署名してもらうことをとおして注意喚起を図っていた。利用者の郵便法違反が生じていた背景には環境変化のなかで規制の存在理由が不明瞭になってきたことにくわえて，信書のわかりづらさがあると考えられる。宅配便を利用していわゆる「手紙」を送ると法律違反になるということを知らないひとは少なくないことが推察される。わが国では郵便法第165号の規定によって信書の送達は国の独占とされてきた。すなわち運送業者がその運送手段によって他人の信書を送達しても，信書の送達を運送業者に依頼したひとも郵便法の規定によって罰せられる。しかしながらこの法律は1947年に制定されたもので，その後のさまざまな物流手段や情報通信手段の登場にともなって実態にそぐわな

日本郵政		ヤマト運輸
定形外郵便物（規格内）		メール便
重量	料金	料金
50g 以内	120 円	80 円
100g 以内	140 円	80 円
150g 以内	210 円	80 円
250g 以内	250 円	80 円
500g 以内	390 円	80 円
1kg 以内	580 円	80 円

図表 10-1　サービス比較（2015 年時点）
出所：筆者作成

い内容になってきた。上記法令によると信書とは特定のひとに対して自己の意思を表示しあるいは事実を通知する文書とされる。具体的には入試の願書，卒業証書，選挙の投票所入場券なども信書に該当する。一方で該当しないものとしては，書籍や雑誌，新聞，商品目録，小切手や株券，絵画などがある。

　こんにちダイレクトメール（DM）は郵便法の弾力的運用によって宅配便業者から届けられることが多くなったが，総務省によればDMは信書である。宅配便業者と郵政省（現総務省）とのあいだには確執がありそれが現在も続いている。新しい物流インフラ，情報インフラの普及とはべつに，郵便法が制定された時代には想定されていないモノが流通することも状況を複雑にしている。

　総務省が宅配便業者の配送を黙認しているDMは，街頭における配布や新聞折りこみを前提として作成されるチラシのようなもの，あるいは店頭における配布を前提として作成されるパンフレットやリーフレットのようなものとして，文書自体に受取人が記載されている文書や商品の購入等利用関係，契約関係等特定の受取人に差し出す趣旨が明らかな文言が記載されている文書に関しては信書としての見解を示している。すなわちたとえその内容がいわゆるチラシであっても，差し込み印刷で受取人が文書に記載されていればそれは信書であって，宅配便業者が配送すると違法ということになる。

こうした取り扱いできる対象以外にも，郵政事業の民営化にもかかわらず郵便局の集配送車は駐車違反取り締まりの対象外になっているなどの不平等が存在していることから，現行法に対する不公平感が指摘されている。

10-1-4-1　郵便法

　「郵便法」（1947 年法律第 165 号）および「民間業者による信書の送達に関する法律」（2002 年法律第 99 号）で信書の送達は法律で国の独占とされ，運送業者がその運送方法によって他人の信書の送達をすると郵便法の規定によって罰せられる（cf., https://www.soumu.go.jp/31, May, 2021）。これに違反していわゆるメール便に「信書」を同封して送ると，事業者のみならず利用者も 3 年以下の懲役または 300 万円以下の罰金に問われることがあるという法規制がある。

　「信書」とは特定の受取人に対して差出人の意思を表示し，または事実を通知する文書とされ，「特定の受取人」とは差出人がその意思または事実の通知を受ける者としてとくに定めた者，意思を表示しまたは事実を通知するとは，差出人の考えや思いを表現し，まらは現実に起こりもしくは存在する事柄等の事実を伝えることとされる。また，「文書」とは文字，記号，符号等ひとの知覚によって認識することができる情報が記載された紙その他の有体物のこととされ，電磁的記録物を送付しても信書の送達には該当しないとされる。2020 年 5 月現在 24,343 局ある郵便局で信書があつかえるサービスは第一種郵便（定形郵便・定形外郵便），第二種郵便（はがき），レターパック プラス，レターパックライト，スマートレターで，信書を扱えないサービスは第三種郵便，ゆうパック，ゆうメール，ゆうパケット，クリックポストである。

　総務省が信書を国の独占とする理由は，基本的通信手段の確保と憲法上保障された通信の秘密の確保である。基本的通信手段の確保の説明では，信書の送達は国民の基本的通信手段であり，その役務を全国あまねく公平に提供する必要があることから，郵便法および信書便法においてその提供を確保する必要があるとされ，憲法上保障された通信の秘密の確保の説明では，憲法では表現の自由の確保およびプライバシー保護の観点から，基本的人権とし

て「検閲の禁止」とあわせて「通信の秘密」の保護が明記されていることをあげている。憲法21条2項では「検閲はこれをしてはならない。通信の秘密はこれを侵してはならない。」とされている（cf., 学術文庫編集部, 2013）。

　信書に該当する文書と信書に該当しない文書は図表のとおりである。通信販売で書籍や日用品を購入した場合には宅配便業者が配送できるが，書状，請求書，会議招集通知，許可書，証明書などは郵便局のサービスを利用しなければ法律違反となる。履歴書や株主総会招集通知，結婚式の招待状なども信書であり，宅配便業者のサービスを利用することはできない。

　ダイレクトメールに関しては総務省とヤマト運輸とのあいだで議論がある。もっぱら街頭における配布や新聞折り込みを前提として作成されるチラシのようなもの，もっぱら店頭における配布を前提として作成されるパンフレットやリーフレットのようなものは信書とはみなされないとされている。

　総務省によれば文書自体に個々の受取人が記載されている文書は，差出人が特定の受取人を選別してその者に対して商品の購入等を勧誘する文書であることから信書に該当するとされる。さらに「会員の皆様へ」，「○月がお誕生日の方へ」などと書かれていると差出人が特定の受取人に差しだす趣旨が明らかとなる文言が記載されている文書とみなされる。

　宅配便の納品書は，郵便法第4条第3項但書において「信書であっても，貨物に添付する無封の添え状または送り状については，運送営業者による送達が認められている。」とされ，荷物として送るモノに添える挨拶状や納品書などは信書であっても，宅配便やゆうパックなどに同梱することが許されている。「無封の添え状」とは送付される貨物の目録や性質，使用方法等を説明する文書および当該貨物の送付と密接に関連した通信文で，当該貨物に従として添えられるものとされ，荷物が主で添え状が従の関係であることが条件である（cf., 中里＝佐伯＝大村，2020）。

　2003年，郵政事業が民営化された際に日本郵便（旧郵政公社）だけではなく民間業者でも信書送達事業をあつかえるように法律改正がおこなわれた。信書を輸送する事業は「一般信書便事業」と「特定信書便事業」の2種類に分けられ，総務大臣の認可を受けることができれば誰でもおこなうことができるようになった。「一般信書便事業」は長さ，幅および厚さがそれぞ

れ 400 ミリ，300 ミリ，30 ミリ以下であり，重量が 250 グラム以下の信書便物を国内で差しだされた日から原則 3 日以内に送達する役務で，許認可を得るには全国へ一定数の信書便差出箱の設置や適正な事業収支の見積もりなど厳しい要件があることから，現在のところ日本郵便以外の参入はない。「特定信書便事業」には荷物 1 個あたりの 3 辺の合計が 730 ミリを超え，または荷物 1 個あたりの重量が 4 キログラムを超える信書便物を送達する 1 号役務，信書便物が差し出されたときから 3 時間以内に当該信書便物を送達する 2 号役務，荷物 1 個あたりの運賃料金の額が 800 円（消費税込）を超える信書便物を送達する 3 号役務があり，比較的参入ハードルが低いため，2021 年 4 月 1 日現在，大手運送会社，バイク便事業者や地場の運送会社など 567 社が認可を取得している。

　日本通運は 1 号役務を扱うビーエスピー 1，3 号役務を扱うビーエスピー 3，佐川急便は 1 号役務を扱う飛脚特定信書（航空）便，3 号役務を扱う飛

■書状
■請求書の類
【類例】　◇納品書，領収書，見積書，願書，申込書，申請書，申告書，依頼書，契約書，照会
　　　　　書，回答書，承諾書，
　　　　　◇レセプト（診療報酬明細書等），◇推薦書，◇注文書，
　　　　　◇年金に関する通知書・申告書，◇確定申告書，◇給与支払報告書
■会議招集通知の類
【類例】　◇結婚式等の招待状，業務を報告する文書
■許可書の類
【類例】　◇免許証，認定書，表彰状　※カード形状の資格の認定書などもふくむ。
■証明書の類
【類例】　◇印鑑証明書，納税証明書，戸籍謄本，住民票の写し，◇健康保険証，
　　　　　◇登記簿謄本，◇車検証，◇履歴書，◇給与支払明細書，◇産業廃棄物管理票，
　　　　　◇保険証券，◇振込証明書，◇輸出証明書，
　　　　　◇健康診断結果通知書・消防設備点検表・調査報告書・検査成績票・商品の品質証明
　　　　　書その他の点検・調査・検査などの結果を通知する文書
■ダイレクトメール
　　　　　◇文書自体に受取人が記載されている文書
　　　　　◇商品の購入等利用関係，契約関係等特定の受取人に差し出す趣旨が明らかな文言が
　　　　　記載されている文章

図表 10-2　信書に該当する文書

出所：総務省ホームページ

```
■書籍の類
【類例】 ◇新聞，雑誌，会報，会誌，手帳，カレンダー，ポスター，◇講習会配布資料，
         ◇作文，◇研究論文，◇卒業論文，◇裁判記録，◇図面，◇設計図書
■カタログ
【類例】 ◇専ら街頭における配布や新聞折り込みを前提として作成されるチラシ，
         ◇店頭での配布を前提として作成されるパンフレットやリーフレット
■小切手の類
【類例】 ◇手形，株券，◇為替証券
■プリペイドカードの類
【類例】 ◇商品券，図書券，◇プリントアウトした電子チケット
■乗車券の類
【類例】 ◇航空券，定期券，入場券
■クレジットカードの類
【類例】 ◇キャッシュカード，ローンカード
■会員カードの類
【類例】 ◇入会証，ポイントカード，マイレージカード
■ダイレクトメール
         ◇専ら街頭における配布や新聞折り込みを前提として作成されるチラシのようなもの
         ◇専ら店頭における配布を前提として作成されるパンフレットやリーフレットのよう
           なもの
■その他
         ◇説明書の類（市販の食品・医薬品・家庭用又は事業用の機器・ソフトウェアなどの
           取扱説明書・解説書・仕様書，定款，約款，目論見書），◇求人票，◇配送伝票，
         ◇名刺，◇パスポート，◇振込用紙，◇出勤簿，◇ナンバープレート
```

図表 10-3　信書に該当しない文書

出所：総務省ホームページ

脚特定信書（航空）便サービス，西濃運輸は1号役務を扱うカンガルー信書
便を提供しているが，ヤマト運輸は現在特定信書便事業をおこなっていな
い。

10-1-4-2　ヤマト運輸

　クロネコメール便廃止の理由は信書の定義がわかりにくく，利用者が信書
を送ることで罪に問われるリスクがあるためであった。信書の概念は曖昧な
「内容基準」のため，同じ文書でも送付する状況や文面のわずかな違いに
よって信書であったりなかったりする。ヤマト運輸は政府に対して，信書便
市場における利便性向上のためわかりにくい信書の定義を国民の誰もがわか

りやすい基準へ変更するよう改正に向けた議論を進めるべきとする。

　ヤマト運輸は信書規制の最大の問題はなにが信書に該当するのかわかりにくいにもかかわらず，郵便または信書便以外で信書を送った場合に運送事業者だけでなく送り主も罰せられることであるとする。そのようななかで2016年10月には日本郵便から個人向けの「ゆうパケット」が発売され，意図せぬ郵便法違反により国民が罰せられる危険は高まりつつある。ゆうパケットは荷物を運ぶサービスであるため信書を送ることはできないにもかかわらず，ゆうパケットは対面での内容物確認などの事前の事務手続きなしに郵便ポストへ差しだすことができ，利用者はゆうパケットで信書も送れると誤認することが懸念される。ヤマト運輸はこのような状況を是正するために送り主への罰則規定は廃止するべきであり，またゆうパケットのような荷物を運ぶサービスを郵便ポストで引き受けることを中止するべきと訴えている。

　日本郵便が提供する「レターパック」や「スマートレター」は信書も非信書も送れるサービスであるが，「ゆうメール」やゆうパケットは荷物を運ぶサービスであるにもかかわらず，郵便事業を維持するための資産である郵便ポストでの引き受けが可能である。ヤマト運輸は，信書も非信書も送れるサービスは貨物市場を侵食し民間の競争を妨げるものであり，国民の利便性が阻害されることになりかねないとしている。

　さらにヤマト運輸は，郵便ポストで荷物を運ぶサービスを引き受けることは，郵便事業者としての優遇をうけながら貨物運送事業を拡充していることにほかならず，貨物市場の公平公正な競争が阻害されているとして，1997年に同社がクロネコメール便を開始して以降それまで値上げを繰り返してきた郵便料金は22年間据え置かれてきたにもかかわらず，2015年3月に同社がクロネコメール便を廃止した後，2016年6月1日から一部の国内郵便物の基本割引率の引き下げと国際スピード郵便の値上げの実施，さらに2017年6月1日からは「はがき」や「ゆうメール」等の値上げが実施された点を指摘している。ヤマト運輸は，日本郵政によれば値上げの理由として人件費の増加や再配達によるコスト増などがあげられているが，競争があれば料金が据え置かれた可能性があるとして，経営状況に応じて各事業者が提供する

サービスの料金が改定されること自体に異存はないが，公平公正な競争環境がない状態では特定の事業者の独占につながり，国民の利便性の低下を招きかねないとしている。

10-1-5　医薬部外品の流通

　医薬品流通にもながく規制が設けられてきた。ただし規制の目的が製品の安全性にもとづく利用者保護にある点がコメや酒類の流通と異なっている。医薬品はその容量や用法を間違えると使用者に健康被害を生じさせる恐れがあることから，専門知識をもったひとがいる薬局または薬店でしか販売することが許されていなかった。

　薬局には薬剤師がいて処方せんにより調剤をおこなう調剤室があり，「医療用医薬品」と「一般用医薬品」の両方を扱うことができる。このうち健康保険を適用して調剤をしてくれる薬局を「保険薬局」とよぶ。また薬剤師がいても「一般用医薬品」しか販売しないところを「一般販売業」とよび，都道府県がおこなう薬種商試験に合格したひとが薬種商販売業の許可を受けて「一般用医薬品」を販売を販売しているところは「薬種商販売業」とされ，これらの店舗は「薬局」という名称を使うことは法律で禁止されているため，「薬店」などとよばれている。

　薬局，薬店以外で販売が許されている医薬品に準じる製品は「医薬部外品」とよばれる。医薬部外品になると製造工程では医薬品と同等の規制がかけられるが，販売面での規制がはずれる。医薬品流通の規制も規制緩和の流れのなかで，1999 年と 2004 年に薬局，薬店でなくても販売できる医薬部外品の範囲が，それまでの生理用品や清浄綿などの衛生用紙綿類，にきび，肌荒れ，かぶれ，しもやけなどの防止剤，皮膚・口腔殺菌清浄剤，薬用化粧品，薬用歯磨き粉，歯周炎予防剤，ひび，あかぎれ，あせも，うおのめ，たこなどの改善薬，染毛剤，脱色剤，パーマネント剤，浴用剤などからひろげられた。

　「薬事法」は 1960 年に施行された法律で，2014 年，「薬事法等の一部を改正する法律」（2013 年法律第 84 号）の施行により，「薬機法」（「医薬品，医

医薬部外品
衛生用紙綿類（生理用品，清浄綿類）　にきび，肌荒れ，かぶれ，しもやけ等の防止剤等　皮膚・口腔殺菌清浄剤　薬用化粧品　薬用歯磨き粉，歯周炎予防剤等　ひび・あかぎれ・あせも・うおのめ・たこ・手足のあれ・かさつき等の改善薬　染毛（脱色）剤　パーマネント剤　浴用剤

新指定医薬部外品	新範囲医薬部外品
コンタクトレンズ用消毒剤　創傷面の消毒，保護剤　胃の不快感改善剤　ビタミン・カルシウム補給剤　滋養強壮・虚弱体質の改善，栄養補給剤	いびき防止剤　カルシウムを主成分とする保健薬　うがい薬　健胃薬　口腔咽頭薬　コンタクトレンズ装着薬　殺菌消毒薬　しもやけ・あかぎれ用薬　嚥下薬　消化薬　生薬を主成分とする保健薬　整腸薬　鼻づまり改善薬　ビタミンを含有する保健薬　健胃・消化・整腸薬

図表 10-4　厚生労働大臣が指定する医薬部外品

出所：厚生労働省ホームページをもとに筆者作成

療機器等の品質，有効性及び安全性の確保等に関する法律」）に改められた。薬機法（「医薬品医療機器等法」）は，日本における医薬品，医薬部外品，化粧品，医療機器および再生医療等製品に関する運用などを定めた法律である。

　医薬部外品は日本の薬機法に定められた医薬品と化粧品の中間的な分類で，人体に対する作用の緩やかなもので機械器具でないもの，医薬部外品として分類されるには人体への改善効果はもっているものの作用が弱く，副作用の危険性がないことが指定の条件である。条件を満たす入浴剤，歯周病や虫歯予防の歯磨粉，口中清涼剤，制汗剤，薬用化粧品，ヘアカラー，生理用ナプキンなどがこれに該当する。

　指定医薬部外品は 2009 年施行の薬事法改正にともなって誕生したカテゴリーであり，厚生労働大臣が指定する。指定医薬部外品には新指定医薬部外品と新範囲医薬部外品がある。新指定医薬部外品は 1999 年に新たに指定された医薬部外品で，のど清涼剤，健胃清涼剤，ビタミン剤，カルシウム剤，ビタミン含有保健剤などがこれに該当する。新範囲医薬部外品は 2004 年に新たに指定された医薬部外品で，いびき防止薬，カルシウム含有保健薬，うがい薬，健胃薬，口腔咽頭薬，コンタクトレンズ装着薬，殺菌消毒薬，しも

やけ用薬，瀉下薬，消化薬，生薬含有保健薬，整腸薬，鼻づまり改善薬（外用剤のみ），ビタミン含有保健薬（一部をのぞく）などがこれに該当する。

　こうした医薬品流通の規制緩和の流れのなかで，1999 年に薬局，薬店でなくても販売できる医薬部外品の範囲が広げられた。コンタクトレンズ用消毒剤やビタミン，カルシウム補給剤などがこのとき医薬部外品に指定されたが，このとき大きくマーケットがひろがったのがドリンク剤とよばれる滋養強壮・虚弱体質の改善，栄養補給剤である。こんにちではあたりまえのようにコンビニエンスストア（CVS）で販売されているが，ドリンク剤を CVS で見るようになったのは 1999 年以降のことである。1999 年の CVS および自動販売機でのドリンク剤の市場規模は 500 億円とされる。さらに 2004 年からは従来のドリンク剤に加えて一部の大衆薬が扱えるようになり，1999 年と 2004 年に新たに医薬部外品に指定されたドリンク剤や一部大衆薬は，24 時間営業をおこなう CVS の売れ筋商品となっている。

　また 2009 年施行の改正薬事法では，2007 年 4 月に厚生労働省が定めた一般医薬品の 3 分類にもとづいて一般医薬品が第一類医薬品，第二類医薬品，第三類医薬品の 3 つのカテゴリーに分類された。これは一般用医薬品が含有する成分を「副作用」，「ほかの薬との相互作用」，「効能・効果」などの項目で評価したもので，一般用医薬品としての使用経験が少ないなど安全性上とくに注意を要する 11 成分をふくむものを第一類医薬品とした。これに該当するのが H2 ブロッカー含有剤や一部の毛髪用剤などである。

　第二類医薬品は，まれに入院相当以上の健康被害が生じる可能性がある 200 成分をふくむもので，おもなかぜ薬，解熱鎮痛剤，胃腸鎮痛鎮痙剤などがこれに該当する。そして第三類医薬品は日常生活に支障をきたす程度ではないが，身体の変調，不調が起こる恐れがある 274 成分をふくむもので，これにはビタミン B・C 含有保健薬，主な整腸剤，消化剤などがある。

　また情報提供の必要性にも差が設けられて，第一類医薬品の販売に際しては買い手が求めなくても薬剤師は情報提供することが義務となり，第二類医薬品と第三類医薬品に関しては情報提供をするように努めるかもしくはしなくてもよいとされた。それまでわたしたちはドラッグストアや薬局で，店員が薬剤師なのかパートやアルバイトなのかわからないまま医薬品を購入して

おり，説明もほとんど受けることはなかった。しかしながら2009年からはリスクの高いものは薬剤師に，それ以外は薬剤師もしくは一般用医薬品に関する知識をもった登録販売者に対応してもらって購入するようになった。

　現在では薬剤師の勤務時間の関係上営業時間に実質的な制約が生じているが，2009年施行の改正薬事法の施行はドラッグストアの営業時間の変化に止まらず，多くの小売形態を巻きこんだ生き残りをかけた競争へと進行する可能性を秘めている。

　薬事法の改正に関連してわたしたちの日常生活に変化をもたらしたものに化粧品の全成分表示がある。2001年までは化粧品を輸入販売するためには配合成分の届出の義務があったため，正規輸入者以外がこうした化粧品を輸入することは現実的に不可能であった。また日本市場への並行輸入を防止する目的で日本では許可されていない成分を配合する例も存在していた。こうした背景からこれまで輸入化粧品の流通チャネルは製造業者のコントロール下におかれ，製品のディスカウント販売がおこなわれることはほとんどなかったため，輸入化粧品は価格が高い高級品というイメージが定着していた。

　これが薬事法の改正によって従来の化粧品の品目ごとの承認や許可が不要になり，その替わりに製品の全成分の表示が義務づけられたのである。こうした措置にともなって輸入化粧品は製造業者の価格コントロールの影響がおよばなくなったことから，わたしたちは輸入化粧品をそれまでよりも低価格で購入することができるようになっている。

　医薬品流通の規制も緩和の流れのなかで，1999年と2004年に薬局，薬店でなくても販売できる医薬部外品の範囲がひろげられ，2009年施行の改正薬事法ではさらに大きな改革がくわえられることになる。1999年度のCVSおよび自動販売機でのドリンク剤市場規模が500億円であったことから，大衆薬を製造する製造業者にとって，新たな流通チャネルに潜む多くの潜在顧客の存在を改めて気づかせることになる。

　規制緩和を受けて製薬会社はそれまでの医薬品で培ってきたブランド力を最大限に活用して，効き目や信頼性を消費者に訴えかけることをとおして，自社製品を購買してもらうマーケティング戦略を採用してきた。山之内製薬

（現アステラス製薬）は，2000 年 5 月に CVS 向け医薬部外品の外皮消毒薬である「マキロンプチ A」を発売した。同社の外傷消毒薬「マキロン」（2005 年山之内製薬が藤沢薬品と合併してアステラス製薬となり，2006 年にアステラス製薬が山之内製薬と藤沢薬品が共同で設立したゼファーマの全株式を第一三共ヘルスケアに譲渡）の主成分で殺菌消毒効果がある塩化ベンゼトニウムの配合を医薬部外品の規定にあわせることによって CVS での販売を可能にした。マキロンという名前にはマーケットの認知と信頼があり，同社はこのブランドネームを活用することによってプロダクトライフサイクルの導入期に必要とされるコストを抑えて，最初から相応の売上高と利益の獲得を目指したのである。

　武田製薬はビタミン C 補給剤の「ハイシー」のブランドネームを活用するために，2000 年 5 月にハイシーブランドの医薬部外品ドリンク剤「ハイシー CE タイム」を開発して，CVS をはじめとする幅広い流通チャネルをとおして発売した。エーザイも 2000 年 4 月に有効成分ビタミン B6 の配合を医薬部外品の規格に適合させた医薬部外品「チョコラ BB ドリンク」を発売している。

10-1-6　セルフ式ガソリンスタンド

　日本では安全性の観点から給油を従業員がおこなうフルサービス方式以外認められていなかったが，1998 年の消防法改正で規制が緩和され危険物の規制に関する政令が改正されたとこから，利用者が自ら給油する給油取扱所（セルフ式ガソリンスタンド）が登場した。セルフ方式であっても無人で営業することは認められておらず，甲種または乙種 4 類の危険物取扱者の有資格者が常駐して利用者による給油作業を監視カメラで常時監視し，危険発生時には遠隔操作によるバルブ閉鎖やそのほか必要な措置を取ることが求められている。

　「危険物の規制に関する規則」（1959 年 9 月 29 日総理府令第 55 号（第 40 条の 3 の 10））に顧客に自ら給油等をさせる給油取扱所における取り扱いの基準が規定されている。利用者はエンジンを止めてから給油機に貼られてい

る放電プレートに触れて体に溜まった静電気を逃がし，自分が給油したい油種の給油ノズルから給油する。利用者が油種を間違えないようにレギュラーは赤，ハイオクは黄，ディーゼル（軽油）は緑，灯油は青と油種ごとに給油ノズルが色分けされている。

11

物的流通業者

　流通チャネルでその機能を担うのが流通業者である。代表的な流通業者としては卸売業者，小売業者，配送業者があげられる。流通の段階からとらえた場合，卸売（wholesaling）とは製造業者や生産者または卸売業者からほかの製造業者や生産者，卸売業者，そして小売業者へ商品を移転させる販売活動であり，これに対して小売（retailing）とは，買い手がその商品の最終消費者となる販売活動を指す。

　買い手の使用目的の側面からは卸売とは商品を再販売，あるいはビジネスで使用することを目的とする買い手に販売する活動であり，小売とは最終消費者の個人的，非営利的使用のために商品を直接販売する活動ととらえることができる。

　経済産業省によれば 2019 年商業販売額は前年比マイナス 2.5 ％の 459 兆9750 億円である。うち卸売業は前年比マイナス 3.6 ％の 314 兆 9280 億円，小売業は前年比プラス 0.1 ％の 145 兆 470 億円である。なかでもおおきなウェイトを占めるのがスーパーマーケットの 13 兆 983 億円，コンビニエンスストアの 12 兆 1841 億円，ドラッグストアの 6 兆 8356 億円，百貨店の 6兆 2979 億円，ホームセンター 3 兆 2748 億円である（cf., https://www.meti.go.jp/, 31 March 2021）。

　卸売業者はその取り扱う商品の所有権の有無によってマーチャントホールセラーとブローカー，エージェントに分けることができる。マーチャント

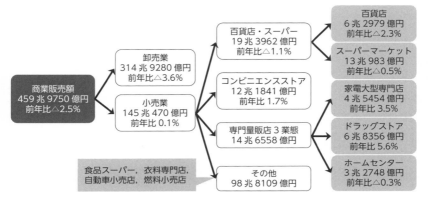

図表 11-1　2019 年商業販売額

出所：経済産業省ホームページ「2019 年小売業販売を振り返る」

ホールセラーは独立の卸売業者であり流通経路で商品の所有権を獲得して取引をおこなう。それに対してブローカー，エージェントは取り扱い商品の所有権を取得することなしに，流通経路において取引を仲介することによって手数料を得る。

　ブローカーの主要な機能は売り手と買い手を結びつけ商談を支援することである。かれらは在庫を保有せず流通金融機能，危険負担機能は担わない。通常製品ラインや顧客のタイプによって専門化されており，たとえば食品ブローカー，不動産ブローカー，保険ブローカーなどがある。ブローカーに対してエージェントは，売り手あるいは買い手の取引を長期的な契約にもとづいて支援する。アメリカメジャーリーグで一般的に選手に替わって球団サイドとの交渉にあたるのはこのエージェントである。日本のジャイアンツからニューヨークヤンキースに移籍した松井秀喜の代理人としてヤンキースと交渉にあたったアーン・テレムは松井の所有権を保有しているわけではなく，かれとの契約にもとづいて年俸をはじめとする条件をとりまとめ，その報酬としてコミッションを得ているのである。

　またオフィス用品通信販売のアスクルのビジネスモデルにおける文具店は，アスクルとオフィス間のオフィス用品流通の仲介をおこなうが，仲介した商品の所有権はもたない。文具店はアスクルとその顧客のあいだにはいっ

て注文と決済の仲介をおこなうが，商品の物理的な移動は実際に取引をおこなう両者間でおこなわれる。

マーチャントホールセラーとエージェントの両方の機能を担う企業も少なくない。証券会社をはじめとする金融機関は顧客のおこなう証券取引を仲介するエージェントとしての役割を果たすとともに，自らの資金による自らの証券取引をおこなっている。また不動産会社はエージェントとして不動産取引の仲介によって手数料を得るとともに，自らの資金で自らが不動産を売買している。

エンドユーザーを取引対象とする小売業者にはスーパーマーケット，百貨店，専門店，CVS，ホームセンター，ドラッグストアから，通信販売，自動販売機販売，ECにいたるまで実に多くの形態が存在する。こうした小売形態は店舗の有無から有店舗小売業者と無店舗小売業者，経営方式から独立小売業者とチェーン小売業者，販売方式から対面販売小売業者とセルフ販売小売業者，立地から単独店舗とショッピングセンターなどの集合店舗に分類される。

11-1

卸売業者

卸売業者は流通経路において遂行される機能によって総合機能卸売業者と限定機能卸売業者に分類される。総合機能卸売業者は販売，在庫，配送，金融などの物流の基本的機能と副次的機能のすべてを兼ね備えた卸売業態である。また卸売業者は対象とする商圏によって全国卸売業者，地域卸売業者，地方卸売業者，産地卸売業者，集散地卸売業者，消費地卸売業者等に分類することができる。

さらにその商品の主要な販売対象から小売業者に商品を販売する消費財流通業者と製造業者に商品を販売する産業財流通業者に分類される。消費財流通業者は取り扱う商品の幅と深さから，さらに食料品，呉服類，医薬品，化

粧品，農畜産物，水産物，家具，建具，什器等の多様な商品を取り扱う総合卸売業者，1つないしは2つの製品ラインの品揃えに特化した品種別卸売業者，取り扱う商品をそのアイテムレベルにまで絞り込んだ専門卸売業者の3つに分類される。総合卸売商の典型は総合商社であり，食料品卸売業者，呉服卸売業者，医薬品卸売業者，化粧品卸売業者などは品種別卸売業者としての呼称であり，製品アイテムを取り扱う専門卸売業者はその製品アイテムによってワイン卸売業者，真珠卸売業者などさまざまである。

　総合機能卸売業者に対して限定機能卸売業者は限られた領域に特化した卸売機能を提供する。はじめに現金もち帰り卸売業者は現金問屋ともよばれ，高回転商品のみを取り扱って小規模小売業者に対して現金で商品を販売する。原則として配送はおこなわず，流通金融機能も担わないことでコストを削減し，その分だけ卸売価格を低く設定する。

　つぎにトラック卸売業者は商品をトラックに積み込んで巡回販売する。生鮮食品等の腐敗しやすい商品を取り扱い，食料品店，病院，レストラン，工場の食堂やホテルなどを回って現金で販売する卸売形態で，現金もち帰り卸売業者と同様に流通金融機能はもたない。

　配送卸売業者はアメリカの石炭，木材，資材業界で見られる流通業者である。顧客からの注文を受けて受注条件を満たしうる製造業者を選択して，商品は製造業者から顧客へ直接商品を配送する。かれらは配送，在庫，保管機能はもたないが取り扱う商品の所有権は取得する。

　ラックジョバーは食料品店とドラッグストアを対象としておもに非食料品の製品アイテムを供給する。小売店との委託仕入契約にもとづいて取扱商品を陳列棚に陳列して，価格づけや商品在庫管理をおこない，顧客に購買された商品代金を小売業者から回収する。

　農業協同組合は農業従事者が事業の安定化，効率化を目的として資金をだしあうことによって設立される卸売形態であり，上部組織に都道府県単位で組織される経済農業協同組合連合会（経済連），全国組織の全国農業協同組合連合会（JA全農）がある。また全国農業協同組合中央会が組織する農協グループであるJA全中がある。農業協同組合は農作物を集荷して地方市場に販売する卸売機能のほかに保険等の共済事業や貯金，貸付などの金融事業

もおこなう。

　最後に通信販売卸売業者は宝石，化粧品，健康食品等の製品アイテムの分野で見られる卸売形態であり，小売業者や会員顧客に商品カタログを送って郵便，宅配便等で商品を配送する。

11-2

小売業者

　小売業者は大きく有店舗小売形態と無店舗小売形態の2つに分類することができる。有店舗小売形態とは文字どおり物理的な店舗を構えて消費者に商品を販売する小売形態であり，無店舗小売形態とは通信販売やEC，訪問販売，自動販売機など物理的な店舗を構えない小売形態である。

11-2-1　有店舗小売形態

11-2-1-1　スーパーマーケット

　スーパーマーケットは高頻度に消費される食料品や日用品などをセルフサービスで短時間に購入できるようにした小売形態であり，スーパーマーケット‘supermarket’の名称は英語で「市場（いちば）」を意味する‘market’に，「超える」という意味の‘super’を合成した造語である。チェーンオペレーションによる大量仕入，商品を買いとって販売する買取仕入，薄利多売による低価格販売，セルフ販売方式，パート従業員の採用などによる経営コストの削減を特徴とする。セルフ販売方式は1916年にクラレンス・サンダースがメンフィスに開店したセルフサービ式食料雑貨店「ピッグリー・ウィッグリー」の誕生とともにはじまるとされる。

　スーパーマーケットは，食料品から日用雑貨まで総合的なニーズを満たすようにデザインされた比較的大規模な小売店舗であり，レギュラーチェーン形態を採用しているケースが多い。多くの場合ひろい駐車スペースをもちワ

ンストップショッピングやまとめ買いを可能にしている。こんにちではセルフ販売方式はあたりまえになっているが，スーパーマーケットの登場以前はいわゆる家庭の主婦の日課は買物かごをもって肉や野菜，生活雑貨などの目的に応じて，それらを専門に扱う個人商店を訪れることだった。

セルフ販売による商品の大量陳列と値引きによる薄利多売を可能にした小売形態は，高度経済成長のなかを生きるわが国の消費者の圧倒的な支持を獲得するようになる。高度経済成さなかの 1950 年代に白黒テレビ，洗濯機，冷蔵庫の家電 3 品目が「三種の神器」として家庭に普及し，1960 年代なかばにはカラーテレビ，カー，クーラーが「新三種の神器」として家庭に急速に浸透していった。こうした環境変化のなかで家庭の主婦は毎日の食材の買物から解放され，自家用車でスーパーマーケットにでかけて 1 週間分の買物をワンストップショッピングするという新しいライフスタイルが定着した。それまでは個人商店をかけもちして必要な商品を揃えていたのが，スーパーにいけばそこで必要なものすべてが手にはいるようになったのである。

時代のニーズを満たしたスーパーマーケットはチェーンオペレーションをとおして全国に店舗数を拡大し，各店舗の仕入を一括しておこなうチェーン本部は大量買取仕入を背景としてより価格交渉力を強め流通チャネルにおける影響力を拡大させ，それまで製造業者や卸売業者が握っていた価格決定権にも強い発言力をもつ存在へと成長を遂げていく。

スーパーマーケットよりも規模が大きく日常的に消費される食料品と非食料品を総合的に品揃えする小売業者をスーパーストアとよび，このなかには取扱商品の総合化，高級化，PB 商品を取り扱うゼネラルマーチャンダイズストア（general merchandising store：GMS），さらに大規模化を推し進めたハイパーマーケットがふくまれる。イオン，イトーヨーカ堂はこの小売形態に属する。また専門的サービスをともなう人的販売機能をあわせもったスーパーストアをコンビネーションストアという。コンビネーションストアでは，生鮮食料品部門のほかに専用レジと専門販売員を配置したドラッグ部門や，コスメティック部門をもち顧客の相談に対応しながら商品を販売するケースが多い。

イオングループは 1969 年に岡田卓也によって設立された流通グループ

で，イオン株式会社（旧ジャスコ株式会社）を純粋持株会社として，GMS
（総合スーパー）事業，SM（スーパーマーケット）事業，ヘルス＆ウエルネ
ス事業，総合金融事業，ディベロッパー事業，サービス・専門店事業，国際
事業を展開する。2020 年度連結売上は 10 期連続で過去最高となる 8 兆 6042
億円，連結営業利益約 2155 億円，親会社株主に帰属する当期純利益は約
268 億円で，うち GMS 事業売上約 3 兆 705 億円，スーパーマーケット事業
売上約 3 兆 2243 億円，ヘルス＆ウエルネス事業売上約 8832 億円を計上する
小売売上日本第 1 位の企業グループである。

　セブン＆アイ・ホールディングスは 2005 年にイトーヨーカ堂，セブン –
イレブン・ジャパン，デニーズジャパンが共同で設立した日本の大手流通持
株会社で，セブン – イレブン・ジャパン，イトーヨーカ堂，そごう・西武な
どを傘下にもつ。2019 年度決算売上約 6 兆 6444 億円，純利益約 2182 億円
を計上する小売売上日本第 2 位の企業グループである。

　イトーヨーカ堂は関東・東京地方を中心に店舗を展開するゼネラルマー
チャンダイズストアであるイトーヨーカドーの運営会社で，1920 年開業の
羊華堂洋品店を起源にする。2019 年度決算営業収益約 1 兆 1851 億円，営業

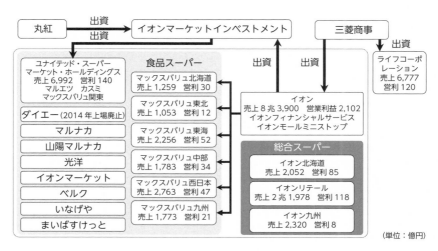

図表 11-2　イオングループ会社関係図（2019 年 2 月期）

出所：日経 MJ 編（2019）p. 30 をもとに筆者作成

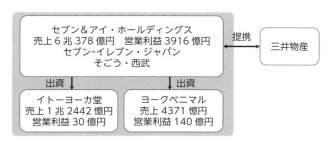

図表 11-3　セブン＆アイ・ホールディングス会社関係図（2019 年 2 月期）
出所：日経 MJ 編（2019）p. 30 をもとに筆者作成

利益約 6522 億円，経常利益約 7615 億円，当期純利益約 1674 億円である。

環境変化と新たなスーパーマーケットの登場

　日本では 2000 年 6 月の「大規模小売店舗法」（「大規模小売店舗における小売業の事業活動の調整に関する法律」：大店法）の廃止にともなって，郊外の広大な土地に数千台規模の駐車場を備えて広域から集客する大規模な大型ショッピングセンター（ショッピングモール）が誕生してきた。セブン＆アイ・ホールディングスの「アリオ」もそのうちの 1 つである。大店法の廃止にともなってそれまでの枠組みに替わるものとして制定されたのがまちづくり 3 法（「改正都市計画法」，「大規模小売店舗立地法（大店立地法）」，「中心市街地の活性化に関する法律（中心市街地活性化法）」）である。まちづくり 3 法の目的の 1 つは衰退する中心市街地への対策を講じることであったが，まちづくり 3 法の制定にもかかわらず中心市街地の衰退が止まらないことから，2006 年にまちづくり 3 法のうち中心市街地活性化法と都市計画法が改正された。この改正では都市機能が郊外へ拡散していったことが中心市街地の衰退に結びついたことへの反省から，郊外部の開発抑制をおこない都市機能を中心市街地に誘導するコンパクトシティ構想を進めることがねらいであった。

　改正前のまちづくり 3 法でも大型店の中心市街地への立地は可能であったが，結果的に郊外への立地を促進することになったことから，都市計画法を改正して郊外における大型店の立地を制限することとなった。それまで大型

店の立地制限がなかった第2種住居地域，準住居地域，工業地域，非線引き都市計画区域の白地地域では床面積1万平方メートルを超える大規模集客施設の出店は原則不可能となり，市街化調整区域では大規模開発の開発可能の例外規定が廃止された。それによって大型店の出店が可能となるのは近隣商業地域，商業地域，準工業地域に限られることとなったことから，大型店の立地は原則可能から原則不可能となった。

2000年代なかば以降首都圏生活者の居住地の都心中心部への回帰や人口全体における高齢化にともなって，大規模な立地や物件確保が難しい都心をはじめとした都市部で営業する，コンビニ程度の店舗面積のスーパーマーケットが出店されるようになる。こうしたスーパーマーケットはミニスーパーとよばれる。ミニスーパーは店舗がコンビニのように自宅近辺にありながら商品価格が相対的に安価なこと，一般のスーパーに準ずる品揃えがあることから消費者のニーズをとらえ，出店サイドからも出店のしやすさ，少ない初期投資や人件費で運営できることから，店舗数，売上ともに増加しており，都市生活者の生活習慣にあわせて深夜まで営業している店舗も多い。店舗面積の制約上厨房をもたない店舗が多く，肉，魚，弁当，総菜類は工場から配送される。

移動スーパーマーケットとよばれる新しい小売形態も登場している。移動スーパーはトラック，ワゴン車などに商品品物を積みこみ，住宅地などを定期的に巡回して販売する形態のスーパーマーケットである。経産省の統計で全国に約700万人いると推定される日常の買物に不自由しているいわゆる「買物難民」とよばれるひとたちが顧客であり，従来は過疎地や山間部などでみられたが，都市部でも買物難民の発生により注目されてるようになった。

有機野菜，特別栽培農産物を販売するオイシックス・ラ・大地の子会社，とくし丸（徳島市）は，イトーヨーカドー，ダイイチ，エーコープ，いなげやをはじめ北海道から九州まで全国160あまりのスーパーと提携して，軽トラックを使用してトラック1台で約400品目，約1200から1500点の商品を販売している。とくし丸では消費者に1商品につき商品の店頭価格に「＋10円」を負担してもらい，そこから生じる利益を販売パートナーととくし丸に

還元してもらう仕組みを構築している。

▍ プライベートブランド

　ブランドにはその所有者から製造業者が所有権をもつ製造業者ブランド（national brand：NB）と，流通業者が所有権をもつ流通業者ブランド，すなわちプライベートブランド（private brand：PB）に分類される。PB 商品は流通業者のマーケットにおける製造業者に対するパワー関係の向上を背景に卸売業者や大規模小売業者によって積極的に開発されるようになってきた。商品を流通業者自らが企画，立案し，製造業者に製造を委託する PB 商品の導入は，流通業者による商品の低価格設定を可能にすると同時に高マージンの獲得を可能にしている。

　メーカーへの大量発注と計画生産によって製造コストが削減されるとともに適正在庫が実現する。またプロモーションにコストがかからないことから NB 商品よりも 20％から 30％低い価格設定が可能となるが，流通業者が製造を委託するのは大手メーカーがほとんどでその品質は NB 商品とは異ならない。スーパーマーケットのイトーヨーカドーやコンビニエンスストアのセブン‐イレブンなどを傘下に収めるセブン＆アイ・ホールディングスのプライベートブランド「セブンプレミアム」は 2007 年から販売が開始され，初年度は食品をはじめ生活雑貨，衣料品など 380 アイテムを取り扱い，2019 年度には 4,150 アイテムまで取り扱いアイテムを増やして，2020 年 5 月に累計売上が 10 兆円を突破している。セブンプレミアムのインスタントラーメンは「マルちゃん」ブランドの東洋水産，同じくきつねうどんとたぬきそばは「赤いきつねと緑のたぬき」のこちらも東洋水産が製造を請けおっている。またレトルトカレーはハウス食品，レトルトごはんはサトウ食品，カップラーメンはサンヨー食品が製造している。

　さらに PB 商品は消費者により近い流通業者がその製品を企画することからかれらの声を反映しやすい側面がある。チェーン展開する流通業者の多くは PB 商品の比率を高めて利益率の向上を目指している。とくに薬事法改正に伴って競争激化が予想されるドラッグストア業界は，その生き残りをかけて PB 商品開発に力を注いでいる。

11-2-1-2　百貨店

　欧米において百貨店が出現した背景には18世紀のイギリスに生起した産業革命がもたらした大量の製品製造がある。こうした製品を流通させるために商品市場が形成されそれらを消費者に販売するためにさまざまな専門店が生まれた。19世紀のなかばになるとそれらの商品を一括に扱う小売店として，大きな建築物に多種多様な商品を陳列した百貨店が生まれた。世界で最初の百貨店は1852年のパリに出現した「ボン・マルシェ」だと考えられている。日本では1904年三越百貨店ができたのがはじまりで，その後大手私鉄各社がそのターミナル駅に系列の百貨店をもつようになった。

　商業統計では衣食住の商品群のそれぞれが10％以上70％未満をあつかい，売場面積の50％以上において対面販売をおこなう業態とされる。スーパーマットが登場するまでワンストップショッピングができるのは百貨店だった。こんにちのように複合商業施設やファミリーレストランがなかった1970年代まで，家族で外食を楽しむことができるのはデパートの最上階に置かれた食堂だった。こんにち百貨店を取りまく事業環境は厳しさが増し，日本百貨店協会によると百貨店全体の売上高はバブル期の1991年の約10兆円をピークに2019年は5.7兆円にまで減少している。

　百貨店は衣料品，ホームファニシング，日用雑貨，家電，食料品等のほとんどすべての製品ラインを取り扱い，それぞれの製品ラインは専門のスタッフやバイヤーによって管理，運営される。商品仕入は売れ残った商品の返品が可能な委託仕入と，百貨店が所有権を所有せず売れた分だけを仕入に計上する消化仕入が中心である。

　商品販売はスーパーマーケットとは対照的に対面販売形式をとり，基本的に定価販売をおこないゆき届いたサービスと高級イメージを演出している。NB（製造業者ブランド）商品や高級ファッションブランドを取り扱う一方でその存在自体がブランドとなっており，わが国においては中元，歳暮といったギフト市場において大きなシェアをもっている。百貨店の包装紙はそれだけで高級品を連想させる。最近ではグルメブームの流れのなかで高級料亭の弁当，総菜等の中食や全国のスイーツ，酒類をあつかう地下食料品売り場，いわゆる「デパ地下」の充実を図る百貨店も少なくない。

また百貨店は外商部門をもち法人や多額の購入をする個人を対象に店舗外で直接顧客宅を訪問して商品を販売しているほか，最近ではインターネット販売にも進出している。外商部門の販売品目は一般法人に対してはギフト品，販売促進用のノベルティ，店舗やホテルの食器や制服などの備品や客室などの内装デザインを取り扱い，個人に対してはギフト品，高級ブランド品，高級食材，オーダーメイド商品などを取り扱う。さらに各売場で商品展示を積極的におこなうことでウィンドショッピングなどの場として活用され，催事場で美術品，工芸品，名産品の展示会や販売会等を開催することをとおして集客を図ってきた。しかしながらわが国においてはバブル経済の崩壊以降継続するデフレーションのなかで消費者の高級品に対する購買意欲は低下し，またスーパーマーケットの品揃えとサービスの充実，さらには流行を採りいれつつ低価格におさえた衣料品を大量生産して短いサイクルで販売するファストファッションや，コストコなどの日本国外資本の進出に顧客を奪われ，当時勢力を伸ばしてきた家電量販店に売場面積の多くを賃貸したり，合併や業務提携をとおした生き残りの模索が進んでいる。

　また最近では通信販売を積極的におこなう百貨店も増えてきた。これまでもギフト商品の通信販売はあったが百貨店による本格的な通信販売事業への進出はゆき届いたサービスと高級イメージというコンセプトとの両立が課題となる。

■ 百貨店とスーパーマーケット

　百貨店とスーパーマーケットの違いについて考えてみる。はじめに店舗運営は百貨店がおもに公共交通機関の主要駅に隣接して売場面積を大規模化することをとおして成長してきたのに対して，スーパーマーケットはチェーンオペレーションによる多店舗展開によって成長してきた。商品の仕入形態は百貨店が委託仕入，消化仕入が中心であるのに対して，スーパーマーケットは大量買取仕入をおこなうことをとおしてコストの削減を目指している。

　販売形態には百貨店が店員が顧客に応対する対面販売あるいは側面販売であるのに対して，スーパーマーケットではセルフ販売方式が採用されている。取り扱い商品と販売価格は百貨店がNB商品を中心に定価販売をおこな

	百貨店	スーパーマーケット
店舗運営	売場面積の大規模化	多店舗展開
仕入形態	委託仕入・消化仕入	買取仕入
品揃え	NB 商品中心	NB 商品・PB 商品
取り扱い商品	百貨	総合化・専門化
販売形態	対面（側面）販売	セルフ販売
価格	定価	低価格
イメージ	高度サービス・高級感	価格訴求

図表 11-4　百貨店とスーパーマーケットの比較
出所：筆者作成

うのに対して，スーパーマーケットは NB 商品のほかに PB 商品も取り扱い，恒常的にディスカウント販売がおこなわれている。百貨店はその立地，取り扱い商品，価格，顧客応対などをとおして高級感を演出しているのに対して，スーパーマーケットは価格訴求のイメージがある。百貨店は文字どおりありとあらゆるものをアソートメントしているのに対して，スーパーマーケットは総合化と専門化の２極化が進んでいる。特定の商品領域に特化したスーパーマーケットのほとんどは食品スーパーで，この形態はとくに価格訴求を前面に打ちだした事業展開をおこなっている。

11-2-1-3　専門店

　百貨店が取扱商品の豊富さを特徴にしているのに対して，狭い製品ラインと深いアソートメントを特徴とする小売業態が専門店である。具体的にはスポーツ用品，ホームファニシング，ペットショップ，フラワーショップ，カーディーラー，音楽ショップ，書店等文字どおり特定の商品領域のみを取り扱う。

　専門店はその取り扱う製品ラインの特徴からさらに細かく分類される。衣料品専門店を例にすると，衣料品専門店は単一ラインストア，紳士服専門店は限定ラインストア，ワイシャツ専門店はスーパースペシャルティストアとなる。同様に婦人服専門店は限定ラインストア，マタニティドレス専門店はスーパースペシャルティストアである。

家電量販店は家電製品という特定製品領域を取り扱っているという観点からは専門店に位置づけられるが，その取り扱い商品の多様さや事業展開の特徴から独自のカテゴリーと考えることもできる。家電量販店は秋葉原や大阪日本橋を発祥とする電器店やオーディオショップ，さらには新宿や池袋周辺に本店を置くカメラ専門店がチェーン展開して，家電をはじめ AV 機器とデジタルコンテンツ，パソコンとその周辺機器，携帯電話，カメラ，テレビゲームとゲームソフト等の電気をなんらかのかたちで使用する製品を取り扱うことで成長してきた。

　家電量販店にはターミナル駅周辺に店舗を構える大型量販店と，都市郊外にひろい駐車スペースをもつチェーンストアがある。かれらは家電製造業者から大量に製品を仕入れることによって価格交渉力を強め，こうして仕入れた商品を少ないマージンで販売することで成長してきた。スーパーマーケットが人件費削減のためパート従業員を多用しているのに対して，同じ薄利多売をおこなっていても単価が高額な商品を扱う家電量販店の場合，その販売員は正社員で豊富な商品知識をもっているケースが多い。

　顧客獲得競争は激しくヨドバシカメラは顧客囲いこみ手法の１つであるポイントカードを採りいれたパイオニア企業でもある。またインターネットプロバイダの各種サービス契約の勧誘をとおして得られるインセンティブによって収益をカバーする戦略が採用された。さらにパソコンの初期設定などの有償のサービスで利益を確保するなど，百貨店をのぞくほかの小売業態ではサービスを簡素化することで人経費を浮かしていることとは対照的であった。

　かつては規模の経済性を発揮してほかの小売業態よりも低価格で商品を販売したことから1980年代以降急速にその規模を拡大してきたが，大型量販店同士の低価格販売競争の常態化と EC の普及によって経営環境が激変している。とくに店頭で商品を見てからウェブで最安値を検索して購買するショールーミングが普及するにともなって，店舗と販売員を要素とするビジネスモデルは価格競争力をもてなくなっている。こうした環境のなかで合併による規模の拡大や取り扱い商品の差別化をおこなっている。ビックカメラとユニクロとの共同出店による商業施設である「ビックロ」のように業態を

超えたコラボレーションや，オフィス用品から玩具，ファッションブランド商品，時計，書籍や酒類まで品揃えする小売店も少なくない。

11-2-1-4　ホームセンター

ホームセンターは快適な家庭生活を自らの手で演出するための商品を総合的に品揃えする小売形態であり，日本では1969年にジュンテンドーが島根県益田市にハウジングランド順天堂駅前店を開店したのがはじまりである。そのための品揃えは建築資材，金物，工具，作業着，電気製品，ガス器具，インテリアならびにエクステリア用品，自動車用品，ホームファニシング，生活雑貨，日用品，玩具，園芸用品，農業資材，レジャー用品，ペット用品等DIY（do it yourself）に関連するあらゆる商品をアソートメントしている。取り扱う商品の性質上，郊外に広い売場面積と大型駐車場を備えた店舗形態である。

DIY機能にくわえ1990年代には家庭の設備機器などを使用者が購入して専門業者に取つけを頼むBIY（buy it yourself），そして2000年代にはいって家庭の設備機器や専門業者の選定方法などをアドバイスするSIY（supervise it yourself）が登場している。

11-2-1-5　ドラッグストア

ドラッグストアは大衆薬，化粧品，日用品をアソートメントの柱として，健康食品や菓子類などの食品類，ベビー用品，介護用品などを取り扱う小売形態である。ティッシュペーパー，トイレットペーパー，洗濯用洗剤，柔軟剤，ネームバリューのある医薬品，ドリンク剤などを場合によっては原価を下回る価格を設定して集客し，原価の2倍から5倍で販売できる医薬品や化粧品で利益をあげるビジネスモデルを採用して成長してきた。

ドラッグストアと薬局薬店の大きな違いは日用品の販売の有無である。薬局は病院でだされた処方せんにもとづいて医療医薬品を取り扱うことができるが，店舗名に「薬局」という文字を入れるためには薬剤師が常駐して薬を調剤する調剤室が併設されている必要がある。薬店は薬剤師が常駐する店舗でないと扱えない大衆薬を販売する一般販売業，地域に医薬品を扱う場所が

無い場合，薬剤師の常駐が無くても知事が指定した医薬品の販売ができる特殊販売業，都道府県がおこなう薬種商試験に合格したひとが一定の制限のもとで医療医薬品も取り扱う薬種商販売業，知事が指定した医薬品のみを取り扱い家庭の置き薬や常備薬を販売する配置薬販売業の4つの業態に分類される。日本では一般販売業においても営業時間内は店舗に薬剤師を配置することが薬事法および「薬局及び一般販売業の薬剤師の員数を定める省令」によって義務づけられている。

　ドラッグストアは本来調剤をおこなわずに一般用医薬品を販売していたが，医薬分業が進んで院外に処方箋をだす病院が増えてきたことに対応して，薬局として薬剤師が常駐しているところが増加している。現在では薬剤師の勤務時間の関係上，ドラッグストアとCVSのあいだには営業時間に実質的な違いが生じているが，2009年施行の改正薬事法では登録販売者制度が創設され，登録販売者免許を取得すれば薬剤師でなくても一部を除いて医薬品が扱えるようになったこともあり，コンビニの動きとは逆行するかたちでドラッグストアは24時間店舗を増やしている。ウエルシアホールディングスは，2020年2月末時点で全体の11％にあたる225店が24時間営業をおこなっており，24時間営業の店舗数は3年間で2.4倍になっている。

　こうした規制緩和の動きはドラッグストアの営業時間の変化に止まらず，多くの小売形態を巻き込んだ生き残りをかけた競争へと進行する可能性を秘めている。CVSの市販（over-the-counter drug：OTC）薬販売の動向について考察すると，CVSとドラッグストアの相違はその豊富な品揃えと商品価格の安さである。値引きしないCVSと違いドラッグストアでは積極的に安売りする傾向も強く，とくにサプリメント類やドリンク剤等の日常的に利用される健康増進を目的とした商品はまとめ買いを好む消費者に利用されている。またアルバイトを採用して人件費を抑えているCVSにとって，有資格者の採用によるOTC薬の販売は人材の確保の側面から困難であり，収益性の観点からもメリットは少ないと考えられる。

　最近ではホームセンターをはじめとするほかの小売形態が同業種へと参入しようとする動きがみられ，こうした競争の激化にともないドラッグストアチェーンのグループ化が進展し，共同仕入によるコスト削減や利益率の高い

プライベートブランド商品（PB 商品）の開発が積極的におこなわれている。

　最近のドラッグストアの動向としては Genky DrugStores 傘下のドラッグストア，ゲンキーは市場規模が大きい食品にシフトする姿勢が鮮明で，売上高に占める食品の比率が 6 割を超える。2020 年 6 月期の売上高は前期比 19 ％増の 1236 億円，純利益は 2 ％増の 27 億円，2021 年 6 月期の売上高見通しは前期比 17 ％増の 1450 億円，連結純利益は前期比 27 ％増の 35 億円になるみとおしである。これはドラッグストア業界でも食品の比率が高いとされるクスリのアオキホールディングスの 4 割強，コスモス薬品の約 57 ％と比較して高い。

　コロナ禍の 2020 年度は地域に密着した郊外型店舗と訪日外国人向けに化粧品の品ぞろえを充実させた都市型店舗とで明暗が分かれている。郊外型のウエルシアホールディングスとツルハホールディングス，コスモス薬品の大手 3 社は 2020 年 3 月以降の既存店売上高がそろって伸び，都市部に強いマツモトキヨシホールディングスの 2020 年 3 月期決算売上高は前年度比マイナス 5.7 ％の 5569 億 7 百万円，純利益は前年度比マイナス 17.6 ％の 215 億 68 百万円である。化粧品に強く首都圏の店舗が多いココカラファインなども振るわない。

　2020 年 1 月末にはドラッグストア大手のマツモトキヨシホールディングスとココカラファインの経営統合の基本合意が結ばれ，2021 年 10 月に共同持ち株会社が設立されて，売上高約 1 兆円の巨大企業が誕生する予定である。

11-2-1-6　コンビニエンスストア

　コンビニエンスストア（convenience store：CVS）は長時間営業，高回転の最寄品の品揃えを特徴とする小規模小売店である。1974 年 5 月セブン - イレブン 1 号店が東京都台東区にオープンして以来，生活の 24 時間化，一人暮らし人口の増加，女性の社会進出を背景として急成長を遂げてきた。地域ごとに配送センターを設置してその周辺に円を描くように多くの店舗を出店するドミナント戦略を採用している場合が多い。配送センターで製造業者や各流通業者からの商品を店舗のオーダーごとに「単品」単位で仕分けして

配送することで，商品の多頻度小口配送を実現して各店舗は1日5回程度の商品配達を受けている。多頻度小口配送をとおして在庫を極力削減すると同時に，限られた店舗スペースを有効に活用するためにバックヤード側から商品補充が可能なリーチインクーラーを設置するなどのさまざまな工夫がなされている。

商品価格は基本的にいわゆる製造業者希望小売価格で販売され，食品については賞味期限が迫っても値引き販売されることはなく売れ残りは廃棄される。発注は電子的におこなわれ1日に複数回納品されるもの，毎日納品されるもの，週3回程度納品されるもの等に分類される。

CVSではその限られた売場スペースに売れ筋商品を売れる数量だけ陳列することが求められるため，POSシステムを利用した商品情報の管理，分析がおこなわれている。POSレジには購買者の属性を知るために男女と年代を入力するキーがあり，精算時に商品のバーコードをスキャニングしたあとこのキーを押さなければ完了できない仕組みになっている。POSデータによる分析からながくても1か月程度で売れ筋商品か死に筋商品化が判断されて商品のいれ替えがおこなわれ，清涼飲料水の場合売れ筋商品上位3銘柄で当該カテゴリの売上の80％以上を占めるといわれている。

CVSはフランチャイズチェーンによる事業展開が一般的である。加盟店であるフランチャイジーから本部であるフランチャイザーにはロイヤリティが支払われる。ロイヤリティは原則的には売上額からその仕入原価を差し引いた粗利に一定の率を掛けた金額である。ロイヤリティの料率はチェーンによって違いがあり店舗物件の所有形態，導入機器の違いなどによって大きく異なる。店舗経営者が店舗や内装を所有する場合料率は低いが，それでも大手チェーンの場合で粗利の35％から45％であり，特別に低い条件でも30％程度である。自己資金が少なく店舗を所有していない場合のロイヤリティの料率はさらに高くなる。自己資金数100万円程度から開業可能であるが，ロイヤリティの大きさや1年365日24時間の営業を考えるとその経営にかかる労力は小さくない。店舗運営はパートやアルバイトを前提としており，市中のCVSの数の多さ，頻繁に目にする開店と閉店の光景からもこのビジネスの厳しさを窺い知ることができる。

取り扱い商品は食料品と嗜好品，調味料，タバコ，生活用品，化粧品，下着，日用品，衛生用品，事務用品，文房具，官製はがき，切手，収入印紙，娯楽用品，音楽CD，DVD，ゲームソフト，イベントチケット，テーマパークのチケット，スポーツ振興くじ，新聞，雑誌，書籍，医薬部外品など幅ひろい商品をアソートメントする。

さらに宅配便やゆうパックの取次，各種イベントの予約，発券，支払い，コピー，FAX，各種料金・税金・社会保険料の収納代行サービスまで取り扱う。大手コンビニチェーンでは料金収納代行サービスの取扱高が物品販売の売上高を上回るなど，CVSはわたしたちのライフスタイルにとって欠かせない存在となっている。一方でATMの設置は利用者の利便性の向上につながる反面，詐欺の温床となり社会問題化している。

住宅だけを建てられる地域に新たに商業施設を設けられるように建築規制が緩和されたことから，2019年夏から一定の条件を満たせばコンビニエンスストアなどがつくれるようになった。少子高齢化が進んで小売店が撤退したような地域では徒歩でかよえるCVSなどへのニーズが強い。

CVS大手3社の2019年度の既存店売上高の伸び率は2018年度比で微増であり，フランチャイズチェーン加盟店の人手不足や出店余地の減少などから新規出店は抑制傾向にある。大量出店の結果店舗間で顧客の奪い合いが多発しており，セブン－イレブンでは既存店の客数が2019年度に2.1％減少，ローソンは同1.6％減少，ファミリーマート（ファミマ）は同1.4％減少しており，セブン－イレブン・ジャパンの2019年度の既存店売上高は前年度比0.2％増加，ローソンとファミマは同0.1％増加である。

2019年末の日本のコンビニエンスストアの店舗数は1年前より123店少ない55,620店である。2019年夏にセブン－イレブンが最後の空白県だった沖縄に出店して大手3社が47都道府県すべてに出店し，全国のコンビニの数は郵便局の2倍以上になっている。コンビニ数は国内では飽和状態である。これまではコンビニ業界は既存店の売上の減少を新規出店でまかなってきたが，新規出店の空白地帯がなくなると既存店の売上減をまかないきれなくなる。

最近では若い労働力の減少によって深夜営業に必要な働き手の確保が困難

になってきており，最低賃金の上昇はオーナーの負担を増加させている。ドラッグストアや24時間営業のスーパーマーケットの成長にくわえ，こうした人手不足を背景にコンビニ各社は深夜休業を認めたり，加盟店が営業時間を選べる制度の導入をはじめている。ファミマでは全店舗の約5％にあたる約800店舗が2020年7月1日時点で深夜営業をとりやめている。

2020年5月時点で深夜を中心に営業時間を短縮している大手3社の店舗は1,916店と半年前から15倍に増加している。セブン－イレブン・ジャパンが671店，ローソンが649店，ファミリーマートが596店で約55,000店あまりある大手3社のコンビニ全体のおよそ4％である。しかしながら配送ルートは全店が深夜営業していることが前提であることから，深夜営業の店舗が減ればトラックの増便など物流の見直しが不可欠になる。

ちなみに，コンビニの動きとは逆行する形で，ドラッグストアは24時間店舗を増やしている。

セブン－イレブン・ジャパンは1973年にイトーヨーカ堂がヨークセブン（1978年，現在の社名に変更）を設立して，アメリカのサウスランド（2005年，7-Eleven, Inc. として完全子会社化）とライセンス契約を締結し，日本におけるコンビニエンスストア事業を運営するセブン－イレブンの運営会社である。1974年に第1号店「豊洲店」からスタートして，2019年7月11日，沖縄県にセブン－イレブンを初出店したことで全国47都道府県への小売店舗展開を完了して，2020年現在国内店舗数は2万店を超える。2005年イトーヨーカ堂，デニーズジャパンとともに持株会社セブン＆アイ・ホールディングスを設立してその傘下にはいる。日本を中心に，アジア，アメリカ，北ヨーロッパ，オーストラリアでも店舗を展開し，2019年度決算営業収入約8876億円，経常利益約2622億円，当期純利益1697億円を計上する日本を代表するコンビニエンスストアである。

ローソンはアメリカオハイオ州で「ローソンさんの牛乳販売店（Mr. Lawson's milk store）」を営んでいたジェームス・ローソンが設立したローソンミルク（Lawson Milk Co.）が起源である。1959年，ローソンミルクは米国食品業界大手のコンソリデーテッド・フーズの傘下となりオハイオ州を中心に広範囲で店舗展開をすすめる一方で，コンビニエンスストア（conve-

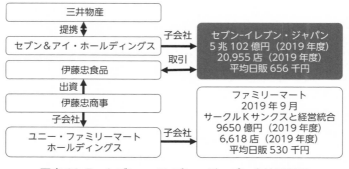

図表 11-5　セブン - イレブン・ジャパン会社関係図

出所：日経 MJ（2019）p. 26 をもとに筆者作成

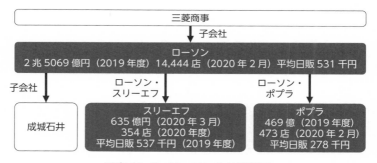

図表 11-6　ローソン会社関係図

出所：日経 MJ（2019）p. 26 をもとに筆者作成

nience store：CVS）の運営システムを確立していく。1974 年，ダイエーが
コンソリデーテッド・フーズと提携，1975 年，ダイエーローソンを設立し
て大阪府豊中市に 1 号店（桜塚店）を開店した。1980 年，東日本を中心に
展開していたサンチェーンと業務提携，両社は 1989 年に対等合併し，ダイ
エーコンビニエンスシステムズに社名変更した。2000 年，ダイエーは保有
株式の大部分を三菱商事に売却し，現在は三菱商事の子会社として三菱グ
ループに属している。1997 年 7 月には業界ではじめてすべての都道府県に
出店し，2006 年 7 月にファミリーマートが 47 都道府県に出店するまでのあ
いだ国内 47 都道府県すべてに出店していた唯一のコンビニチェーンであっ

た。2019 年度決算売上約 7302 億円，営業利益約 629 億円，当期純利益約 201 億円を計上する日本の大手コンビニエンスストアチェーンである。

　ファミリーマートは 1973 年，西友ストアー（現合同会社西友）が埼玉県狭山市内に CVS の実験店舗を開設，1978 年，船橋市内にフランチャイズ 1 号店が開業した日本発祥のコンビニエンスストアである。1981 年，西友ストアー（当時）から独立して株式会社ファミリーマートが発足した。1994 年，親会社のノンバンク子会社であった東京シティファイナンスの再建にあたって西友（当時）が所有していたファミリーマート株の売却を開始し，1998 年，セゾングループが所有していたファミリーマート株の大部分を伊藤忠グループに売却した。現在は伊藤忠商事の子会社，ユニー・ファミリーマートホールディングスの連結子会社で 2019 年度決算営業収益約 5171 億円，当期純利益約 472 億円を計上している。

11-2-1-7　消費生活協同組合

　消費生活協同組合は消費者が資金をだしあうことによって設立された小売組織である。一般家庭の主婦を主体とした地域生協と学校や職場を主体とした職域生協があり，事業としては商品全般の共同仕入から小売までを手掛け，生活物資の共同購買活動が中心である。日本生活協同組合連合会（日本生協連）や全国生活協同組合連合会（全国生協連），都道府県単位の生活協同組合連合会，全国大学生活協同組合連合会等の団体が存在するが，それぞれの生協の独立性は比較的高い。

　かつては地域の家庭による共同購入に特徴があったが，こんにちでは生協ショップ（CO-OP）での店舗販売が中心となっている。時代を反映して生活協同組合コープさっぽろの宅配システム「トドック」など，生協がおこなう会員（出資者）向け通信販売サービスの利用者が増加してきている。

11-2-1-8　サービスビジネス

　サービスビジネスは取り扱う製品ラインが無形のサービスであるビジネス形態をいう。具体的にはファミリーレストラン，ホテル，銀行，航空会社，大学，病院，映画館，テニスクラブ，理容店，美容室，クリーニング，動物

園，水族館，遊園地，エステ，ネイル，マッサージなど多様であり，提供する商品は純粋なサービスから純粋な有形財まで程度の差がある。

　ホテルは宿泊というサービスを提供するためにベッドルーム，テレビ，シャワールーム，トイレ，空調設備などの有形財を使い，航空会社は移動というサービスを提供するために航空機という有形財を使用する。ファミリーレストランは食事や飲み物といった有形財を提供するが，座席への案内，飲料水の提供，オーダーから配膳までのサービス，そして家族や友人と過ごす空間を提供してくれるサービスビジネスである。サービスの割合が相対的に高いビジネスとしては通訳，理容，美容，マッサージなどがあげられる。

■ サービスの特徴

　コトラー（cf., Kotler, 1999）によれば，サービスとは一方が他方に対して提供する行為やパフォーマンスで本質的に無形で所有の対象とはならないものとされ，無形性（intangibility），非分離性（inseparability），変動性（variability），即時性（perishability）という大きく4つの特徴を有している。

　サービスは無形であり有形の製品のように購入前に実際に見たり，触れたり，味見をしたりできない。こうした不確実性によるリスクを減らすために，買い手はそのサービスが提供される場所，設備，従業員の応対，雰囲気，シンボル，価格などから，そのサービスのクオリティを示すサインやエビデンスを得なければならない。

　サービスの生産と消費は通常同時におこなわれることからサービスは分離することができない。これは有形の製品が製造業者の工場で生産され，卸売業者，小売業者のあいだを流通し，消費者の手に渡るのとは決定的に異なっている。サービスの消費にはその提供者と購買者とのあいだにインタラクションが生じることから，クオリティの高いサービスの提供者には需要が集中することになる。こうした限界を解消するための方策として1度のサービスに対するその享受者の数を増やすことが考えられる。たとえば人気のあるアーティストのステージは可能な限り大きな会場を用意し，その回数も増やすなどして対応している。

サービスは提供者，時間，場所によってそのクオリティが大きく変動して一定に保たれない性質をもっている。見立てのよい医師もいればそうではない医師もいる。また医師でも体調や気分によっては診察に影響がないとはいえない。サービスのもつこうした変動性を最低限に抑えて品質を一定化させるための方法として人材の教育や訓練，提供するサービスのマニュアル化，顧客モニタリングなどがある。

　サービスは在庫することができないため需要変動の影響をうける。サービスビジネスではこうした需要を調整するための方法として予約システムを採用したり，価格による需給の調整をおこなっている。需要過小時には割引価格を設定することをとおして顧客需要を喚起し，反対に需要超過時には割増価格を設定して需要時期の変更をうながす。航空会社では一般的に時期や時間帯によって価格体系を変動させている。また現在は予約システムをとおして空席のある時期や便が特定できることから，一定期間限定の低価格料金サービスや，一定日数前になっても空席が埋まらない便を対象とした低価格料金を設定して顧客需要の喚起をおこなっている。飲食店がおこなう朝食セットやランチメニューも顧客需要の喚起を狙いとしたサービスであり，病院やホテルなどでも予約システムによるサービスの需給調整がおこなわれている。

■ サービスの価値

　高度に成熟した社会環境のなかで，目に見えるかたちにあらわれるプロダクトだけでは顧客のニーズを十分に満足させることができなくなったことから，サービスは製品，商品のもつ価値を構成する重要な要素へと変化してきた。

　アサヒビールはビールが製造されてから消費者に販売されるまでのプロセスをマネジメントすることをとおして，マーケットにビールの品質を保証している。生ビールは生鮮食料品と同じ生ものであるため時間の経過とともに品質が劣化する。物流におけるリードタイムの短縮のための取り組みとして，同社は製品を工場から配送センターを介さずに流通業者に直接届ける比率が全体の90％を超えている。配送センターを経由する場合でも，到着した製

品をすぐに仕分けして配送する「通過型配送センター」の仕組みを採用して在庫の滞留による劣化を防止する取り組みをおこなっている。

アサヒビールの「スーパードライ」はこれまで「できたてのうまさ」をより多くの顧客に提供するための鮮度向上の活動に取り組んできた（cf., https://www.asahibeer.co.jp/, 31 March 2021）。同社は1993年に営業，生産，物流，システム部門を中心に「フレッシュマネジメント委員会」を発足して「鮮度」という観点で品質向上の取り組みを全社運動として開始した。精度の高い需要予測や柔軟な生産体制，在庫水準の見直しなど部門横断で製造後から工場出荷までの日数短縮に取り組み，2004年には1993年当時の目標であった「10日以内」を大幅に短縮した「3日」を達成し，2005年以降は製造後3日以内で出荷する「鮮度実感パック」を毎月下旬に発売して定期的にできたてのうまさを小売店に届ける仕組みを整えた。2019年からは「究極の鮮度」を追求した製造後翌日出荷の「鮮度実感パック」を発売している。スーパードライには6缶パックやカートンのパッケージデザインに「ビール工場できたてのうまさへ。」という文言と「製造日」が記載されている。

またアサヒビールは商品を運搬，保管する際の温度変化や振動による品質劣化を避けるために荷積み，荷降ろし作業を慎重におこなうことを徹底して，工場における「できたて品質」を保持したまま製品を消費者のもとに提供できるように，物流段階においてもさまざまな取り組みをおこなっている。

配送車両への荷積み，荷降ろし時や輸送時の日光や振動による品質劣化を防ぐために荷造り業務を迅速化する「ウイング車」や，積荷への衝撃を緩和する「エアサス車」を導入，さらに日光による影響を防ぐための耐候シート「アサヒクオリティシート」の機能強化や「断熱仕様車」を導入している。

11-2-1-9　製造小売業

製造小売業（specialty store retailer of private label apparel：SPA）とは，アパレル業界で製造業者自らが直接消費者に販売する小売店をもつ業態である。SPAではサプライチェーンのすべてのプロセスを自社グループ内

図表 11-7　SPA の仕組み

出所：筆者作成

でおこなっている。この業態では製品の企画から製造，流通，販売までを自社で手掛けることから，マーケットニーズに対応した迅速な製品開発，適時適量生産，流通コストの削減による低価格設定が可能である。アメリカのGAP，わが国のファーストリテイリングがこの方式で急成長した。

　アパレル業界で SPA が発展した理由としては，ファッション性が高いことから PLC（product life cycle）が短く，デザインや価格などによって売れゆきが大きく変わるため，製品の売上予測がたてにくいことがあげられる。また，商品の発注から店頭にならぶまでに時間を要するため，売れ筋商品は欠品しやすい一方で売れない商品は在庫過剰に陥ってしまう。アパレル業界は百貨店を中心として委託販売が主流であり，多めに仕入れて売れ残りは返品するというスタイルであったが，売れ残りのリスクは最終的に消費者価格に上乗せされることから相対的に高い価格設定になっていた。SPA は，業界が抱えるこうした問題点を打開する仕組みとして成長してきたのである。

11-2-1-10　そのほかの小売業態

　100 円ショップは 1990 年代に入って新たに登場してきた小売形態で，日本における資産価格のデフレーションを背景に急速に成長してきた。文字どおり店舗内の商品を 1 アイテム 100 円で販売する小売形態で，「100 円均一」あるいはそれを省略した「100 均」とよばれることもある。広島県東広島市に本社を構える「DAISO（ダイソー）」を展開する大創産業創業者の矢野博丈がパイオニアである。ダイソー店舗は 2021 年 5 月現在，国内 3,620 店舗（直営 2,820 店舗，代理店 800 店舗），海外は 24 の国と地域で 2,272 店舗を展開する（cf., https://www.daiso-sangyo.co.jp/, 31 March 2021）。製品原価を1 銭単位で引き下げるために製品を海外製造業者へ数百万単位で一括製造委

託し，コストを限界まで抑えるために船舶を用いた輸送に依存し，100円の辞書や漫画本はコンテナ単位で納入され全国のチェーンへ配送される。

大創産業の取扱商品にはNB商品も多数存在している。製造業者サイドは同様の製品の容量を調整するなどしてほかの流通チャネルへ出荷する製品との差別化を図っている。大創産業がチェーン展開するダイソーが市場を開拓すると，その後キャンドゥ，セリア，ワッツといった企業が参入してこの小売形態は全国に拡大していった。

規模の経済性を最大限活用した製造と調達の仕組みは情報システムには馴染まず，POSシステムの導入は遅れている。CVSがPOSシステムを活用して売れ筋商品を売れる数量だけ仕入れるのとは対照的に，チェーン本部が大量製造大量発注した商品を大きなロットで仕入れて販売するのが特徴である。

2000年代からは食料品中心の100円ショップ型の生鮮コンビニという業態も登場する。その先駆けとして1996年に九九プラスが「SHOP99」（現在はローソンストア100に吸収）の出店を開始している。

オフプライス小売業はディスカウントストアがグレードアップした新たな小売形態であり，通常の卸売価格よりも安く商品を仕入れ一般の小売業者よりも安く販売する。その仕組みは売れ残った商品，販売中止商品，生産過剰商品，規格外商品を製造業者あるいはほかの流通業者から仕入れることで成立する。

ファクトリーアウトレットは製造業者が所有し経営している店舗で自社の生産過剰品，規格外商品を販売する。これに対して独立オフプライス小売業は小規模の独立小売店あるいは大規模小売チェーンの子会社として運営される。ファクトリーアウトレット，オフプライス小売業の集積をアウトレットモールという。

カタログショールームは高マークアップ率，高回転率のNB商品を低価格で販売する。商品のディスプレイはなく顧客はショールーム内でカタログを見て商品を注文し，商品はショールーム内の保管場所から取りだされる。陳列を省き商品説明サービスをおこなわないことによってコストを削減し，低価格での商品提供を可能にしている。

11-2-2 無店舗小売形態

11-2-2-1 通信販売

通信販売は消費者に対してカタログ，雑誌，新聞，テレビ，ラジオ，電話，ファックス，ホームページなどの告知媒体をとおして商品情報を提供し，消費者が注文した商品を直接かれらに配送する販売方式をとる小売形態である。その告知媒体ごとにターゲットとなる顧客と情報の伝達速度に違いがあらわれる。たとえばテレビ，ラジオは，幅広いターゲットに向けて毎日リアルタイムで情報が発信可能であるのに対して，カタログはそのターゲットを自由に設定できるが，情報伝達のスピードは上記媒体にはおよばない。

こんにちでは現代人のライフスタイル，取り扱い商品の多様化，そして情報通信インフラの整備，PC の普及，宅配便サービスの充実，決済手段の多様化とも相まって通信販売を専門におこなう小売業者のほかにも大手百貨店，スーパーマーケットのインターネット通信販売への参入が一般的になっている。

こんにち大きなマーケットを形成しているのがテレビショッピングとエレクトロニックコマースである。テレビショッピングはテレビを媒体として視聴者に商品を紹介して購入をうながすものである。販売員，芸能人などが商品の使用法を実演しながら商品を紹介して，購入申し込みや問い合わせ先の電話番号やショッピングサイトの URL などを提示する。スタジオ内に組まれたセットで出演者が紹介するほかに，ユーザーの体験の事前収録などさまざまな演出形態がみられ，複数商品を紹介する内容だけでなく 1 商品を採りあげたインフォマーシャルも多い。15 分から 1 時間程度の番組として制作される通信販売番組から通信販売だけを放送するテレビショッピング専門チャンネルまで複数存在している。

ジャパネットたかたは持株会社であるジャパネットホールディングスの子会社で，ジャパネットグループの通信販売番組制作をおこなっている。同社は佐世保の本社内に自らの放送スタジオをもち，ここから全国に年間 2,000 回以上の生放送をおこなっている。番組制作スタッフはカメラマン，照明，出演者など全員がジャパネットたかたの社員である。最近ではクルージング

旅行やウォーターサーバー，都道府県の名産品など家電以外の新しい商品提案や，スポーツ中継の合間に生放送 CM ショッピングを実施したり，放送局と連携しながら従来のテレビショッピングの枠を超えた新しい試みにも取り組み，2021 年には BS 放送局の開局を予定している。

　また，インターネットに代表されるコンピュータネットワークで形成される仮想空間を利用しておこなわれるビジネス活動をサイバービジネスという。こんにち EC（electric commerce）は B2B から B2C へとひろがりをみせている。とくにスマートフォンの普及は EC をわたしたちのライフスタイルのなかに定着させた。コンピュータネットワーク上には業種を超えたさまざまな企業が集積し，パソコン画面にはコンピュータグラフィックス技術によって現実を模した空間が演出され，社会生活，娯楽施設，ショッピングセンターなどがひろがっている。消費者はスマートフォンやパソコンの画面をとおして購買活動をおこなうようになり，こうした顧客をターゲットとする巨大プラットフォーマーが誕生している。

　インターネットショッピングの利用者は，バーチャルショップのサイトで気にいった商品が見つかると電子メール機能を使って商品申込み情報を伝送する。ショップサイドは商品を宅配便業者を使って配送する。商品代金はクレジットカード，電子マネー，代金引換，銀行振込，ぱるる振替，CVS 決済などで決済され，顧客は自宅に居ながらにして 24 時間 365 日ショッピングを楽しむことができる。

　このようなインターネットショッピングと通信販売との大きな違いは情報伝達の双方向性にある。バーチャルサイトでは，出店者は自社商品に関してインターネットをとおして消費者とのコミュニケーションを図りながら商品を販売することが可能である。EC を活用した取引は金融取引，旅行予約サイト，ウーバーなどのさまざまなマッチングサービス，バーチャルゲームなど製品や商品の取引に限らずサービスの取引でも利用されるようになっている。インターネットバンキングでは金融機関によって提供される振込，口座振替，残高照会，入出金明細照会から総合口座での定期預金預けいれ，投資信託の購入などの広範なサービスが受けられる。サービス時間も一般店舗の営業時間ではなく 24 時間利用可能である。ただし振込などの資金移動をと

もなう取引の当日取引時間は限定される場合がある。

銀行がインターネットバンキングに進出したように証券会社ではインターネットを利用して顧客が自ら取引をおこなうオンライントレーディングサービスが導入され，急速に普及している。このサービスでは証券会社から提供される株式や為替，商品などのリアルタイム取引価格，各種チャート，ランキング，出来高，国内外主要経済指標情報を参考にして，利用者自らが取引をおこなうことができる。

経済産業省によれば2019年の日本国内の電子商取引市場規模 B2C-EC（消費者向け電子商取引）市場規模は前年比 7.65％増の19.4兆円，B2B-EC（企業間電子商取引）市場規模は前年比 2.5％増の 353.0兆円に拡大している。またすべての商取引金額に対する電子商取引市場規模の割合である EC 化率は前年比 0.54ポイント増の B2C-EC（物販系分野）で 6.76％，B2B-EC（業種分類上「その他」以外）で前年比 1.5ポイント増の 31.7％と増加傾向にあり，商取引の電子化が引き続き進展している（cf., https://www.meti.go.jp/, 31 March 2021）。

物販系分野の市場規模の内訳をみると「衣類・服装雑貨等」が1兆9100億円，「食品・飲料・酒類」が1兆8233億円，「生活家電・AV機器・PC・周辺機器等」が1兆8239億円と大きな割合を占めている。またEC化率については「事務用品・文房具」が 41.75％，「書籍・映像・音楽ソフト」が34.18％，「生活家電・AV機器・PC・周辺機器等」が 32.75％と高い値となっている。サービス系分野の市場規模の内訳をみると「旅行サービス」が3兆8971億円と大きな割合を占め，デジタル系分野の市場規模の内訳をみると「オンラインゲーム」が1兆3914億円で大きな割合を占めている。そして近年急速に拡大している個人間 EC である C2C-EC の市場規模は前年比 9.5％増の1兆7407億円と推計されている（cf., https://www.meti.go.jp/, 31 March 2021）。

11-2-2-2　ダイレクトセリング

ダイレクトセリングには訪問販売，職域販売，パーティ販売の3つの形態があるが，いずれも小売業者が消費者を訪問して商品を直接販売する小売形

態である。訪問販売と職域販売の違いは販売員が自宅を訪問するか職場を訪れるかの違いである。ダスキンやヤクルト，生命保険会社などでは訪問販売と職域販売の両方がおこなわれている。パーティ販売では販売員が知人，友人，近所の人びとを集めたホスト役の人の家を訪問して商品の説明，販売がおこなわれる。

　ダイレクトセリングの販売方式では販売員の報酬が価格に転嫁されることから，商品の価格は相対的に高くなる。同じ無店舗小売形態でもダイレクトセリングは通信販売とは反対に現代人のライフスタイルとマインドに合わないことから縮小傾向にある。

11-2-2-3　自動販売機販売

　わたしたちの身近な存在である自動販売機販売は無店舗小売形態の１つである。自動販売機で取り扱われる商品は酒，タバコ，清涼飲料水からアイスクリーム，米，保険証券にいたるまでバラエティーに富んだ品揃えが可能である。その運営にあたっては設置商品販売業者と自動販売機専門販売業者からの委託を受けて自動販売機運営業者が設備設置，補充，保守，点検，代金回収をおこなう。

　自動販売機販売の特徴は店舗前，オフィスのロビー，駅，電車内，道路から工場，ガソリンスタンドなどさまざまな場所で24時間の販売がおこなえる点にある。しかしながらその運営コストから商品は相対的に高く設定され，機械の故障や品切れ，返品ができないといった側面もあわせもっている。

11-3

配送業者

　全国をカバレッジとする社会インフラとして宅配便ビジネスがある。宅配便ビジネスにも21世紀にはいって変革の大きなうねりが起こる。そのトリ

ガーとなったのがインターネットショッピングである。インターネットがどんなに発展しようとも回線の中を商品が往来することはできない。そこで現実に商品を仲介してくれる宅配便マーケットが急成長を遂げてきたのである。こんにち宅配便がない生活は考えられない。また宅配便産業が存在しなければアマゾンや楽天をはじめとするビジネスプラットフォームは存立しえない。宅配便ビジネスのパイオニアであるヤマト運輸がこの事業をはじめるまで、B2C の配送は郵便小包が一手に執りおこなっていた。1976 年にヤマト運輸が「宅急便」サービスをはじめて以降わたしたちのライフスタイルの変化のなかで宅配便市場は急成長を遂げ、日本通運の「ペリカン便」（2009年に JP エクスプレスへ事業移管、2010 年に日本郵便の「ゆうパック」ブランドに統合）、西濃運輸の「カンガルー便」、フットワークエクスプレスの「フットワーク便」、佐川急便の「佐川急便」などが参入している。

　国土交通省によれば、2019 年度の宅配便取扱個数は対前年度比 1 ％増加の 43 億 2349 万個（うちトラック運送は 42 億 9063 万個、航空等利用運送は3286 万個）であった。便名ごとのシェアをみるとトラック運送については、上位 5 便で全体の約 99.8 ％を占めており、また「宅急便」、「飛脚宅配便」および「ゆうパック」の上位 3 便で約 94 ％を占めている。さらに航空等利用運送については「飛脚航空便」、「宅急便タイムサービス等」、「フクツー航

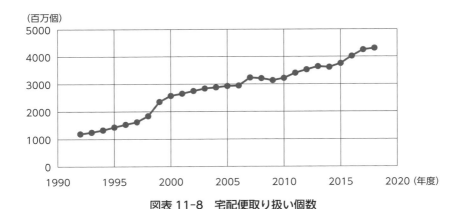

図表 11-8　宅配便取り扱い個数
出所：国土交通省の資料をもとに筆者作成

空便」および「スーパーペリカン便」の4便で全体の約53％あまりを占めている。2019年度のメール便取扱冊数は対前年度比6.4％減少の47億192万冊であり，「ゆうメール」および「クロネコDM便」の上位2便で96.9％を占めている（cf., http://www.mlit.go.jp/, 31 March 2021）。

　ヤマト運輸は宅配便ビジネスのパイオニアであるばかりでなく多くの新サービスを開発してきた。1983年に「スキー宅急便」，翌1984年には「ゴルフ宅急便」サービスを開始し，1987年には生鮮食料品の輸送を可能にした「クール宅急便」，そして1998年には「時間帯お届けサービス」を導入する。こんにち離島をふくめ同一のサービスを提供できるのはヤマト運輸だけである。ただし短時間での輸送を実現した「スーパーペリカン便」，「飛脚航空便」および「宅急便タイムサービス」などの航空利用運送に関しては，世界的物流企業である日本通運がもっとも早く商品を開発している。

　ヤマト運輸は，1919年に設立された日本におけるトラック輸送のパイオニア企業である。東京－横浜間に日本初の小型貨物輸送の定期便を設けたのを皮切りに，1936年までに関東全域に貨物定期便網を整理する。そして，戦後になって海運や航空貨物へも進出して関東を基盤として総合物流会社へと成長を遂げる。しかしながら，1970年代になると輸送業者間の顧客獲得競争が激化し，1973年の石油ショックを契機に同社の業績不振は深刻になる。こうした環境下，1976年に「宅急便」という商品名で宅配便事業を開始した。創業者である小倉康臣氏の後を継いだ小倉昌男氏は，三越と松下電器産業という二大取引先との取引を停止して宅急便という1つの製品ラインに特化したのである。

　宅配便ビジネスの成功の鍵は全国を網羅するネットワークの構築にかかっていた。ヤマト運輸の宅急便の成長は当時の運輸省（現国土交通省）が管轄する許認可との戦いでもあった。1989年までトラック運送事業は「道路運送法」の規制を受けていたため，同社が宅配便の全国ネットワークを構築するためには全国的に免許を取得する必要があった。しかしながら当時この免許を取ることは困難を極めた。申請地域の同業者の反対があれば容易に免許は交付されず，申請から結論までの手続き自体にも数年の年月を要していた。日本各地の免許申請でこうした事態が相次いだが，結局ヤマト運輸の信

念と社会の要請を受けてこんにちのネットワークが構築された。

　もう１つの壁は現在も横たわっている。それが信書問題である。総務省は郵便法第５条（事業の独占）を根拠に宅配便業者による企業のDMなどの取り扱いの禁止を主張している。郵便法第５条は特定のひとに対し自己の意思を表示しあるいは事実を通知する文書（信書）の配達は法律で国の独占とされていることを謳っている。信書の解釈をめぐっては現在も論議が続いている。

　宅急便は小型集配車を使って一般家庭からだされる荷物を集荷し，セールスドライバーがポータブルポス端末で伝票のバーコードを読み取ったあと，それらをセンターを経由してベースに集められる。仕分けがおこなわれた荷物は方面別に全国各地のベースへ輸送され，そこで各配送センターごとに仕分けされる。配送センターに届けられた荷物は小型集配車に積み替えられ，目的地である各家庭へ配送される仕組みである。

　ヤマト運輸は商品の配送に止まらず，自らをe-通販ソリューションカンパニーと位置づけて，受注から配送，決済，追跡，商品管理まで通信販売業務におけるすべてをヤマトグループで提供できる仕組みを構築している。

　コロナ禍という特殊な要因もあり，ヤマト運輸の2020年4月の取扱個数は前年同月比13.2％増の１億5599万個，5月の宅配便取扱個数は前年同月比19.5％増の１億6498万個で，消費税率が8％に引き上げられる直前の2014年3月以来6年2か月ぶりの高い伸び率，5月の取扱個数としては過去最多であった。日本郵政のゆうパックの2020年3月実績も16.4％増加しており，ヤマト運輸，日本郵政とも顕著なのは「ネコポス」，「ゆうパケット」という小型投函型の宅配が大きく拡大していることである。ヤマト運輸の「ネコポス」の4月の取扱実績は前年同月比47.6％増とほぼ5割増加し，日本郵政の「ゆうパケット」の3月実績も26.7％増加している。

12

小売業者

　2019年度の小売業の売上高首位はイオンで，2位にセブン＆アイ・ホールディングス，3位はファーストリテイリングであり，上位3社の顔ぶれは2018年度調査と変わらないが，4位にはアマゾンジャパンがはいり，前回の5位から順位をあげた。業態別では通信販売が好調でアマゾンジャパンの売上高は1兆7443億円となり，2018年度対比14.3％増加している。

12-1

小売業態の変遷

　こんにちわたしたちはさまざまな形態の店舗で商品やサービスを購買することができる。かつては存在しなかった小売形態が誕生する一方でその姿を消していくものもある。1980年代末の出店規制の緩和を機に起きた大型店の出店ラッシュは，リテール企業間の価格競争を急速に激化させた。その現象は当初は「価格破壊」との表現で消費者に歓迎されたが，のちには日本経済を苦しめるデフレーションの原因の1つとなっていった。その間リテール企業は消耗戦的な価格競争を強いられ，大手のダイエーやマイカルをふくむ多くの企業の経営破綻が起こった。

これまでの業態は成熟するまでに多くの年月を要したが，こんにち誕生する新たな業態はそれがわたしたちのライフスタイルに合致すれば成熟までのスピードは速い。百貨店は成熟までに80年を要したが，CVSやバーチャルショップをみればその成長スピードが著しく速まっていることがわかる。小売業態もプロダクトライフサイクルと同様に誕生から成長，成熟，そして衰退の小売のライフサイクルを描くとされる（cf., Davidson=Bates=Bass, 1976）。

　マクネア（McNair, 1958）の議論はホランダー（Hollander, 1960）が「小売の輪（wheel of retailing）」として紹介したことから知られるようになった小売業の形成と展開に関する仮説である。出現当初の革新的小売業態は社会から異端と評価されることから銀行や投資家からの資金調達にも困窮するが，低い営業費用を実現させるイノベーションは低価格訴求を可能として消費者を獲得していく。その後革新的小売業態は次第に格上げ（trading up）をおこなうことで品質やサービスを高めていき，既存小売業態から顧客をうばう成長期がおとずれて新しい業態を形成させる。

　やがて設備が大規模化した小売業態は成熟期にはいって業態内競争を展開するようになり，業態内競争は投下資本利益率を低下させて，つぎに登場する新たな小売業態に対する抵抗力を弱めていく。このプロセスで経営方式は陳腐化してもはや既成の勢力となった小売業態は自らと同様に低費用にもとづいて攻勢をかける小売業態の攻撃に対して脆弱となり，同じプロセスが繰り返されることになる。

　この仮説はわが国において百貨店，スーパーマーケット，GMS，ディスカウントストアの順番で小売業態が出現してきたことと符合するが，すべての新しい小売業態の出現をこの仮説のみでは説明できない。また革新的な小売業態が必ずしも低価格・低サービスで登場するとは限らない。たとえばスーパーマーケットに少し遅れて出現したコンビニエンスストアは低価格を売り物にしているわけではなく，新しく誕生した小売業態が成長プロセスで必ずしも格上げをおこなうとは限らない。

　現在ひろく知られている小売の輪の仮説はホランダー（Hollander, 1960）が定式化したものであるが，かれはマージンと費用の変化についての命題が

小売の輪の中核であると考えていた。かれによれば，新たな小売業態は薄利多売を可能とするイノベーションを発生させ，高回転率と低マージンにもとづいて低価格を訴求する小売業態として参入してくるが，時間の経過とともにそれらは徐々にサービス水準を高めて高価格販売へと移行していく。これにともなって当初の低価格帯が空白となり，そこに別の新たな小売業態が参入してくる。ホランダー（ibidem）は低価格業態と高価格業態があたかも車輪が回転するかのように発展するという仮説を提唱した。

　ホランダーは格上げが発生する要因として革新者のパーソナリティ，ミスガイダンス，不完全競争，過剰の能力，長期的に不均一な生活水準の上昇，品揃えの拡大などを採りあげているが，どの要因が決定的要因であるかということに関しては言及していない。

　小売業態のイノベーションは低価格業態として発生するというマクネアの仮説に対して，ニールセン（Nielsen, 1966）は新たな小売業態は小売の輪が提唱する高回転・低マージン業態だけではなく，低回転・高マージン業態としても発生するとされる。かれによれば，小売業態は技術に制約されていることから高サービス小売業者は高価格帯に，低サービス小売業者は低価格帯に初期的にポジショニングしている。しかしながら消費者の選好は中価格帯に集中していると考えられるため，両者は中間のポジションへ移動する。これにともなって両者が動いたあとのポジションが空白の真空地帯（vacuum）となり，そのポジションへと新たな小売業態が参入することになるとされる。かれの提唱した概念は真空地帯論とよばれる。

　マクネアの仮説にある格上げという発展経路は，破壊的技術として参入した新たな小売業態が小売サービスを高めることによって既存顧客のニーズを満たしていくプロセスに該当する。この格上げ以外の発展経路を主張する研究として，レヴィ＝グレワル＝ピーターソン＝コノリー（Levy＝Grewal＝Peterson＝Connolly, 2005）のビッグミドル仮説がある。ビッグミドルは最大規模の小売業者が長期にわたって操業できるだけの十分な数の消費者が存在し，長期的な成長を可能とする市場セグメントのことであり，価格とサービスの軸で作られたマップ上で中間的な位置にある。かれらによると小売業の構造は「ビッグミドル（big-middle）」，「低価格（low-price）」，「革新（innovative)」，「不振（in trouble）」という 4 つのセグメントに分けられ，新たな小売業態は低価格もしくは高サービスのいずれかを強調して参入し，その後成長する小売業態は長期的成長を可能とするビッグミドルへと移行し，そうでない企業は退出していくと結論づけている。この研究では参入後の小売業態は格上げだけでなく格下げというかたちでも成長すると考えられている。

　ギスト（Gist, 1968）はマクネアの考えを踏まえて，価格とサービスの表裏の関係によって小売形態をとらえている。訴求の重点が価格とサービスの周期の繰り返しに対応して新しい小売形態が生成，展開するという一般的傾向を指摘して，その周期の形成を小売業における異形態間の競争から同一形態間の競争への推移によって説明しようとしている。

　リーガン（Regan, 1964）は小売の輪の仮説が事後の小売発展を説明するには有効であるが小売業態の将来予測が不十分であるとして，格上げと格下げの要因が消費者欲求の変化であることを指摘している。そのうえで，かれは「商品の価値」という要因を採りいれて，小売サービスあるいは小売付加価値である「品揃えの幅，深さ，品質」，「店舗環境」，「時間・場所の接近容易性」，「コミュニケーション」，「配送サービス」を「小売業のサービスコスト」に変換する一方で，「商品の価値」を「製造業者の製品コスト」ととらえて，両者のコストの対応関係によって小売業態をパターン化することを試みて 3 つの小売業の発展段階を引きだした。かれの考えは「小売発展段階説」とよばれる。

　第 1 段階は単一対応段階（simplex trading）で，製造者の製品コストと小売サービスコストとのあいだでほぼ同じ水準の対応関係を維持できる小売業態が開発される。やがて小売業者は人口，可処分所得，販売量，利潤などの増加にともなって複雑な組み合わせを追求するようになり第 2 段階へ発展する。第 2 段階は多重対応段階（multiplex trading）であり，製造者コストを維持したまま小売サービスコストを上下に変動させ，あるいは小売サービスコストを維持したまま製造コストを上下に変動させて，それぞれ対応できる小売業態が開発される。この段階がさらに発展すると第 3 段階の全面対応段階（omniplex trading）になる。ここでは製造業コストの高，平均，低レ

ベルと小売サービスコストの高，平均，低レベルがそれぞれ対応できる状態
であり，それぞれに対応できる小売業態が開発される。

　つぎに「小売アコーディオン仮説」はホランダー（Hollander, 1966）に
よって名づけられた仮説である。アコーディオン理論では，小売業では品揃
えの幅のひろい「総合的」な業態と品揃えの幅が狭い「専門的」な業態とが
交互に登場して盛衰を繰り返すと考えられる。取り扱い品目を増やして総合
化していく過程がアコーディオンがひろがる様子に，逆に専門化して取り扱
い品目を絞る過程はアコーディオンを閉じていく様子に似ていることからこ
のように命名されたとされる。

　イズラエリ（Izraeli, 1973）は小売の輪の仮説に普遍性がないこと，革新
者の浸透に対して既存の小売業の対応を論じていないことを指摘したうえ
で，「3つの輪仮説」を提唱している。かれによれば，市場には低コスト・
低価格で参入する革新者で構成される第1の輪，既存小売商で構成される第
2の輪，高コスト・高価格で参入する革新者で構成される第3の輪の3つの
輪が存在して，それらの相互関係をとおして小売業態の展開が生じるとされ
る。

　はじめに高コスト・高価格革新者と低コスト・低価格革新者が参入し，や
がて既存小売業は革新者と競争をとおして相互に影響をおよぼすようにな
る。高コスト・高価格の革新者は格下げし，既存小売業者は高コスト・高価
格の革新者を模倣するようになる。同様の模倣は低コスト・低価格革新者と
既存小売業者のあいだでも生じるようになり，時間の経過とともに革新者と
既存小売業者との差異が徐々に薄れてくるようになる。やがて革新者と既存
小売業者との差異は希薄となって，革新者は既存小売業者と同化して輪の回
転が停止し，革新者は既存小売業者の輪のなかに組みいれられた状態で安定
する。やがて新たな革新的小売業者が登場して輪が回りはじめる。

　マクネア＝メイ（McNair=May, 1976）は小売業態の規定要因として経
済，技術，生活状況，消費者，マーケティング，経営者の各要因を採りあ
げ，これら6つの要因の因果関係と重要度の優先順位を示している。経済的
要因と技術的要因がマーケティング要因，消費者要因，生活状況要因のそれ
ぞれに影響をおよぼし，影響を受けたそれら3つの要因は経営者の判断に影

響を与え，この経営者の要因が最終的に直接小売業態に変化をもたらすというモデルである。

　小売業態に関する研究としては，ほかにグレゴール＝アイリーン（Gregor=Eileen, 1982）が，製品や商品に付随するサービスレベルやサービスそのものに関する消費者の選好に対応するかたちで新たな小売業態が登場するとして，小売業のポジショニングマップを提示している。

　日本における小売業態の変遷をみると，価格破壊を旗印にしたダイエーが全国にスーパーマーケットを展開して 1970 年代に百貨店の三越の売上を抜き去る。やがてダイエーは取り扱い商品を総合化，高級化するプロセスでGMS 業態に転換していき，その後の成熟過程で GMS は百貨店と同じような業態となっていく。そしてマーケットにはヨドバシカメラ，ユニクロなどのカテゴリーに特化して低価格を訴求する革新的業者が登場してきた。

　小売業態の動態的考察は新たなステージを迎えている。こんにちわたしたちが生活する世界は高性能コンピュータと高速ブロードバンドが普及した「情報化」された社会である。ここでは物理的財とサービスの生産と消費が密接に連携しており，情報領域での発展が資本主義の発展をささえている。情報化はこれまでには存在しなかった新たな産業を生起させてきたのではなく，従来の産業の枠組みまでも破壊してファジーな産業構造を創りだしてきたと考えることができる。

12-2

小売業者の集積

　小売業者は基本的には単独で事業をおこなっているが，小売業者同士が集積して集客力を高め売上における相乗効果を目指すことも珍しくない。小売業者の集積は大きく物理的集積と資本的集積の 2 つに分けることができる。そして物理的集積はその形成プロセスから自然的集積と人工的集積の 2 つに分類される。

代表的な自然発生的な物理的集積は商店街である。商店街は主要交通機関の駅前を中心にして，その乗降客をターゲットに個人経営の小売店や銀行，コーヒーショップ，ファストフードのチェーン店が集積しているのが特徴である。これに対してショッピングセンターはデベロッパーによって作為的に創られ，GMSやホームセンターなどのキーテナントを中心として一般テナントが集積し，商品販売の相乗効果を狙う商業集積である。とくに特定の商品カテゴリーにおいて圧倒的な商品力と価格訴求力を有した小売店などがキーテナントとなる場合，パワーセンターとよばれることもある。

　こうした小売形態の地理的集積に対して，1つの資本のもとに複数の小売形態を統合していくつかの流通およびマネジメント機能を共有した企業体をコングロマーチャントという。コングロマーチャントはコングロマリット（conglomerate）とマーチャント（merchant）の合成語であり，小売業を本業とする企業がその傘下にさまざまな業種の企業を展開している企業体である。傘下の企業は百貨店やスーパーマーケットをはじめとする同業種の小売業のほかに，卸売業，金融業，不動産業，サービス業などの異なった業種までふくまれる。

　イオングループは千葉県に本社を置くイオン（旧ジャスコ）を純粋持株会社として，日本国内外300社以上の企業で構成される大手流通企業グループである。世界11か国に事業展開しており売上総収入約8兆円規模の2019年

GMS	スーパーマーケット	サービスビジネス
イオンリテール イオンスーパー マーケット	マックスバリュ マルエツ ビッグ・エー	イオン銀行 イオンフィナンシャルサービス イオンクレジット
コンビニエンスストア		ディベロッパー
ミニストップ	イオン	イオンモール イオンタウン
ドラッグストア	専門店	ホームセンター
ウエルシアHD ウエルシア薬局	オリジン東秀	サンデー

図表12-1　イオングループ

出所：筆者作成

度小売業世界第12位，日本第1位の業界首位企業である。イオングループにはGMSのイオン，イオンスーパーセンター，オリジン東秀，スーパーマーケットのマックスバリュ，マルエツ，ビッグ・エー，専門店のタカキュー，CVSのミニストップ，ドラッグストアのウエルシア関東，ホームセンターのサンデー，サービスビジネスのイオン銀行，イオンフィナンシャルサービス，イオンクレジットがある。またイオンはディベロッパーのイオンモールを使って全国に大型ショッピングモールを展開している。

13

マーケティングパラダイム
の変遷

　1900 年代にアメリカにおいて芽生え，アーチ・ショー（Shaw, 1912, 1915），フレッド・クラーク（cf., Clark, 1922）らのパイオニアによって概念形成がおこなわれたマーケティングは，時代の流れのなかでそのコンセプトを変えながらこんにちにいたっている。企業がマーケティング活動をおこなうにあたっての基本的な考え方であるマーケティングコンセプトは，マーケティングという言葉が誕生して以来いくつかの大きな変化のプロセスを歩んできた。こんにち経営者やマーケットにおいて共通認識となっているマーケティングの考え方は，マーケティング誕生当初からその内容をすべて内包していたわけではない。

　これまでに企業は幾度となくマーケティングパラダイムを創りかえてきた。パラダイムとはシステムの成立が拠ってたつものであり，組織，組織構成員，マーケット間の相互のかかわり方に関して組織構成員が共有しているメタファーの集合体である。

マーケティング 1.0

　こんにちのわれわれの日常生活を豊かなものにしているさまざまなものが開発，普及していなかった時代，企業は製品を製造しさえすれば消費者はそれらを購入してくれた。ここでは「モノ」が圧倒的に不足しており，企業には市場に自らの利益につながるだけの十分な顧客がいることがわかっていた。すなわち消費者ニーズは顕在化しており企業のタスクはそれらを製品化することだった。

　消費者のニーズを満たしてくれる製品は，生鮮食料品の保存を可能にした冷蔵庫，豊富な情報や娯楽を提供してくれるテレビ，家事労働を軽減してくれる洗濯機，掃除機など枚挙にいとまがない。この段階では顧客価値が製品の機能と直接に結びついており，企業にとっては「マーケティング＝マスマーケットに対応した製品開発」という認識が主流を占めていた。マーケティングという概念が誕生してきた当初の企業のマーケットに対する方針でもあるマーケティングコンセプトは，「生産コンセプト」とよばれる。コンセプトとは単なる目的ではなくものごとに取り組む際の姿勢，方針，思想などの基本的な方向性を意味する。

　生産コンセプトはつくれば売れる時代に適合するコンセプトである。このコンセプトのもとでは，企業のマーケティングは消費者はどこでも手に入れられて手ごろな価格の製品を好むという前提にたった事業展開をおこなわれる。この前提では消費者の関心はおもに製品の入手可能性と安い価格にあると考えられているため，企業の経営者は製品の生産性を高めて大量に製品を流通させることに専念するようになる。

　半導体メーカーのテキサス・インスツルメンツ（Texas Instruments Inc.）は，1900 年代初頭にヘンリー・フォード（cf., Ford, 1923）が自動車市場を拡大するために提唱した生産を伸ばして価格を下げようという理念を

体現するアメリカの代表的な企業の1つであった。同社はコストを下げるために生産量を増やすとともに，技術水準を高めることに全力を注いで成長を遂げてきた。

　工業化が進展して技術力が高まってくるプロセスで登場するのがマーケティングにおける「製品コンセプト」の考え方である。このコンセプトのもとでは，消費者は品質も性能も良く目新しい特徴のある製品を好むという前提に立った経営がおこなわれる。1950年代以降のマーケティングは製品中心主義であり，この時代のマーケティングは「マーケティング1.0」とよばれる。技術革新によって製造業が発達する過程で製造業者はいかに良い製品を製造して売るかが重要と考えられていた。こうした機能への欲求が満たされると顧客価値は機能から離れてスタイルやファッションに移行していく。

　社会に工業化の恩恵がゆき渡ったころに登場してきたのがマーケティングにおける「販売コンセプト」の考え方である。そこでは顕在化していたマーケットの欲求を満たしてくれる製品は，それらを欲する人びとにゆき渡った状態である。すなわち製品を製造すれば売れる時代は終わり，企業はいかにして自社の製品を購買してもらうかを考えなければならなくなった。こうした流れに対応して企業は自社の製品をいかに消費者に購入してもらうかという販売促進に力を注ぐようになる。企業はコスト優位と差別化に依拠した競争優位性を追求することをとおして消費者のニーズにかかわりなく自社製品を売りこもうとする。

　マーケティングにおける販売コンセプトのもとでおこなわれるマーケティングは，企業サイドが何もしなければ消費者や事業者は製品を買ってくれないという前提に立っておこなわれる。購買者の欲求を満たす多くの製品のなかから自社の製品を購買してもらう，あるいは自社をとおして商品やサービスを購買してもらうために，企業はプロモーションに経営資源を投下しなければならない。実際にこんにちの産業ではマーケットの需要が飽和状態に達している業種が多く，これらの市場では激しい競争が繰りひろげられている。企業の経営者やマーケティング担当者のあいだで，マーケティング＝販売促進という考え方が少なからず存在する背景にはこの販売コンセプトがある。

13-2

マーケティング2.0

　1970年以降に登場する消費者（顧客）志向のマーケティングは「マーケティング2.0」とよばれる。この時代のマーケティングでは，自らが選定したターゲットマーケットに対して，かれらの求める価値を競合他社よりも効果的に生みだし，それをかれらの利便性に適うかたちで提供しながら，かれらとコミュニケーションを図っていくことが企業目標を達成するためのポイントとされる。ここでは販売とマーケティングは厳密に区別される。販売が売り手の都合に焦点をあてているのに対して，マーケティングは購買者の欲求に焦点をあてる。ドラッカー（Drucker, 1993）はマーケティングの目的とは販売を不要にすることであるとした。すなわちかれによればマーケティングの要諦はマーケットが求めるものを創りだすことであり，企業が真にわたしたちが求めているものを提供すれば，企業が何もしなくても消費者の方から買いにきてくれるとされる。

　目に見える消費者ニーズが充足されると，企業はマーケットに潜在する消費者ニーズを見つける競争に奔走するようになる。企業は消費者との継続的な取引を獲得するために買い手の価値発見をビジネスの出発点と位置づけるようになった。この考えの前提となっていたのは，顧客価値は市場調査や統計分析によって発見可能という認識であった。やがて高度に成熟した社会において消費者ニーズはより一層多様化，不透明化し，いかに高度な調査技法を駆使してもかれらのニーズを的確に見つけだすことは困難になってきた。その根底には大きく2つの要因が考えられる。1つは日常生活に必要なあらゆるものが充足した環境のなかで消費者自身自らのニーズを認識できない状況が生起していたことであり，もう1つの要因は製品のサービス化現象の進展であった。

13-2-1　顧客価値の共創

　自社サイドからのアプローチだけでは消費者ニーズを発見できないことに気づいた企業は買い手である消費者を自らのパートナーとみなし，かれらとのコミュニケーションをとおして価値を共創しようと考えるようになる。価値の共創は「誘導される偶然」をマーケティングプロセスにとりこむ側面を有している。価値の共創の事例としては TOTO のシャンプードレッサーがある。大型陶器の洗面ボールの開発に成功した TOTO は，市場調査の結果から当初この大型洗面台をハンカチや下着などの小物を洗濯するツールとしてプロモーションをおこなったが，その売れゆきは芳しいものではなかった。このとき顧客との会話をとおして複数の利用者から，かれらの子供の中高生が毎朝その洗面台を使ってシャンプーをしていくという情報を入手する。TOTO はこの思いがけない偶然を採りいれて，蛇口をノズルに改良して同製品をシャンプードレッサーとして販売したところ，同社の大ヒット商品となった。

　このように企業は顧客との会話をとおして自らも，そしてときとして消費者自身もつかみえなかったニーズの発見を模索するようになった。これがインタラクションパラダイム（interaction paradigm）のもとでの，顧客との関係を重視するリレーションシップマーケティング（relationship marketing）のはじまりである。かりに企業と顧客のあいだに信頼関係にもとづいた学習関係が構築されたならば，企業はかれらをとおしてマーケットが求めている真実の価値に近づくことができるようになる。

　多くの企業では顧客との関係性を重視するインタラクションパラダイムのもとで，顧客インターフェイスの量的，質的な拡大と迅速化をとおして真実の顧客価値の創発を目指すようになっている。その背景には市場や顧客との多様な対話とインタラクションの循環プロセスは価値発見の絶対数を高め，またそのスピードが速まるほど予測の精度は高まり，情報の市場価値は上昇して競争力が強化され，いわゆる速度の経済性効果が発揮されるという認識がある。

　1990 年代にはいって物理的な価値の飽和状態におかれた消費者は，企業

に対して最大公約数的なマス対応ではなくパーソナルな対応を求め，それを実現することが企業に競争優位性をもたらすようになってきた。消費者は平等に扱われたいとは思っておらず個別に扱われたいと考えている。また消費者は製品の機能をはじめとするクオリティを重要視するようになる。こうした状況のなかで企業は顧客1人ひとりとの良好で親密な関係の構築を模索すると同時に，マーケットにおける「相対的価値」の創造から個々の顧客に対する「絶対的価値」の創造を求められ，企業はそのための対応を迫られることになった。相対的価値をもった製品とは特定製品領域での競合する他社が提供する代替品との関係で比較優位性を有した製品を意味し，絶対的価値をもった製品とは特定製品領域においてそれ自身優れたクオリティを有した製品を意味する。それまではクオリティに多少の課題が存在しても他社の提供する代替品よりも高い品質を備えてさえいれば，消費者はその製品を購入してくれた。しかしながらこの時代の顧客はクオリティに関して妥協することがない。

　顧客1人ひとりに対応した高いクオリティを有したカスタマイズ製品の販売によって成功を収めた企業にデルコンピュータ（現デル）がある。同社は電話とインターネットをとおして顧客のオーダーを受け，そのオーダーどおりにカスタマイズされたPCを製造，販売する。また販売後の相談，修理やメンテナンスにあたるオペレータはすべてコンピュータに精通した専門家であり，かつ顧客のコンピュータ機器の構成や購買履歴などのデータベースを活用して顧客個人個人に対して迅速で的確な対応をおこなうことによって，後発業者でありながらPC業界において独自の地位を構築している。

13-2-2　ワントゥワンマーケティング

　インタラクティブパラダイムのもとでおこなわれるマーケティングはワントゥワン（One2One）マーケティングという新しいマーケティングの世界を開拓する。これはマーケティングの「個人化」，つまりマーケティングの対象が1人ひとりの個人レベルにまでシフトダウンするという現象によって説明される。ひとりの顧客との取引を1度限りの取引ではなく長期にわたる

一連のプロセス，オンオフのスイッチではなくボリュームダイヤルとみなして，企業に対するその顧客の生涯価値を最大化するという考え方である。

　ペパーズ＝ロジャース（Peppers=Rogers, 1993）によれば，典型的な企業は既存顧客の維持にかける５倍のコストを新規顧客の獲得のために費やしており，さらに企業からは年間約25％の顧客が離れていってしまうため，かりに新規顧客の開拓に費用を費やさなくてもその離反率を５％下げるだけで顧客のボトムラインは維持できるという。こうした理由から，かれらはマーケットシェアによってドライブするマーケティングから顧客シェアを重視するマーケティングへの転換をうながしている。そしてかれらは One2One の世界におけるビジネスの明確な目標は顧客シェアを獲得することであるとして，既存顧客の囲いこみによる顧客の保持は長期的には効率的な経営につながると考えた。

　マーケットシェアが特定のプロダクトのマーケット規模に占める自社プロダクトの割合であるのに対して，顧客シェア（カスタマーシェア）とはその顧客が一生涯で購買するプロダクトに占める自社プロダクトの割合をあらわしている。企業は顧客を囲いこむことをとおしてこの顧客シェアの獲得を目指すようになってきたのである。

　コトラー（Kotler, op. cit.）は，ヘビーユーザー（常連客）が企業に多くの収益をもたらす４項目の理由を説明している。第１に顧客が企業の製品やサービスに大きな満足感をもち顧客と企業のあいだに信頼関係が構築されてしまうと，その顧客は以後何度も購入してくれるようになる。また企業は信頼関係が構築された顧客に対してその製品の関連製品を販売することができる。第２にヘビーユーザーにかかるコストは時間の経過とともに低下してくる。相互の信頼関係が深まるにしたがって企業はその顧客との取引に多くの時間やコストをかけなくてもすむようになる。

　たとえばオーダーメイドの紳士服を販売する場合，初回には詳細な採寸をおこなったり好みの生地やデザインを知るために相応の時間を要するかもしれないが，その取引を重ねるにつれてほとんど時間をかけないでオーダーに応えることができるようになり，スーツとコーディネートしたアイテムを推奨できるようになる。信頼関係で結ばれた顧客は提案を受けいれてくれる可

能性が高く，応対する時間が少なくなってもかれらの満足度は反対に高まるのである。第3に高い満足度を得た顧客はおりに触れて潜在顧客に企業を推奨してくれるようになり，第4に長期間の取引関係をもっている顧客は企業サイドの正当な価格の値上げに対して理解を示してくれ易い。企業はこうした理由から顧客を囲いこむために積極的なマーケティング活動を展開するようになってきたのである。

13-2-3　顧客関係性マネジメント

　顧客との関係性育成を目的とする企業は，自社に対するロイヤルティを醸成してもらうツールとして CRM（customer relationship management）とよばれる新しい概念を導入するようになる。CRM の特徴は「企業が何を売りたいか」ではなく「顧客の利益に着目して関係を強化する」という視点にある。CRM の考え方のもとでデータベースマーケティングから得られる「形式知」に，リレーションシップマーケティングから得られる「暗黙知」をスパイラルにインタラクションさせ，より高い品質の「知」の創造を目指したのである。

　CRM 成功の鍵は企業が選別した顧客に対して競合他社によって簡単に模倣されない利益を提供すること，顧客に対して独特な人間味を感じさせることにかかっている。売り手と買い手のコミュニケーションは「真実の瞬間」という言葉で説明される。消費とは感情に満ちた経験であるため，顧客は企業の社員とのやりとりの中で独自のフィルターをかけ，感覚的に情報をえてその瞬間ごとに感情を変えていく。企業は顧客との接点のなかでかれらの心をつかむことによって信頼を勝ち取ることができる。こうした信頼は容易に模倣することができない。なぜならばかたちのあるものは真似ができるが，かたちのないものを真似るのは困難だからである。

　ヤン・カールソン（Carlzon, 1987）はスカンジナビア航空の例を採りあげて真実の瞬間が企業の業績におよぼす影響の大きさを説明している。コペンハーゲンに向かう顧客が空港についてから航空券をホテルに忘れてきたことに気がつく。顧客がスカンジナビア航空の航空券係に事情を説明すると，そ

の係はホテルの部屋番号とコペンハーゲンでの連絡先を確認して搭乗カードと仮発行の航空券を渡してくれる。その後ホテルとの連絡と忘れた航空券の引き取りを係が代行し，顧客の出発前にフロアアテンダントから顧客に航空券が手渡された。これは1つの例であるが，かれはスカンジナ航空のストックホルムの空港において1人の従業員が1年間に接する顧客1000万人との真実の瞬間が企業の成功を左右するとしたのである。

　リレーションシップマーケティングにCRMの概念を組みこんだ企業サイドの対応は，企業と顧客とのあいだに強い信頼関係，学習関係を構築することを可能にする。CRMのポイントは顧客データから自社にとってのヘビーユーザーを選別し，かれらの顧客価値を満足させるカスタマイゼーションされたハイクオリティな製品，サービスを的確なタイミングで提供することにある。そうすることによって顧客はそうした製品やサービスを提供してくれる企業に対して特別な感情を寄せるようになり，両者のあいだに強い信頼関係が構築される。

　自らにとってのヘビーユーザーをつなぎ留め，ミドルユーザーをヘビーユーザーになるように働きかけ，ライトユーザーの対応には必要意外に時間を割かない。従来のように顧客を均一にとらえてすべての顧客に同様のサービスを提供するのではなく，顧客に応じた不平等なサービスの実践である。ただし不平等なサービスとはいっても，それはヘビーユーザーやミドルユーザーにステップアップする見込みのないライトユーザーを無視することを意味している訳ではなく，新たな価値の提案や相談といった付加価値をともなったサービスを積極的に提供しないという意味である。

　CRMという概念が登場する以前にもこうした顧客マネジメントは経験則でおこなわれていた。銀行の新規口座開設窓口は振込みや公共料金支払いの窓口とは別に設置されており，ローカウンターで椅子に座った顧客と窓口対応者がコミュニケーションをとれる構造になっている。銀行にとって新規口座開設者は将来のヘビーユーザーの予備軍であり，口座開設時はかれらを囲いこむ最大のチャンスなのである。かりに新規預金口座を給与振込口座に指定してもらえれば，公共料金や生命保険などの支払口座にも指定してもらえる可能性が高い。そうなれば預金口座に流動性資金が滞留して銀行の収益に

つながっていく。そしてこうした入手金パイプがついた預金口座は将来の自動車ローン，教育ローン，住宅ローンの返済口座として利用される可能性が極めて高くなる。したがって銀行は新規預金口座開設者を振込みや引出しの顧客と一緒にロビーで待たせることはせずに，個別の対応をおこなっているのである。

　そしてこんにち情報技術の発達は高密度の顧客情報を利用したより高度なマーケティングを可能にし，CRM の可能性を大きくひろげている。情報技術を活用することをとおして，ターゲットとする顧客がいつどこで何を買ったかをデータベース化して，その知をもとにして顧客にカスタマイズした製品やサービスを提供することができるようになった。コトラー（Kotler, op. cit.）によれば，企業が顧客に関する豊富な情報をもち，それらの情報にもとづいてかれらを支援し，親近感や感情的なつながりによって継続的な関係を構築した顧客を企業にとってのクライアントとよぶ。そして企業はクライアントを集めてメンバーシップを構築し，かれらに対して特別なサービスや多様な特典をあたえることによって，信頼関係にもとづく長期的な契約関係を創りあげる。そしてこうしたクライアントが世代を超えて継承されていくことによって，企業と顧客との長期的継続的な信頼関係が育まれていくことになる。

13-2-4　資産としての顧客

　ものが不足していた時代には製品を製造することができる製造業者には大きな力があった。こんにちでは企業の経営者も口を揃えていうようになった「顧客志向」という言葉も，その考え方が常識のように使われるようになる1990 年代まではその言葉を唱えるひとは存在せず，かれらの関心は自社の製品やサービスをいかに販売するのかに向けられていた。企業組織にもマーケティングコンセプトにもとづくマーケティングおこなう部署はなく，かりにマーケティングを冠する部署があってもそれは市場調査を業務とするセクションだった。そうした環境のなかでセオドア・レヴィット（Levitt, 1960）は，マーケティング研究史上あまりにも有名な論文 'Marketing Myopia'

において顧客志向の重要性を強調している。かれのこの論文が絶賛されるのは，世界の企業経営者の誰一人として顧客満足に目を向けていなかったときに，顧客満足が企業の長期的利益に結びつくことを主張したことにある。そして1960年のかれの論文に論述されている内容は，その後の産業の実態を恐ろしいほどにいいあてていた。

　こんにちでこそ「顧客ニーズ」という言葉が当然のことのように使われるが，この概念の重要性をいまから半世紀以上まえに提唱したのが当時ハーバードビジネススクールで教鞭をとっていたのが，このレヴィット（ibidem）であった。かれは企業にとって重要なことは製品を作ることではなく製品が提供するベネフィットであるという。顧客は製品やサービスではなく期待価値を買うのである。レヴィット（ibidem）によれば，顧客はバランスシート上に記載されることはないが企業にとって最も重要な資源であるとされる。

　レヴィットが提唱したマーケティングマイオピアの概念は，21世紀をむかえたこんにちにおいてもマーケットの真実を映しだしている。マーケティングが顧客ニーズを見いだせなかったとき，あるいはマーケットや顧客ニーズに関する誤った認識をもってしまったとき，企業は市場競争に敗退してしまうことをいみじくも歴史が証明してきた。

　レヴィット（ibidem）の考えはビジネスとは製品中心ではなく顧客中心でなければならないという考えに集約される。かれによればアメリカにおいて鉄道会社が衰退したのは経営者の発想が顧客中心ではなく，製品中心にあったからとされる。鉄道会社が衰退したのは旅客と貨物輸送の需要が減少したためではなくそれらの需要は依然として増え続けている。すなわち鉄道が危機に瀕しているのは自動車，トラック，航空機，電話などの鉄道以外の手段に顧客を奪われたためではなく，鉄道会社自体がそうした需要を満たすことを放棄したためであるとされる。鉄道会社は自社の事業を輸送事業ではなく鉄道事業と考えてしまったのである。

　19世紀の終わり頃までは鉄道は社会制度そのものであり，人間のイメージそのものであり，伝統であり，栄誉の象徴であり，詩の源泉であり，少年期の願望の拠り所であり，人生のエポックを記す荘厳な機械であった。そこ

では鉄道事業者は鉄道を建設しそこに蒸気機関車を走らせること自体を自ら
の使命と考えていたのである（cf., ibidem）。

　ブラットバーグ＝デイトン（Blattberg＝Deighton, 1996）によれば，こん
にち企業の有する長期的価値の大部分はその企業と顧客との関係が有する価
値によって決まるとされる。その全体的価値はカスタマーエクイティ（cus-
tomer equity）とよばれる。大部分の企業にとってかれらが現在所有してい
る顧客グループこそがもっとも確実で信頼できる将来収益の源泉であると考
えられ，その活用こそが企業の意思決定の重要な課題となってきている。企
業と顧客のコンテクストマーケティング（context marketing）がカスタマー
エクイティを醸成し，それが企業にとってもっとも確実で信頼できる将来収
益の源泉となるのである。

　ドラッカー（Drucker, 2014）は企業の唯一の目的は顧客の創造にあると
したうえで，顧客創造のために企業がもつべき機能はマーケティングとイノ
ベーションのみであるとした。すなわち企業はマーケティング活動をとおし
てマーケットのニーズを明らかにして，それらを満たしてくれる製品や商
品，サービスの提供をおこなう。そしてそうした新しい価値の創造にあたっ
てこれまでの知識や経営資源の範疇では解決できない課題を解決してくれる
プロセスとしてイノベーションを位置づけたのである。

13-3

マーケティング 3.0

　1990年代後半から2000年代になってマーケティングは価値主導へと変貌
を遂げる。コトラー＝カルタジャヤ＝セティアワン（Kotler＝Kartajaya＝Se-
tiawan, 2010）は価値主導のマーケティングを「マーケティング3.0」とよ
ぶ。これは消費者の「精神的な充足感」を満たすマーケティングであり，消
費者は単に自分のニーズを満たすだけの製品やサービスではなく，環境保護
や社会貢献への意識など製品の裏側にあるストーリーや特定の製品やひとに

対する共感の追求を重要と考えるようになる。マーケティング 3.0 の考え方が生まれた背景としてソーシャルメディアの発達，社会的課題の顕在化，市場の成熟があるといわれる。

　テクノロジーがアナログの世界からデジタルの世界に変化するなかで企業のマーケティング活動には大幅な見直しが求められている。インターネットの普及や SNS の普及をとおして人びとはさまざまな情報にアクセスできるようになり，環境破壊や社会格差などのさまざまな社会問題が深刻化したことで企業の姿勢やビジョンが問われるようになった。そのため消費者は同じような商品がならんでいたときには，社会的に支持できる企業を選択するようになった。世界中の情報がリアルタイムで共有できる環境では，フェイスブックやツイッターに代表されるニューウェーブの技術をとおして製品のストーリーや製品にこめられた想いへの共感がネット上で拡散され，他者へとシェアされることで製品が購入される。

　安価なコンピュータや携帯電話，低コストのインターネット，オープンソースに代表されるニューウェーブの技術はブログ，ツイッター，フェイスブック，YouTube，フリッカーなどのソーシャルメディアの台頭をもたらした。人びとはソーシャルネットワーキングサービス（social networking service：SNS）をとおして無数の人びとにメッセージを発信し，企業業績やブランドイメージに大きな影響をおよぼす潜在力を有するようになっている。

　こうした環境におかれた企業はマインドとハートと精神をもつ全人的存在としての消費者をターゲットにする必要がある。すなわち消費者の精神の存在を認識しなければ企業は存続できないのである。その逆に人びとが企業の社会貢献に結びつく価値に賛同してくれた場合，そのブランドイメージは瞬時に向上することにつながる。

　ソーシャルビジネスは社会問題の解決を目的として貧困や差別，環境問題などの領域で寄付金などの外部資金に頼らず，自社で事業収益をあげることで継続的な社会貢献に結びつく価値の創造をおこなう。企業の社会貢献への姿勢が社会に認知された事例としてマザーハウスがある。

　マザーハウスの山口絵理子は政府による開発援助のあり方に疑問を感じ，

アジアの最貧国バングラデシュのダッカでジュートを材料にしたカバンの工場を設立して現地の人びとに仕事を提供し，製造されたかばんは日本で販売されている。マザーハウスは働く人びとにとって「第二の家」のように感じられる環境づくりを目指して，整備された年金や医療保険など現地トップクラスの労働環境が整えられている。

コーベイ（Covey, 2004）によれば，参加の時代を生きる創造的人間の基本的な構成要素は肉体，マインド（思考），ハート（感情）と，そのひとがそのひとであることの核としての精神の4つとされる。企業はマインドとハートと精神をもつ全人的存在としての消費者をターゲットにする必要がある。すなわち消費者の精神の存在を認識しなければ，企業が存続できない時代が訪れているのである。ブランドのミッションが消費者のマインドとハートと精神にしっかりと根づいているとき，そのブランドは消費者のものになっていると考えられる。企業がマーケティング3.0を実践するために重要なことは価値と行動を一致させることである。

マーケティング3.0は価値中心のマーケティングであり消費者は商品の背後にある価値を重視するようになった。どれほど価格が安い製品でも原料や製造プロセスが環境破壊につながっていれば消費者は製品を避けるようになる。ズーカフ（Zukav, 2002）によれば，マーケティング3.0のコンセプトにおいて人間のもっとも重要な欲求として，精神的欲求が生存欲求にとってかわりつつあるとされる。物質的充足にくわえて精神的な豊かさがますます求められるようになっているこんにちの社会のトレンドの結果として，消費者は自らのニーズにくわえて精神的な豊かさを求めるようになっているのである。マーケティング3.0の世界では企業もまた自社の文化に価値を織り込まなければ，参加の時代を構成するクリエイティブなひとたちを納得させることは不可能となる。その企業が人間の幸福にどのように貢献しているのかをかれらに認識させなければならないのである。

コトラー＝カルタジャヤ＝セティアワン（cf., Kotler=Kartajaya=Setiawan, op. cit.）によれば企業にとって人間的価値を支持して表現する製品，サービスや企業文化を生みだすマーケティングが重要になっている。製品，商品，サービスを売るということよりも，製品，商品，サービスや企業文化

に「共感」してもらうことが重要なのである。シャネルやルイ・ヴィトンの
ような高級ファッションブランドは価格や機能といった価値で購入してもら
うのではなく，ブランドそのものに対する憧れやシンパシーを価値として提
供してその価値に「共感」してもらい，その共感された価値に対して対価を
支払ってもらうのである。

13-4

マーケティング 4.0

コトラー＝カルタジャヤ＝セティアワン（Kotler=Kartajaya=Setiawan,
2016）によればマーケティング3.0は「マーケティング4.0」へと変化して
いく。マーケティング4.0は価値中心のマーケティングであるマーケティン
グ3.0を推し進めた「自己実現」のマーケティングである。SNSの普及をと
おして消費者は商品についての考えや意見を自由に発信するようになった。
SNSでリアルタイムにつながりあう世界では，人びとの関心事は自分がど
う見えるか自分は他人にどう見られるかに置かれる。企業のマーケティング
は顧客が商品を買うまでではなく，商品を買ったあとのストーリーについて
考え，顧客が商品をとおして自己実現できるようにフォローすることも求め
られるようになっている。

13-4-1　インフルエンサー

マーケティング4.0の時代ではマカスタマージャーニーも変貌を遂げてい
る。コトラー＝カルタジャヤ＝セティアワン（ibidem）によれば，マーケ
ティング4.0のカスタマージャーニーでもっとも重要なのは「推奨（advo-
cate）」のプロセスであり，SNSなどをとおして商品の良さを消費者自身に
拡散してもらうことである。こんにちマーケットに大きな影響力をおよぼす
存在としてインフルエンサーが注目されるようになった。グラッドウェル

（Gladwell, 2002）はインフルエンサーマーケティングをあらわしている。インフルエンサーとは影響，感化，効果を意味する'influence'を語源として，社会に大きな影響力をもつひとのことを指しており，メディアに出演する人気芸能人やアスリート，ファッションモデルなど特定分野の知識を有した専門家や政治家といったいわゆる有名人から，特定の層からの圧倒的な支持を得る個人などその属性は多様である。かれらはSNSの消費者生成メディアの媒体の種類によって，動画共有サービス「YouTube」のユーチューバー，写真共有サービス「Instagram」のインスタグラマー，ショートビデオプラットフォーム「TikTok」のティックトッカーなどとよばれる。

　フォロワー数が100万人以上のインフルエンサーは「トップ（メガ）インフルエンサー」，フォロワー数が10万人以上のSNS発信者は「ミドル（マクロ）インフルエンサー」，フォロワー数が1万人から数万人のSNS発信者は「マイクロインフルエンサー」，そしてフォロワー数が1万人に満たないSNS発信者は「ナノインフルエンサー」とよばれる。こんにちのインターネット社会においてメガインフルエンサーやマクロインフルエンサーの影響力は大きい。SNS発信者にとってフォロワー数は自己実現の裏づけという側面を有している。

　最近では自らのメッセージを発信することをとおして社会に認知されたり，社会に影響力をあたえるという目的とあわせて，クリック報酬型広告やアフィリエイトで収入を得るという目的も大きくなっている。クリック報酬型広告はSNSに設置された広告のクリック回数に応じて報酬が支払われる仕組みであり，Google AdSense（グーグルアドセンス）が有名である。アフィリエイトはSNS内で商品が購買されたり，サービスが申し込まれるなどの成果につながった場合に報酬が発生する仕組みである。

　グーグルアドセンスはグーグルの低コスト構造のインフラが実現するサービスで，無数のウェブサイトの内容を自動識別し，それぞれの内容にマッチした広告を自動掲載する登録制無料サービスである。このサービスではグーグルのコンピュータシステムが登録者のサイトの内容を自動的に分析し，同社の出稿候補広告のなかからそのサイトにマッチした広告が選択され自動的に配置される。そしてそのウェブサイトを訪れたひとが広告をクリックする

と，サイト運営者に広告主がグーグルに支払う広告料の一定割合が支払われる仕組みである。

コトラー＝カルタジャヤ＝セティアワン（ibidem）によれば，マーケティング4.0は顧客の自己実現欲求に訴えかける。モノやサービスをとおして消費者が「なりたい自分」あるいは「あるべき姿」を発見して達成することを目的として，「発信＝自己実現」を目指している消費者に購買をうながし，消費者による情報の拡散をとおして顧客を増やすことをめざすマーケティングである。

メルセデス・ベンツは自動車を単なる道具としてではなく，「いつかベンツに乗りたい」，「ベンツに乗ることが目標」というようなベンツを所有する歓びや自己実現の提供を価値にしてきた。アップルが提供する人びとが驚くような革新的な製品，徹底的に余分な機能を排除したシステムやフォルムは顧客の心をつかみ，他社とは一線を画するブランドを確立している。すなわちアップル製品をもつことはひとつのステータスにもなっている。

ナイキ（Nike, Inc.）は世界のトップアスリートに製品を試用してもらい，顧客に「世界のトップアスリートが愛用」という価値観をもたせることに成功している。同社の製品は同じナイキ製品を使うことで「あのアスリートに近づける」という消費者の自己実現欲求を充足してくれる。サッカーのネイマールやクリスチアーノ・ロナウドに憧れるサッカー少年たちは，かれらに少しでも近づきたくてネイマールモデルやロナウドモデルのスパイクを購入する。

ナイキはオレゴン大学の陸上部で活躍したフィル・ナイトが，神戸でオニツカタイガー（現アシックス）の品質と低価格を気にいってオニツカのアメリカ販売権を取得し，1964年，オレゴン大学の陸上コーチだったビル・バウワーマンと共同でナイキの前身であるブルーリボンスポーツを設立したことにはじまる。

1971年に商標登録されたナイキのロゴマーク，スウッシュ（Swoosh）は勝利の女神であるニーケーの彫像の翼をモチーフにデザインしたとされ，その形状は躍動感やスピード感を表現している。1980年代から1990年代にかけてバスケットボール選手，マイケル・ジョーダンとタイアップした「エア

ジョーダン」シリーズ，ソールに搭載されたエアが可視化された「エアマックス」シリーズが世界的に大人気となった。

　オーストリアのレッドブル（Red Bull GmbH.）が販売する清涼飲料水「レッドブル」が提供する価値は，機能的価値としての飲料のみではない。「レッドブル，翼をさずける」というコンセプトが提供するのは，消費者が「エキサイティングな体験」を共有する価値である。

13-4-2　接続性の時代

　コトラー＝カルタジャヤ＝セティアワン（ibidem）によれば，顧客がもっとも信頼する横のつながりのうえに確実に自社の推奨者が存在する状況を創りだしておくことがマーケティング 4.0 の最大の目的である。そのためにはデジタルとは対極にある人間同士の触れ合いが必要であり，顧客の行動に変化をもたらす推奨はこうした本質的な魅力がなければ生じない。モバイル端末の普及，SNS の台頭によってわたしたちはまったく新しい「接続性の時代」に突入している。モバイル端末により接続された人びとは集合知を利用してよりよい選択をおこなおうとする。顧客同士はお互いに情報を共有して積極的につながりあい，さまざまな形で「顧客コミュニティ」を生みだしている。

　消費者はプラットフォーマーが提供するプラットフォーム上でピアツーピア（peer-to-peer：P2P）でつながってやりとりをする。顧客コミュニティには価格コム，食べログ，Amazon のレビュー，ブロガーのレビューなどさまざまな形態が存在する。こうしたコミュニティではユーザー同士の社会的同調のウエイトが高まり，個人の購買決定のほとんどが本質的には「社会の決定」になる。人びとが発信能力を手にいれたことで情報の非対称性が失われて，売り手と買い手の関係性は対等になりつつある。人びとはオンライン，オフラインを自由に往来して自分の意見を他者に伝え，膨大な数のレビューを蓄積していく。コトラー＝カルタジャヤ＝セティアワン（ibidem）によれば，かつての顧客は広告などのメッセージに影響をうけやすく，権威者や専門家の意見を求める傾向にあったが，現在では企業から発信された一

方的なメッセージの信頼性は低下し，顧客はそれよりも家族や友人，ソーシャルメディア上のコミュニティなど横のつながりから得られる情報を信用するようになっているとされる。コミュニティはより強固になり，集合知にアクセスしやすくなったことで顧客の意思決定はより社会性を帯びたものになっている。

　こんにち人びとによって大切にされる横のつながりは「F ファクター」とよばれて，マーケティングコミュニケーションミックスよりも重要とされる。F ファクターは ‘friends’，‘families’，‘facebook fans’，‘twitter followers’ の頭文字を採ったものである。多くの顧客が SNS 上で見知らぬひとたちにアドバイスを求めて広告や専門家の意見よりも信頼するのである。

　コトラー＝カルタジャヤ＝セティアワン（ibidem）によれば，マーケティング 4.0 の世界ではマーケティングは ‘marketing’ から ‘market-ing’ へ移行している。接続性は企業，従業員，チャネルパートナー，顧客，その他の関係者間における交流のコストを大幅に低下させ，マーケットでは物心がついたときからインターネットやパソコンなどが普及していた環境で育ったデジタルネイティブ世代が総人口の 30 ％あまりを占め，顧客はもはや企業のセグメンテーションやターゲティングや，ポジショニングの受動的なうけ手ではなくなった。すなわちこんにちの企業は変化する消費者が相手になる。

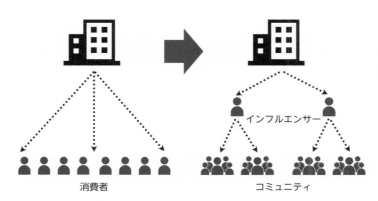

図表 13-1　マーケティングアプローチの変化

出所：筆者作成

13-4-3　4P から 4C へ

　マーケティングミックスは顧客に何をどのように提供するかを計画するうえでの重要なツールである。変化する消費者に対応するために企業は 4P から 4C へとマーケティングミックスを変化させなくてはならない（cf., ibidem）。企業は 4C をベースに製品，商品，サービスを考えていくことで時代に適合していくことができる。

　デジタルエコノミーでは 'co-creation（共創）' が新しい製品開発戦略になる。コンセプト考案段階の初期から顧客を巻きこんだ共創をおこなうことによって顧客が製品，サービスをカスタマイズしたり，パーソナライズしたりできるようになる。デジタルエコノミーでの価格設定は，標準価格設定から市場の需要と生産能力の活用度にもとづく動的価格設定であるダイナミックプライシングに進化する。ここでは顧客の過去の購買パターン，店舗までの距離など顧客プロフィールのさまざまな要素にもとづいて顧客ごとに異なる価格を請求して収益性を最適化させることから，価格は需要の変化によって変動する 'currency（通貨）' のようなものである。

　接続された世界では顧客は製品，サービスをほとんど即座に購入したり利用できることを要求する。デジタルエコノミーでは顧客は製品，サービスが欲しいと思ったとき即座に購入することができ，ホテルやレンタカーのように顧客は自身の所有ではなく他者が所有している製品，サービスを簡単に利用できるようになっており，これを 'communal activation（共同活性化）' という。共同活性化はシェアリング経済を創りだす。

4P	4C
Product	Co-creation
Price	Currency
Place	Communal Activation
Promotion	Conversation

図表 13-2　4P と 4C

出所：筆者作成

シェアリング経済におけるもっとも有力な販売コンセプトはP2Pである。エアビーアンドビー（Airbnb, Inc.），ウーバー，ジップカー（Zipcar, Inc.），レンディングクラブ（LendingClub Corporation）などがこのためのプラットフォームを運営している。ジップカーは2000年にアメリカで設立されたエイビス・バジェット・グループ（Avis Budget Group Inc.）の子会社で，現在ではアメリカの500以上の都市にカーシェアリングネットワークを構築している。ジップカーの提供するサービスは1時間または1日単位で車両を利用できるカーシェアリングで，予約や車両のロック解除など一連の手続きはすべてスマートフォンのアプリで完結する仕組みである。

ウーバー・テクノロジーズは2009年にトラビス・カラニックとギャレット・キャンプによって設立され，タクシーの配車サービスや一般人が自分の空き時間と自家用車を使って他人を運ぶ仕組みを提供している。ウーバーのアプリで車の手配を依頼するとモバイル端末のGPS（global positioning system, 地球上の現在位置を人工衛星からの電波で特定する全地球測位システム）機能の位置情報から付近を走行している提携車をよびだすことが可能で，アプリが利用者を乗車場所まで誘導してくれる。このサービスを運営する重要な要素として顧客が運転手を評価すると同時に運転手も顧客を評価する「相互評価」がある。

レンディングクラブ（Lending Club Corp.）はフィンテックを活用して，ネット上でお金を借りたいひとと貸したいひとを結びつけるサービスを提供する。レンディングクラブ（Lending Club）では最初にオンラインでローンの申しこみを受けつけて申込者の信用力を審査する。この審査がこの仕組みのポイントであり，同社は独自に申込者の信用力を算出して信用力が高い順にAランクからGランクまでランクづけをおこない，ランクに応じて貸出金利が異なる。貸し手は25ドル単位で指定のランクへ投資でき，借り手に貸しだした金利からデフォルトに備えた引当金を差し引き，1％の手数料を同社が徴収する仕組みである。実際のローン融資はレンディングクラブではなく同社と提携しているユタ州にあるウェブバンクがおこなう。

デジタルエコノミーでは企業のプロモーション活動にも変化が生じている。かつては企業がオーディエンスとしての顧客に一方向にメッセージを発

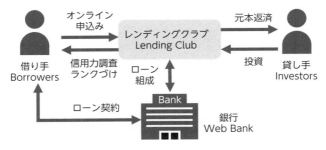

図表 13-3 レンディングクラブの仕組み
出所：筆者作成

信してきたが，ソーシャルメディアの発展によって顧客はそのメッセージにレスポンスすることが可能になり，あわせてそうしたメッセージに関してほかの顧客との 'conversation（会話）' も可能となっている。ニーズの発生あるいはウォンツの表出が刺激となって認知が生まれ，それが関心や親しみといった情動と検討に移行して購買行動につながっていた直線的なカスタマージャーニーに多くの瞬間が存在するようになり，さまざまな瞬間が決定的に重要になっている。

13-5

デジタルエコノミー

　クラウス・シュワブ（Schwab, 2017）はデジタル革命を第 4 次産業革命とよんでいる。デジタル資本主義とはデジタル技術を活用して差異を発見，活用，創出し，利潤を獲得することで資本の永続的な蓄積を追求するシステムととらえることができる。岩井（2006）が指摘しているように，インターネット初期においては商業資本主義的な側面が強かったのに対して，デジタル技術の指数関数的な発展にともなってクラウドサービスや自動化システムなどによってコスト面での効率化がもたらされてきた。デジタル技術の急速

な進展はマスカスタマイゼーションのようにこれまで不可能であった差異の創出メカニズムも創出している。

　此本＝森＝日戸（2018）は消費者が商品やサービスを購入するときにそれに対して支払っても良いと考える金額を「支払意思額」，支払意思額と実際の価格との差を「消費者余剰」，また生産コストと実際の価格との差を「生産者余剰」，消費者余剰と生産者余剰の合計を総余剰という。ここで消費者余剰には B2B 事業の法人もふくまれており，消費者余剰は「顧客満足度」，生産者余剰は「企業利潤」と考えられる。生産者余剰とは価格とコストの差分すなわち生産者の利潤であるのに対して，消費者余剰とは価格とプロダクトに関して支払ってもいいと思う金額である支払意思額すなわち「お買い得感」であるとされる。生産者余剰は金額で表示されるのに対して，消費者余剰は金額であらわされることはない。消費者余剰は同じ商品であってもひとによって，あるいは時間や場所によって支払意思額が変わる場合がある。かれらによれば，総余剰は商品やサービスが生みだした付加価値であり，デジタルエコノミーのなかでデジタル化がもたらした価格低下によって消費者余剰の拡大と生産者余剰の縮小が起こっているとされる。

　グーグルの検索サービス，SNS，Instagram の写真共有サービスなどは無料で利用できるが，価値は生みだしている。グーグルの検索サービスで考えてみると，検索サービスが生みだした価値は広告収入ではなく，2つの支払意思額とコストの組みあわせで説明される。1つは検索サービスであり，グーグルは検索サービスを提供するにあたってコストをかけており，消費者もわずかではあっても支払意思額をもっているはずである。このとき無料の検索サービスは生産者余剰を生みださず，消費者余剰だけが発生している。あるいはコストがある分マイナスの生産者余剰が発生している（cf., ibidem）。

　2つ目は潜在的な広告主向けの検索ワード販売サービスである。このサービスで販売されるのは消費者が入力した検索ワードであり，グーグルは検索ワードを販売するためにもコストをかけている。広告主は検索ワードに対する支払意思額をもっていて，グーグルは支払意思額と同水準で価格を設定していると仮定すると，この事業で生みだされている価値の大半はグーグルに

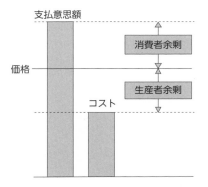

図表13-4　支払意思額と消費者余剰・生産者余剰

出所：此本＝森＝日戸（2018）p. 51.

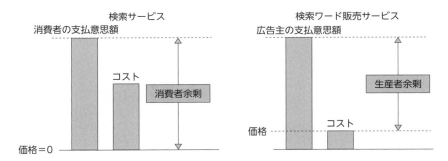

図表13-5　グーグルにおける余剰

出所：此本＝森＝日戸（2018）p. 55.

とっての生産者余剰で，広告主にとっての消費者余剰は小さい。グーグルは検索サービスでは消費者余剰を生みだし，検索ワードの販売サービスでは生産者余剰を生みだしている（cf., ibidem）。

　デジタル化は価格に影響をおよぼす。ECサイトや価格比較サイトをとおして同じ商品における販売価格の違いが容易に検索できるようになった。これによってより廉価で購買することが可能になった消費者は消費者余剰を拡大させ，生産者余剰を縮小させる。此本＝森＝日戸（cf., ibidem）は，こうした状況は資本主義の初期段階の商業資本主義の特性をもっていると指摘す

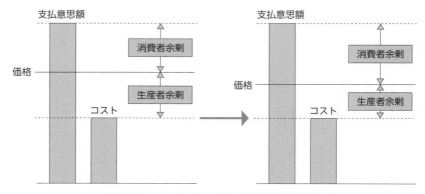

図表 13-6　デジタル化による余剰の変化

出所：此本＝森＝日戸（2018）p. 59.

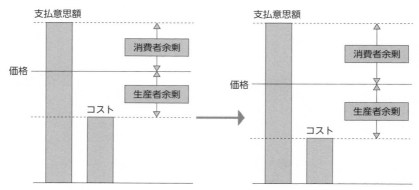

図表 13-7　デジタル技術がもたらすコストと価格の低下

出所：此本＝森＝日戸（2018）p. 60.

る。歴史的に商人は地理的に隔たった土地間の価値体系の差異を発見して，そこから利潤を獲得してきた。

　またデジタル化はコスト削減にも寄与する。デジタル化されたコンテンツは，生産量を1単位だけ増加させたときの総費用の増加分である限界費用を低下させ，EC の拡大は中間マージンを削減する。さらにクラウドサービスを活用することで，固定費の一部を変動費化して総コストを低下させる取り

組みも進んでいる。こうしたデジタル化によってコストが削減されても価格が低下しなければ，消費者余剰と生産者余剰の両方が増加するが，削減されたコスト相当の価格低下が生じた場合には消費者余剰のみが増加することになる（cf., ibidem）。

此本＝森＝日戸（ibidem）はデジタルエコノミーのなかで企業はデジタルを活用して生産者余剰を増やす仕組みを構築する必要があるとする。これまでの労働生産性に替わって知識生産性が重要視され，顧客からのデータインプットをもとに顧客ごとに異なる製品，サービスを低価格で提供する仕組みを構築することが求められる。すなわち顧客のこだわりをデジタル技術で実現することで支払意思額と価格を高めて利潤を増やす試みである。知識生産性とは顧客から明示的，暗示的に提供してもらったデータをインプットしてそれを付加価値に転換できる転換率である。

此本＝森＝日戸（ibidem）はデジタル資本主義に移行しても「差異」と「希少性」が残っている限り利潤獲得機会はなくならないとする。この2つがデジタルによって消えることはなく，デジタル技術の進展をとおしてこれまでに発見できなかった差異を発見したり新たに生みだす可能性がある。たとえば限界費用ゼロで複製できるプロダクトであっても「時間」，「こだわり」，「信頼」のようにコピーできないものは残る。

デジタルによって限界費用が大幅に低下している産業，すなわちデジタルが破壊的な影響を及ぼしている産業の1つが音楽配信業である。アップルのiTunesが1曲あたりいくらというアナログ時代のプライシングをしているのに対して，スポティファイやアマゾンミュージックは曲を販売するのではなく，楽曲に対するアクセス権を販売するというまったく異なる価格体系を採用している（cf., ibidem）。

右下がりの需要曲線，右上がりの供給曲線を想定してその交点で取引数量と価格が決定すると仮定すると，取引価格線と需要曲線のあいだの面積が消費者余剰，取引価格線と供給曲線のあいだの面積が生産者余剰をあらわしている。フォードの大量生産方式のような産業資本主義のもとでのイノベーションでは，生産工程のイノベーションによって生産性を高めて供給量を大幅に増加させることができる。これは限界費用（供給曲線）の傾きが低下す

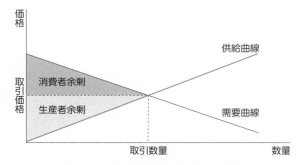

図表 13-8　消費者余剰・生産者余剰

出所：此本＝森＝日戸（2018）p. 62.

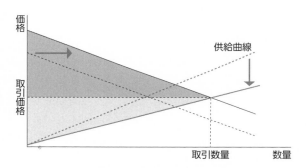

図表 13-9　従来のイノベーション

出所：此本＝森＝日戸（2018）p. 62.

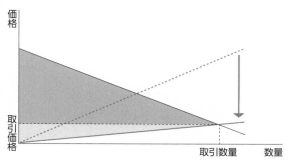

図表 13-10　デジタルディスラプション

出所：此本＝森＝日戸（2018）p. 62.

ることであらわすことができる。フォードが労働生産性の向上にあわせて労働者の賃金を上げると労働者（消費者）の購買力が高まることで需要曲線が右側にシフトして，消費者余剰と生産者余剰の両方が増加する（cf., ibidem）。

　デジタルディスラプションの場合には限界費用を低下させる威力が従来のイノベーションとはけた違いに強い。デジタル技術はこれまでのイノベーションと比較すると投資抑制的なだけではなく労働節約的でもある。デジタル技術によるスタートアップ企業はそうではない企業と比較すると非常に少ない人数で運営される。この場合需要曲線を右にシフトさせることが難しく，生産者余剰が大幅に圧縮されて消費者余剰だけが増加し，圧縮された生産者余剰はデジタルスタートアップ企業の総取りになる（cf., ibidem）。

　シェアリングエコノミーの場合には，その仕組みを担う企業の売上高の合計がシェアリングエコノミーの市場規模とイコールではない。このサービスが生みだしている金銭的な価値，すなわち生産者余剰はプラットフォーム企業の売上高と，自動車の貸し手が車を課すことで得られる収入の合計である。シェアリングエコノミーはプラットフォーマーと自動車の貸し手であるユーザーの両者で生産者余剰を生みだして，それを分けあっている。産業資本主義のもとでは生産者余剰は生産者が単独で生みだしていたのとは根本的に異なっている。

　消費者はモノを所有することから解放されて消費者余剰は極大化するが，生産者余剰はウーバーやエアビーアンドビーのようなシェアリングエコノミーのプラットフォーマーが独占して，タクシー業界やホテル業界のような旧来型の生産者がかつて獲得していた生産者余剰は減少する（cf., ibidem）。

13-6

カスタマージャーニーの変遷

マーケティングでは消費者に商品を購入してもらうため，あるいは新規顧

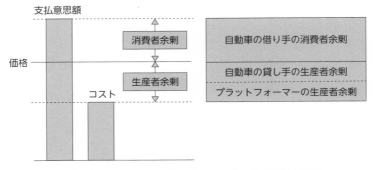

図表 13-11　シェアリングエコノミーにおける余剰

出所：此本＝森＝日戸（2018）p. 106.

客をリピーター化するための活動をおこなう。カスタマージャーニーとは，人びとが多少なりとも意識的に財やサービスの購入者として行動するときにたどるブランドとのファーストコンタクトから購買決定にいたるまでのプロセス，消費者がブランドのさまざまなタッチポイントと交流しながら進んでいく行程であり，消費者が製品やサービスを購入するまでの流れを顧客視点で理解する思考方法でもある。

　カスタマージャーニーを理論的に説明するモデルとして，アメリカのセント・エルモ・ルイスが提唱した「AIDA」の法則は，広告を見てから商品，サービスを購買するまでの心理的な流れを説明する「消費行動の仮説」に関する最初のマーケティング理論である（cf., Strong, 1925）。すなわち広告という刺激に対して消費者がどう反応するかをあらわしている。AIDA の法則では消費者の心理は‘Attention（注意）’‘Interest（興味）’‘Desire（欲求）’‘Action（購買行動）’の４つの段階で構成され，各段階でマーケティング目標も変化していくべきだと考えられる。

　Attention の段階ではできるだけ多くの消費者に商品，サービスの存在を知らせることに注力するためのプロモーションがおこなわれる。Interest の段階では関心を示してくれた消費者に商品，サービスが与える便を説明して購買意欲を喚起するプロモーションがおこなわれ，Desire は購買に前向きな消費者の背中を押して Action に結びつけていく。

「AIDMA」の法則は AIDA モデルにおいて行動を起こすまえの段階で製品の購入意向を維持する Memory（記憶）をくわえた態度変容プロセスモデルであり，'Attention' 'Interest' 'Desire' 'Memory' 'Action' の頭文字をとって「AIDMA」とよばれる（cf., Hall, 1985）。AIDMA の法則が提唱されたことには，広告を目にした消費者がすぐに注文することが困難な時代背景が関係している。広告の目標は消費者の脳裏に商品，サービスを強く印象づけることに置かれていた。

AIDA モデルの発展形としてラッカーが提唱した 4A モデルがある。このモデルではカスタマージャーニーが 'Awareness（認知）' 'Attitude（態度）' 'Act（行動）' 'Act again（再行動）' からなり，興味と欲求の段階が1つにまとめられた替わりに「再行動」という新しい段階が追加されている。AIDA が顧客に「購買行動」を起こさせることがゴールであるのに対し，4A では「リピート購入させること」がゴールとされ，顧客にリピーターになってもらうことが顧客とのリレーションシップおよび顧客のロイヤルティをあらわす重要な指標と考えられるようになる（cf., Kotler=Kartajaya=Setiawan, 2016）。

マーケティング 4.0 においては，カスタマージャーニーが AIDMA や 4A から「5A」へと変貌していく。コトラー＝カルタジャヤ＝セティアワン（ibidem）によれば接続性の時代が訪れてカスタマージャーニーの考え方に大きな変化が生じたとして，'Awareness（認知）'，'Appeal（訴求）'，'Ask（調査）'，'Act（行動）'，'Advocate（推奨）' であらわされる 5A 理論を提唱する（cf., ibidem）。すなわち広告や口コミによって製品，商品を

図表 13-12　カスタマージャーニーの変化

出所：筆者作成

認知して識別，記憶し，友人の評価やネットの検索をとおして調査して購買し，他者に推奨するという購買プロセスである。ここではマーケティング4.0の目標は顧客を認知から推奨に進ませることである。推奨してくれる顧客は自社ブランドに対する強いロイヤルティをもち，熱心な推奨者は大好きなブランドを自発的に他者に推奨してくれる伝道者になる。

コトラー＝カルタジャヤ＝セティアワン（ibidem）の考えの根底には，デジタル時代の購買プロセスではプロセスの初期段階からコミュニティが強い影響力を有しており，個人の購買決定が発生時から社会的決定になっているという認識が存在する。かれらによれば，マーケティング3.0までのロイヤルティは顧客維持率や再購入率で説明されてきたが，マーケティング4.0ではロイヤルティは究極的には他社に製品，商品，サービスを推奨する意思として定義される。

マーケティングにおける重要性は，企業から顧客への「縦のつながり」から口コミや評判をシェアする「横のつながり」にシフトしている。企業自身も自らフェイスブック，ツイッター，Instagramなどの SNS を活用して双方向のコミュニケーションを促進して，顧客を自社のファン（フォロワー）にしていくことが必要である。マーケティング4.0の目標はブランドを再購入しなくても，あるいはブランドを使用していなくても，顧客を「推奨」に進ませてブランドの熱狂的なファン（推奨者）にさせることである。

14

リテール 4.0

　こんにち消費者を対象とした小売である「リテール」には，デジタルトランスフォーメーション（digital transformation：DX）の流れのなかで大きな変革が生起している。DX とはスウェーデンのエリック・ストルターマンによってはじめて提唱された概念で，IT の目覚ましい進歩が人びとの生活をあらゆる面でより豊かに変化させることを意味している（cf., https://www.soumu.go.jp/, 31 March 2021）。2018 年に経済産業省より発行された「『DX 推進指標』とそのガイダンス」によると，デジタルトランスフォーメーションとは「企業がビジネス環境の激しい変化に対応し，データとデジタル技術を活用して顧客や社会のニーズをもとに製品やサービス，ビジネスモデルを変革するとともに，業務そのものや組織，プロセス，企業文化，風土を変革し，競争上の優位性を確立すること」とされる（cf., https://www.meti.go.jp/, 31 March 2021）。

14-1

リテールの変遷

　「リテール 1.0」は 1916 年，クラレンス・サンダースがメンフィスに開店

したセルフサービス式食料雑貨店「ピッグリー・ウィッグリー」の誕生とともにはじまる。それまでの来店した顧客がカウンター越しに注文した商品を店員が棚や倉庫から取りだして代金と引き換えに商品を渡す販売形態から，来店した顧客を直接倉庫にいれて自ら商品を手にとって選べるようにして集中レジで精算するという販売形態への移行であった。

「リテール 2.0」は 1950 年代以降こんにちまで繁栄するショッピングセンターに代表されるリテールの時代である。家庭用冷蔵庫，自家用車の普及を背景としてエブリシングアンダーワンルーフの店舗での購買行動が新しいライフスタイルとして定着する。

「リテール 3.0」は 1990 年代なかばからこんにちまで漸次進行している電子商取引によるリテールの時代である。1990 年代には現代を予見させる象徴的なできごとが起こっており，アマゾン（Cadabra, Inc.）が設立されたのが 1994 年，グーグル検索のサービス開始と楽天市場の設立は 1997 年である。

コトラー＝スティリアーノ（Kotler=Stigliano, 2018）によれば，「リテール 4.0」とはデジタル技術の急加速がもたらした DX が中核となって小売業界のルールを激変させる新たなパラダイムチェンジとされる。かれらによれば DX に起因する主要な 2 つの現象は「民主化」と「中抜き現象」とされる。民主化とはスマートフォンの普及と高速通信のインターネット環境が整備されるなかでデジタル利用のコスト低下，技術使用の簡易化が進むことで，広範な層の人びとがコンテンツ，情報，財やサービスにアクセスでき，それらの生成までできるようになることであり，中抜き現象とは流通チェーンによる伝統的仲介を迂回してコンテンツや製品，商品が見込み顧客に直接到達することを意味している。デジタルプラットフォーム上で消費者が欲しいと思う商品を直接購入して届けてくれるサービスがこんにちではあたりまえになっている。

デジタル技術の普及による民主化や中抜き現象に代表される変化をとおして，企業は消費者に直接コンタクトをとるようになり，B2B（business to business），B2C（business to customer）といった区分はなくなり，H2H（human to human）に収斂されていく。B2B，B2C にかかわらず実際のや

りとりをしているのは人間であり，企業同士であっても人間間の顔の見える感情のある対応が重要になってくる。

　リテール 4.0 ではウェブルーミングとよばれる購買行動もひろがってきている。リテール 3.0 におけるショールーミングはリアル店舗で商品を確認して，帰宅後にもっとも安い店舗を検索して EC サイトで注文するというリアル店舗ではじまりオンラインで完結する購買行動だった。ウェブルーミングはオンラインで商品情報を確認してからリアル店舗で最終確認をして購入する，オンラインではじまりリアル店舗で完結する購買行動である。その要因として，リアル店舗とオンラインストアの価格差が少なくなった環境でオンラインの情報を確認するだけでは満たすことのできない実際にモノに触れてみたい，専門家の助言を求めたいといった購買体験を消費者が探求するようになってきたことがあげられる。こうした消費者ニーズは流通チャネルのオムニチャネル化の要因でもある。

　また IT ですべてのチャネルを統合して，データ活用にもとづいたパーソナルな体験を提供するマーケティング手法である u コマース（unified commerce）もおこなわれるようになっている。ここではリアル店舗やネットショップでの購入履歴をはじめとする顧客情報から AI などの技術を活用して顧客の好みやニーズを予測して，かれら 1 人ひとりに合った商品情報の提供，提案，あるいは接客をおこなっていく。

　コトラー＝スティリアーノ（ibidem）によれば，DX がリテールのルールを激変させるとされる。デジタルエコノミーは顧客とブランドの接点である「タッチポイント」を増殖させ，カスタマージャーニーは連続する段階から多くの瞬間によって構成される網目のような構造になってきた。スマートフォンの普及をとおして世界のほぼ半数の人びとがいつでもリアルタイムで交流できる状態になり，コンタクト性とリアルタイム性という 2 つの要素を活用するだけでリテールのルールが新しく創り替えられていく。

　コトラー＝スティリアーノ（ibidem）によれば，企業は DX の影響を十分に理解してその力学を掌握しなければならないとされる。企業は組織面と事業面の両方でパフォーマンスを向上させることを目的としてビジネスモデル，事業プロセス，ツール，デジタルとアナログを融合する革新的な製品，

サービスを創りあげて需要と市場の変化に適応しなければならない。この力学のなかで，売買の発生を確認できる場所がもはやリアル店舗だけではなくなり，いくつかの製品やサービスのカテゴリーではデジタルプラットフォームでの売買の発生頻度が高まって，リアル店舗は別の機能を担うようになっている。場合によってはショールームのように製品を展示したり，顧客経験を提供する場所になり，企業はカスタマージャーニーにおける各タッチポイントの機能を見直さざるを得なくなっているのである。

　リテール 4.0 の目標は商品を消費者のバッグにいれさせることではなく，長期にわたって継続するリレーションシップをクロスメディアで築き，特定の消費者にもっとも適したタイミングと方法で利益を回収することである。

14-2

DX 時代のリテール

　コトラー＝スティリアーノ（ibidem）は，オンラインとオフライン（リアル店舗）チャネルの相互補完こそが小売業界の未来に向けたカギであるとして，「不可視」，「シームレス」，「目的地」，「誠実」，「パーソナル」，「キュレーター」，「人間的」，「バウンドレス」，「エクスポネンシャル」，「勇敢」という DX 時代に求められる 10 個のキーワードを提示している。

　コトラー＝スティリアーノ（ibidem）によれば，真に革新的な技術はニーズに対応していて，その複雑さを「不可視」化しながらひとの生活をシンプルにしていくものであるとする。技術革新が大きな価値をもたらすのは，消費者の目的を達成するプロセスにおける認知的，物理的努力を最小化して流れるようなダイナミックな体験，フリクションレスエクスペリエンスを実現できるときであり，すべてを無理なく自然な状態でできるようにすることが重要になるとされる。

　スマートフォンに代表されるモバイル機器をとおしてデジタルとフィジカルが融合し，人びとはリアルとバーチャルの 2 つの世界が補完しあうハイブ

リッドの現実を体験できるようになった。ショールーミングとウェブルーミングは，ブランドと人びとのあいだの「シームレス」インタラクションを促進するためにフィジカルとデジタルを交配させる力学であるフィジタルマーケティングのあらわれである。オムニチャネルの経験において人びとが見ているのはチャネルの多様性ではなく，企業から提供されている単一のサービスである（cf., ibidem）。

　消費者の購買選択にあたって，販売者にはかれら自身を表現して人びとの精神と心をつかむストーリーを語ることが要求されている。こんにちリテールとは商品をバックにいれさせることではなく，長期にわたって継続する消費者とのリレーションシップを構築して，消費者にもっとも適したタイミングと方法で利益を回収することである。販売拠点は「経験拠点」となって，消費者の認識はいかなくてはならない場所からいきたい場所へと変化している。店舗は買物客にとって，いくことが負担にならず喜んでそこに滞在したいと思えるような場所，期待に応える経験ができる「いれもの」でなくてはならないとされる。世界観に陶酔できるような魅力的な来店目的とブランドの価値を生みだすためには，単に商品を展示するだけではなく，顧客に主体的に体験させる必要がある。その結果は販売量の増加としてではなく，顧客に語られるストーリーとしてあらわれる（cf., ibidem）。

　かつてロイヤルティは顧客維持率と再購入率で判断されていたが，こんにちその判断基準はカスタマーアドボカシーへと次元が拡大されている。ロイヤルティは多様なタッチポイントをとおしてブランドが顧客に体験させる経験によって決定される。ロイヤルティプログラムは人びとに価値を経験してもらうエコシステムになるべきであり，小売業者にはブランドや企業と人びととのエンゲージメント，人びとの親近感を育むためにそのシステムに経験を付加することが求められる。そのために重要なことはビジネス上の接点をもつすべてのひとと「誠実」に接して相互の信頼関係を結び，育て，維持していくことである（cf., ibidem）。

　こんにちの小売業者にはマスマーケットであっても，可能な限り「パーソナライズ」されたソリューションを提案するワントゥワン（One2One）のアプローチが求められるようになっている。カスタマイゼーションは消費者

の選択に対するリアクション的行動であるのに対して，パーソナライゼーションはプロアクティブ的な行動である。インタラクションは可能な限り自然なものにして，パーソナライゼーションに人間的なファクターを組みいれることによって悦びや感動の演出を実現する（cf., ibidem）。

　デジタルトランスフォーメーションの世界では消費者の期待が高まるとともに多くの競合が市場に参入してくる。そうした環境で他社との差別化を実現するためには，唯一無二のオファリングの仕組みと高付加価値で再現不可能な経験の提供が求められる。そこで重要となるのが高度な専門性である。小売業者は「キュレーター」になることで物理的スペースの縮小，効率の悪さ，競合との差別化に関わる問題を一掃して自社の優位を実現できる可能性がある。キュレーターとして商品とサービスが相互に強化しあうようなユニークな組みあわせを演出することをとおして，一貫性があり消費者が関与しやすくしかも視覚的に好まれる環境に商品を提供することで，消費者と真に心情的なつながりの創出が実現する（cf., ibidem）。

　キュレーターとは博物館，美術館，図書館，公文書館のような資料蓄積型文化施設において施設の収集する資料に関する鑑定や研究をおこない，学術的専門知識をもって業務の管理，監督をおこなう専門職，管理職の呼称である。かれらのように商品やサービスに関する真の専門家でなければ，膨大な情報と多様な経験をもった消費者を感動させることは困難である（cf., ibidem）。

　デジタル化の進展は一方で人間同士のつながりに対する関心を増加させる。デジタル化がいかに社会に浸透しようとも社会を構成しているのは「人間」である。バリューチェーンの中心は社会的責任を有した人間でありサービス（service），社会性（sociality），持続可能性（sustainability）の3つのSを念頭において環境，社会，経済の持続可能性を追求していかなければならない（cf., ibidem）。

　接続性の時代に時空間の制約から超越した消費者に対応するためには，リテーリングは壁で区切られた1か所に収まったリアル店舗であるという意識を決定的に超越することが求められる。消費者を中心にとらえてかれらのニーズを充足させる革新的な取り組みを自らをとりまくすべての時空間で

「バウンドレス」に探らなければならない（cf., ibidem）。

　バウンドレスの取り組みとして，定期購入またはオンデマンドの形式で一定の財の定期的な自動調達を設定するクリックアンドサブスクライブ，オンラインで購入して商品はリアル店舗で受領するクリックアンドコレクト，オンラインで購入して商品は自分の生活空間たとえば地下鉄の駅や高速道路のサービスエリアで受領するクリックアンドコミュート，一連の商品をオンラインで注文して売買を完結させるまえにリアル店舗または自宅で試用するクリックアンドトライ，特定の店舗内の在庫をリアルタイムで確認しながら商品とサービスをオンライン予約するクリックアンドリザーブなどがある（cf., ibidem）。

　バウンドレスであるためには自社のドメインに制約を設けるべきではない。組織の壁を超えてサードパーティーとの協力をおこなうことで，自社のオファリングの限界を超えることができる。デジタル時代のマーケティングは共創と協業という排他的な２つの戦略を採用することで一層競争力を増すことができる。そのための手段として「オープンイノベーション」も興味深い実践形態であるとされる。オープンイノベーションを採用する企業は価値提案の構築要素を必ずしも自らが開発，保有せず，外部由来の機会とソリューションを社内で生まれたものと同様に重要とみなして，リーンな方法でイノベーションを推進することができる（cf., ibidem）。

　オープンイノベーションとは企業内部と外部のアイデアを有機的に結合させて価値を創造するビジネスモデルである。ビジネスを顧客に体験を提供するものだと考えるとすべてのものがサービス志向になる。企業が内部のアイデアと資源のみを基盤とはせず，企業のみならず顧客をふくめた組織外のアイデア，技術，ツールを利用して価値創造をおこなうことがオープンイノベーションである。

　知識を取りまく環境が大きくて速い変化を続けるなかでマーケットにはアイデアがあふれており，企業内イノベーションだけではビジネス展開が効率的にはおこなえない状況が生まれている。企業は顧客，サプライヤー，大学，政府の研究所，コンサルタント，スタートアップ企業などから知識を獲得している。従来のクローズドイノベーションでは，多くのプロダクトにお

いてその研究開発から市場導入までのスピードが速くなる一方で，そのプロダクトライフサイクルの短命化に対応できない状況が生まれている。チェスブロウ（Chesbrough, 2006）はインテル，シスコ，マイクロソフト，サン，オラクルなどはイノベーティブだが，自ら研究開発はせず組織外部のイノベーションを組織内部に取りこむことをとおしてビジネスを展開していることを指摘している。かれによれば自動車，ハイテク，医薬品，ヘルスケア，コンピュータ，ソフト産業のイノベーションのプロセスもクローズドからオープンへ移行しているとされる。

　オープンサービスイノベーションとは先進国全体の成長を促進する知識集約型のサービス分野のイノベーションを意味している。チェスブロウ（Chesbrough, 2011）によれば，オープンサービスイノベーションはビジネスを発展させ，コモディティ化のプレッシャーを払いのけるための明確かつ持続可能な手段であるとされ，効果的なオープンサービスイノベーションを遂行していくためには社内のイノベーションで利益を得ながら，ビジネスの付加価値となる社外のイノベーションを獲得する新たなビジネスモデルが必要であるとされる。そこでは組織が収益を維持して成長し続けるためのビジネスとしてサービスをとらえ，顧客に価値のある体験を提供するため顧客と価値を共創していく。顧客，サプライヤー，補完財のメーカーやサービス提供企業など自社のビジネスを取りまく第三者がオープンサービスイノベーションを加速し，サービスのイノベーションや成長を深化させることをとおして，顧客の選択肢の幅をひろげていく。

　オープンサービスイノベーションが実現すれば，ビジネスプラットフォームにおいてプロダクトを進化させつつ，ユーザーがそれをとおして利用できるサービス全体を競争の基盤とすることが可能になる。アップルの iPhone は端末の域を超え，他社が提供する多くのアプリケーションやサービスをとおしてさまざまな顧客の体験を可能にして，かれらを魅了するシステムを構築してきた。プロクター・アンド・ギャンブル（P&G）は，2000 年から「コネクト＋ディベロップ」を開始し，開発テーマをネット上に公開して外部からの技術やアイデアを求めているが，それは研究開発テーマが漏れるマイナスよりも製品開発の迅速化のプラスが優るというイノベーションに関するパ

ラダイムシフトが生起した結果である。

　デンマークのレゴのデジタルコミュニティではイノベーション，創造性，想像力といった自社の基礎をなす価値から優位性をひきだすために，レゴのファンが自分のプロジェクトを送ることのできるプラットフォーム「レゴ・アイデア（LEGO IDEAS）」を運営している。作品の写真と説明を投稿してコミュニティのメンバーから少なくとも1万人の賛成が得られたアイデアは，レゴ社が商品化の検討をおこない選抜されたアイデアが世界中で販売される。

　日本の企業のなかにも味の素のように2012年からオープンサービスイノベーションをおこなっている企業が存在する。同社は東レとのあいだで植物原料からナイロンを製造する研究開発，ブリヂストンとのあいだで植物由来の合成ゴムを製造する研究開発，そして花王とのあいだで健康診断による生活習慣病予防の共同研究を実施している。ナイロンと合成ゴムは石油から製造されており，石油は太古の植物化石すなわちアミノ酸である。また人間は水と脂肪をのぞくとアミノ酸から構成されており，アミノ酸を調べることから病気を発見しようという試みである。味の素はアミノ酸の一種であるグルタミン酸に関するコアコンピタンスを有していることからこうした取り組みが可能になる。

　かつては企業が組織の壁を超えたネットワークを構築してビジネス展開したことはあっても，コアコンピタンスを蓄積するためには組織内部の研究開発は企業にとって欠くことのできない重要な機能と位置づけられてきた。しかしながら，オープンイノベーションの進展はビジネス環境が大きな変革期を迎えていることを示唆している。これからの世界はオープンサービスイノベーションがあらゆる業界のグローバルスタンダードになるケースを想定した環境を整備しておく必要がある。オープンイノベーションは企業の「エクスポネンシャル」な成長にとって重要な手段となる（cf., Kotler=Stigliano, op. cit.）。

　エクスポネンシャルテクノロジーは指数関数的成長曲線を描くすべての技術であり，一定期間ごとに性能が倍増していく技術，スタートアップ企業が良いアイデアがあるという段階から，かつてないほどのスピードで10億ド

ル企業を経営している段階に移行できる技術である。これがデジタルプロセスに変わると，ムーアの法則の示すコンピューティング能力の増加と歩調を合わせて進歩する。数字が整数の壁を突破した途端，エクスポネンシャルの成長は破壊的になる。立場を変えるとエクスポネンシャルテクノロジーによってシュンペーターのいう創造的破壊が生じたときには，どんなに巨大な企業であっても安泰ではないとを意味している（cf., Schumpeter, 1926）。

　1970 年代にもっとも性能の高かったスーパーコンピューターとスマートフォンを比較すると，スマートフォンは価格は 100 万分の 1，性能は 1,000 倍になっている。こんにちのエクスポネンシャルテクノロジーには，代表的なものとしてネットワーク，センサー，ロボティクス，人工知能，合成生物学，ゲノミクス，デジタル医療，ナノテクノロジーなどがあり，エクスポネンシャル社会はデジタル化（digitized），潜行（deceptive），破壊（disruptive），非収益化（demonetize），非物質化（democratize），民主化（democratization）の 6D で特徴づけられる。

　デジタル社会がもたらす環境変化はマーケットに超競争，ハイパーコンペティションを生起させている。コトラー＝スティリアーノ（Kotler=Stigliano, op. cit.）はこうした環境のなかで小売業者は自らの事業に向きあい，自社の提供する価値の根拠を議論する必要があるとされる。そしてマーケットの変化を機敏にとらえて，「勇敢」にチャレンジして市場機会を事業化していくことを勧めている。変化の激しい環境においては対応の遅れはリカバリーできない状況を導きかねない。自らのビジネスモデルがマーケットの新しいルールにそぐわなくなったと考えられるときは，その状況を勇敢に受けいれて迅速に対応することも重要であると考えられる。

　コトラー＝スティリアーノ（ibidem）は変化が速い時代のビジネスのアプローチとしてリーンスタートアッププロセスを採用して実験を重視し，マーケットからのフィードバックを採りいれながらビジネスをおこなうべきであるとする。リーンスタートアップとはコストをかけずに最低限の機能をもった試作品を短期間でつくり，顧客の反応を的確に獲得しながらかれらがより満足できる製品を開発していくマネジメント手法であり，アメリカの企業業家，エリック・リース（Ries, 2011）が企業家が自らの思いこみで市場

に受けいれられない製品をコストをかけて創ってしまうことへのアンチテーゼとして推奨したことで知られるようになった。徹底的な市場調査と社内外の利害調整，硬直的な組織体制による参入タイミングの遅れを予防することができ，こんにちのように不確実性が高い環境下では想定外の事態が発生する可能性が高いことから，こうした状況に対応するためにこの手法は有効と考えられる。

14-2-1　リーンスタートアップ

　リーンスタートアップは「仮説」,「構築」,「計測」,「学習」の４つのサイクルで成り立っている。はじめに顧客ニーズの仮説を立て，そのニーズを満たすアイデアを構築し，MVP（minimum viable product）といわれる実用最小限の製品をコストをかけずに開発する。そして実際に市場導入して消費者の反応をみる計測をおこない，その反応の結果を製品に反映させる学習をおこなう。このサイクルを迅速に回して発生するコストを最小限にしながら新しいビジネスを創造することを目指していく。仮説に大きなギャップが発生したり，MVP の受けいれ可能性が低いと判断されたときには，「ピボット」とよばれる方向転換をおこなう。

　リース（ibidem）がリーンスタートアップを提唱したあとにも環境は劇的に変化を続け，情報拡散のスピードと顧客の関心の遷移が不連続に速くなっている。こうした社会では商品やサービスの市場導入の初期段階で消費者の評判が一気に拡散してしまい，初期プロダクトが不評だった場合は学習の機会すら与えられないケースも見られるようになった。完成度の低いプロダクトに消費者は目もくれず，多くのユーザーに利用される前に勝敗が決してしまうことがあるかもしれない。またオープンな環境ではアイデアの成果が競合企業に奪われてしまうリスクも存在する。GAFA とよばれる巨大プラットフォーム企業は優れたアイデアを事業化したスタートアップ企業を買収することで将来の競合の芽を摘むと同時に，自らの体内に取りこんで成長のエネルギーにしている。

14-2-1-1 グーグル

グーグル（Google LLC., Alphabet Inc. 傘下）が2001年以降に買収した企業は240社以上であり，2014年の1年間では35社の企業を買収している。2004年に買収したキーホール（Keyhole, Inc.）は設立後3年ほどの衛星写真や航空写真をもとにした3次元地図情報を手掛ける会社で，同社のビジネスがグーグルマップ，ストリートビューにつながる。2005年に5000万ドルで買収した，元アップルの社員がはじめた設立から2年ほどの小さな会社，アンドロイド（Android, Inc.）はこんにちモバイルOSとして世界で大きなシェアをもち，2006年に16億5000万ドルで買収したYouTube（YouTube, Inc.）は設立から2年に満たない小さなビデオシェアリングサービスを提供する会社だった。また2014年には囲碁で人間のプロ棋士を破ったことで有名になったAlphaGoを制作したチームとして知られている人工知能を開発するディープマインド（DeepMind Technologies Ltd.）を買収している。

14-2-1-2 アマゾン

アマゾンはスタートアップの書籍販売をはじめた当時からシェアの重要性を強く理解していたことから，短期的に見れば赤字が膨らむような戦略も積極的におこなっている。同社はキャッシュフローの最大化を重視する「キャッシュフロー経営」を実践して，キャッシュを多く保有することによる恩恵をM&Aの際にも最大限に生かしている。

アマゾンはザッポス（Zappos.com）に買収提案を拒否されると，自社で靴のオンラインストア「Endless.com」を立ち上げ，ザッポスより安い価格で販売することで同社を買収に追いこんだ。ベビー用品の通販をおこなっていたダイパーズ（Diapers.com）は，発送時に使う箱のサイズを注文ごとになるべく小さくすることで業績を伸ばしていた。これに目をつけたアマゾンが同社を買収しようとして拒否される。そこでアマゾンは子供をもつ両親向けの新サービス「Amazon Mom」を開始してダイパーズで45ドルのパンパースを39ドルで販売，さらにAmazon Momの会員になり定期おトク便を利用すると30ドル以下にもなるという徹底的な安値攻勢にもちこむことでダイパーズを攻撃して，2010年の買収にもちこんでいる。この間アマゾ

ンは紙おむつを販売するだけで3か月で1億ドル以上の赤字だった。（cf., 成毛，2018）

1999年，アマゾンは「Alexa.com, Inc.」を運営するアレクサインターネット（Alexa Internet, Inc.）をおよそ2億5000万ドルで買収する。2014年にアマゾンが発売したAIスピーカーアマゾンエコー（Amazon Echo）に搭載されている人工知能が「アレクサ（Alexa）」である。2012年，アマゾンは倉庫内のロボットによる配送などをおこなうキバ・システムズ（Kiva Systems, Inc.）を7億7500万ドルで買収した。同社のロボットはカメラとリアルタイム画像処理システムを搭載しており，物流センター内を自立して移動し，荷物を運ぶことができ，商品のピッキングプロセスが大幅に改善されている。2014年，アマゾンはあらゆるゲームの実況中継をライブストリーミングで配信するサービスを提供するツイッチ（Twitch Interactive, Inc.）を9億7000万ドルで買収し，アマゾンプライム会員向けサービス 'Twitch Prime' として運営している。

2017年，アマゾンはホールフーズ・マーケット（Whole Foods Market, Inc.）を137億ドルで買収した。ホールフーズ・マーケットは全米に約450店舗をもつ，オーガニック食品を中心として取り扱う高級スーパーである。また2013年にアマゾンの最高経営責任者（CEO），ジェフ・ベゾスが2億5000万ドルで買収したワシントンポスト（The Washington Post Co.）の記事は，キンドル（Kindle）対応電子ブックリーダーのキンドル・ファイア（Kindle Fire）などで無料で読むことができる。

14-2-1-3　アップル

2013年，アップルは3Dジェスチャーを認識するセンサーを開発するイスラエルのプライムセンス（PrimeSense Ltd.）を3億4500万ドルで買収，2015年にはAIによる発話認識技術のボーカルIQ（VocalIQ Ltd.），人口知能（AI）関連の技術開発を手がけるトゥーリ（Turi, Inc.），モーションキャプチャー技術のフェイスシフト（Faceshift AG），ディープラーニングを活用した画像認識のパーセプティオ（Perceptio, Inc.）を買収，2017年，顔認証技術のリアルフェイス（RealFace, Inc.）など映像からさまざまな情報を

得る技術であるコンピュータービジョンを手掛ける企業のM&Aをおこなってきた。アップルの画面を見つめるだけでロックを解除できるスマホ「iPhone X」の顔認証技術「Face ID」は，これらの企業買収をとおして獲得した技術によって実現された。

アップルは2010年に2億5000万ドルで買収したシリ（Siri, Inc.）のもつ音声認識技術の「シリ（Siri）」を強化することを目的として，音声認識のボイシス（Voysis Ltd.），データセットのエラーを自動で識別，修正するAIプラットフォームを開発するインダクティブ（Inductiv, Inc.），スマホやドローンなどのエッジで動作する人工知能のAIスタートアップ，エックスノア（Xnor.ai, Inc.），仮想現実ストリーミング配信のネクストVR（Next VR, Inc.）などを買収している

14-2-1-4　フェイスブック

2012年，フェイスブックは2010年10月にアプリの提供をはじめたばかりで社員13人，売上高はほぼゼロの写真共有アプリのInstagram（Instagram, Inc.）の運営会社を7億1500万ドルで買収した。社員13人のスタートアップ企業を約7億ドルで買収するということは1人あたり5400万ドル程度を支払う計算になり，当時の状況を考えると破格の条件であった。

フェイスブックがInstagramを買収した理由はモバイル市場でシェアを獲得するためとされているであるが，フェイスブックが同社を買収した本当の理由は将来の競合の芽を摘むことでもあった。マーク・ザッカーバーグの予測はあたり，2019年度のInstagramの広告収入は約200億ドルを超えてYouTubeを凌いでおり，これはフェイスブックの売上の4分の1を占める。買収前に1000万人だった月間アクティブ数は2013年に1億人に達し，2016年には5億人，2021年には10億人を超えている。

グーグル出身のケビン・システロムCEOは2010年春に大学の同窓マイク・クリーガーとともに位置情報アプリに写真機能がついたバーブン（Burbn）を開発した。バーブンが位置情報ではなく写真共有に多く使われていることに着目したシステロムは，位置情報アプリに写真機能があったバーブンから写真機能のなかに位置情報をくわえ，その機能はあえて写真の

撮影，加工，共有に限定した写真共有アプリ，インスタグラム（Instagram）をわずか 8 週間で開発し，10 月からアップルストア（App Store）をとおしてリリースした。

Instagram はスマホで撮影した写真の加工と共有に特化したアプリで，撮影した画像をフィルターでセピア調などに加工して投稿する仕組みで極めてシンプルだった。当初は数ある写真共有アプリの 1 つだったが，少ない操作で撮影，加工，共有ができる使い勝手のよさが支持を得ることになる。

対応する基本ソフトがアップルの「iOS」だけだったにもかかわらず，Instagram はリリースして 2 か月後には 100 万人の登録ユーザーを獲得する。2011 年 1 月に Instagram の代名詞となるハッシュタグ機能が追加されて写真探しが簡単になると，7 月には画像の投稿件数が 1 億件を突破する。2011 年 6 月までに 500 万人，リリースから 1 年を待たずに 1000 万人に到達して，2012 年 4 月までに登録利用者は 3000 万人を突破した。4 月にグーグルの「アンドロイド」に対応したアプリを公開すると初日だけで 100 万人以上が新規に利用をはじめた。サービス開始から約 1 年半で 3000 万人超という利用者数の伸びはフェイスブックを上回っていた。

14-3

マーケティング 5.0

コトラー＝カルタジャヤ＝セティアワン（Kotler=Kartajaya=Setiawan, 2021）によると，「マーケティング 5.0」はテクノロジーと人間の掛け算であるとされる。機械は集中的で構造的な回路をとおしてデータを高速かつ効率的に処理，パターン化して情報を抽出し，人間は多角的な考え方，洞察力によって文脈を理解することが必要なタスク，他者との共感を生む結びつきを構築できることから，両者の特徴を最大限に活用することによって革新が生起するとされる。

マーケティングは次世代テクノロジーを利用することによってカスタマー

ジャーニーにおける顧客体験を増幅させることができる。次世代テクノロジーとはひとに端を発するテクノロジーであり，具体的には AI（artificial intelligence），人間が日常的に使っている自然言語をコンピュータに処理させる一連の技術である自然言語処理（natural language processing），センサー，ロボティクスである。

　AI は人間の脳と同じモデルを用いてひとの脳が考える仕組みを再現し，自然言語処理を活用した「自動会話プログラム」，チャットボット（chatbot）は人間の言葉やコミュニケーションを理解することを支援する。音声アシスタントのアマゾンアレクサ（Amazon Alexa）では，「アレクサ，15 分のタイマーをセットして」，「アレクサ，朝 7 時に起こして」，「アレクサ，今日の天気は」，「アレクサ，ハンバーグのレシピを教えて」，「アレクサ，ビートルズをかけて」，「アレクサ，おすすめの曲をかけて」，「アレクサ，テレビをつけて」，「アレクサ，電気を消して」，「アレクサ，紅茶を再注文して」というような人間の声を認識してその指示にしたがった行為をおこなってくれる。

　グーグルアシスタント（Google Assistant）では，それが内蔵されたデバイスで，「Ok Google」と話しかけるだけで使用することができ，アップルのシリ（Siri）はアイフォーン（iPhone）やアイパッド（iPad）に搭載された話しかけるだけでスマホの操作を替わりにおこなってくれるアシスタント機能である。

　これらの技術は社会のさまざまなモノに通信機能をもたせ，インターネットに接続したり相互に通信することにより，自動認識や自動制御などの遠隔操作などをおこなう IoT（internet of things）を実現する手段となっている。IoT とはセンサー機器，駆動装置，住宅，車，家電製品，電子機器などさまざまなモノがネットワークをとおしてサーバーやクラウドサービスに接続され，相互に情報交換をする仕組みで，「モノのインターネット」という意味で使われる。モノがインターネットと接続されることによって，これまでになかったより高い価値やサービスを生みだすことが可能になる。

　IoT は現実世界をインターネットに接続するユビキタスセンサーのシステムを考案したケビン・アシュトンによる造語とされ，IoT 化が進むとインターネットに接続されたセンサーやデバイスから膨大なデータ収集が可能に

なる。そして IoT によって収集されたデータが AI と結びつくことで，多様なユースケースにつながっていく。

　AWS（amazon web service）が提供する AWS IoT ソリューションを組みあわせることによって，連携したモノをスマートデバイスなどのモバイル機器を使用して遠隔地から機器の保守作業をおこなうことはもとより，離れた場所にある温度，湿度，気圧，照度，騒音などのモノの環境，衝撃，振動，傾斜，移動などのモノの動き，存在場所，通貨検知などのモノの位置などのモニタリングといった多様なユースケースを実現することが可能となる。

　人間には五感があるがセンサー技術は人間の五感を再現することを目的として開発されている。直感的なユーザーインタフェースを実現するために，人間の感覚器官と同様な情報を検知する五感センサーの技術開発が進んでおり，人間の感覚の再現さらには人間の感覚をはるかに超えたセンサーも実現可能になってきている。アマゾンが展開するレジなしコンビニエンスストア，アマゾンゴー（Amazon Go）では，カメラとセンサー，マイクを使って AI が買物をしたひとと買物内容を特定する。店舗内にカメラ，商品棚にカメラ，圧力センサー，重力センサーとマイクが設置され，顧客が商品をさわったかどうかは圧力センサー，商品棚から商品がピックアップされたかどうかは重力センサーが確認するとともに，マイクが商品のすれる音を検知して商品が動いたかどうかをチェックし，カメラの画像解析から顧客が何をどれだけ購入したかを正確に判定する。

　コトラー＝カルタジャヤ＝セティアワン（ibidem）によれば，マーケティング 5.0 はデータドリブンマーケティング，プレディクティブマーケティング，コンテクスチュアルマーケティング，拡張マーケティング，アジャイルマーケティングの 5 つの要素で構成される。

　データドリブンマーケティングは，データを意思決定の判断の軸としたマーケティング手法である。はじめにマーケティング目標を設定してその目標達成のためのデータ収集と分析がおこなわれる。収集されるビッグデータには SNS の会話から収集されるソーシャルデータ，テレビや新聞雑誌などのメディアから収集されるメディアデータ，インターネット上のやりとりや

ブラウジング履歴から収集されるウェブデータ，POSから収集されるPOSデータ，IoT機器から収集されるIoTデータ，メッセージに対するユーザーの反応から収集されるエンゲージメントデータなどがある。

　プレディクティブマーケティングでは，顧客行動をデータ化することが可能な現代において，そのデータを活用して顧客がつぎに求める商品やサービスを提案できるようにするマーケティング手法である。

　コンテクスチュアルマーケティングは，顧客の行動をコンテクストのなかで理解することをとおして，顧客のシグナルから商品やサービスの提供をリアルタイムでパーソナライズするマーケティング手法である。顧客とのやりとりからかれらの置かれたコンテクストを理解して，その感情や状況をAI，機械学習によるアルゴリズムにもとづいて顧客1人ひとりにあわせた商品，サービス，メッセージ，体験を提供することが可能になる。

　拡張マーケティングは，デジタルテクノロジーを用いて対人対応の能力を拡張するマーケティング手法である。おもてなし産業，ホテル，ヘルスケア，教育，コンサルタントや弁護士などのプロフェッショナルサービスなどの対人対応（ヒューマンエクスペリエンス）が重要な役割を果たすビジネス領域において，効果的かつ効率的な支援をおこなう。たとえば，確度の低い見込客，確度の高い見込客をフィルタリングして，確度の高い見込客にはひとが対応する。チャットボットなどの自動化されたセールスインターフェースと，人間によるセールスインターフェースを融合させて，効率よく成果を上げることができるようになる。

　アジャイルマーケティングとは「スクラム」，「カンバン」などのアジャイル開発手法をマーケティングに応用したメソッドである。アジャイル（Agile）は「俊敏な」，「敏捷な」，「回転が早い」などの意味をもち，環境に適応してもっとも効率的に不確実性を減少させることができている状態を表現する概念として，ソフトウエア開発の分野で使われてきた。ウォーターフォール型のビジネスでは変化に対応できず，軌道修正が難しいという状況を避けるために，アジャイル開発では一度に高度な完成形を提供しようとせず，小さなところから市場にだしてみて顧客の反応に応じた改善をおこない，このプロセスを迅速に繰り返すことで実際の顧客ニーズにあわせたプロダクトの

開発を目指す。データドリブンマーケティングをベースに，小規模の
PDCAを繰り返すことで変化に順応しながら顧客に価値を提供していく。

　アジャイルマーケティングを成功させるために重要なことは完璧なものを
つくることではなく，できるだけ早く顧客に価値を届けることである。ア
ジャイルマーケティングの本質は完璧でないものも受けいれ，そのうえで最
善のものを生みだすために行動し続けることである。そのためにはリアルタ
イムの情報分析，異なる作業工程で小規模な任務を担うフレキシブルな組
織，コンカレントなプロセス，オープンイノベーションが重要となる。

14-4

フリクションレスエクスペリエンス

　流通チャネルのマネジメントはO2O（online to offline）からOMO（on-
line merges with offline）へ移行している。O2Oはオンラインからオフライ
ンへ，あるいはオフラインからオンラインへユーザーを誘導する施策である
が，OMOはオンラインとオフラインの融合である。企業はオムニチャネル
を構築することをとおして顧客の利便性を高めるマーケティングをおこなっ
てきた。企業のオムニチャネルの成功のポイントが顧客体験（user experi-
ence：UX）であり，UXを高める取り組みとしてシームレスエクスペリエ
ンスの提供を目指してきた。

　デジタルエコノミーにおいてオンラインとオフラインの世界の融合を最大
限に推進するためには，あらゆるチャネル間でシームレスな経験を提供でき
ることが重要であった。シームレスという言葉の意味は縫い目がない，継ぎ
目がないことであり，複数の要素のあいだの移動が滑らかで気にならない状
態などをあらわす。企業はオムニチャネルのなかでコンテンツと利用可能性
の観点から各タッチポイントの特性を尊重しつつ，シームレスエクスペリエ
ンスを提供することをとおして，部分の単なる総和を上回る価値を創造する
ことを目指してきた。

そしてこんにち，企業はシームレスエクスペリエンスを進化させてフリクションレスエクスペリエンスの提供を目指している。フリクションレスエクスペリエンスは，消費者が目的を達成するプロセスで，そのためにかれらに求められる認知的，物理的努力が最小化されて，すべてを無理なく自然な状態で行動できる状態である。

　シームレスエクスペリエンスとフリクションレスエクスペリエンスの大きな違いは，シームレスエクスペリエンスが企業視点であるのに対してフリクションレスエクスペリエンスが消費者視点であることである。シームレスエクスペリエンスは企業が提供している購買体験に必要なタッチポイントがオンラインかオフラインかを問わずつながっているという状態であり，フリクションレスエクスペリエンスは顧客自らがリアルとデジタルとを往来する購買体験に摩擦やストレスがない状態を意味している。マーケティングにおけるフリクションレスとは顧客体験上の摩擦や抵抗がないということを意味している。

　オムニチャネルが構築できていること，IoT デバイスがアプリと連動していることあるいはメッセージに QR コードが添付されているなどのシームレスな状態ができあがっている状態と，実際にユーザーがフリクションを感じずに快適に使用できることとは必ずしも一致しない。

　アマゾンは「地球上でもっとも顧客第一主義の会社」というミッションにあらわされているように，設立当初からカスタマーエクスペリエンスへの強いこだわりをもっており，ワンクリックはその考えを実践するものであった。すべてのユーザーごとにカスタマイズされた同社の EC サイトのトップページも，リコメンデーション機能を活用してユーザーが求めているものにストレスなくたどり着くための仕組みである。フリクションレスエクスペリエンスを提供するための代表的な仕組みとしてキャッシュレス決済があげられるが，アマゾンが展開するレジなしコンビニエンスストア，アマゾンゴーはフリクションレスエクスペリエンスを追求した小売形態である。

　人びとにとってはリアル，デジタルにかかわらず，商品やサービス，情報などの求めている体験，コンテンツに障壁なくアクセスできることが重要であり，こんにち情報通信技術によってそれまでできなかったことができるよ

うになることでフリクションレスエクスペリエンスが実現していることが多い。フリクションレスエクスペリエンスは流通チャネルだけではなく，わたしたちの生活のなかに浸透してきている。

　人類の誕生以来，子育ては大変な営みであった。子育てのあいだは昼夜の区別なく授乳，おむつの取り換えをおこなうことから，赤ちゃんから目を離すことができない。さらに赤ちゃんは生後 20 か月のあいだに「メンタルリープ」とよばれる 10 回のぐずり期を通過することが解明されている。このメンタルリープは知能の急成長期であることがわかっており，脳の急成長によって赤ちゃん自身の内部の感覚が大きく変わることで，その急激な変化にとまどって激しく泣くとされている。

　パナソニックの「スマホームベビーモニター」は寝室などにいる赤ちゃんの様子を別室からモニター機で見守ることができる。部屋が暗くなると自動的に赤外線 LED を点灯させるナイトモードが搭載されていることから 24 時間赤ちゃんを見守ることができる。また胎内音，心音，ホワイトノイズ，波の音，雨音の 5 種類のおやすみ音と子守歌が搭載され，モニター機から手動で操作できるほか，音声の検知や設定した温度範囲を超えた場合，さらにはうつぶせの状態を AI が感知して知らせる機能が内蔵されている。複数の場所からのモニターが可能であることから，両親と祖父母などが同時に赤ちゃんの安全を見守ることができ，子育て期間中の休息時間の確保をサポートしてくれる。

　同様に P&G の IoT おむつ 'Lumi by Pampers' は，センサーによって睡眠時間や動きを検出することでおむつの交換タイミングがわかることから，寝不足になりがちな子育て期間の睡眠時間の確保をサポートしてくれる。

　デジタルエコノミーのなかでプラットフォーマーは独自の経済圏を構築することでフリクションレスエクスペリエンスの実現を追求している。フリクションレスエクスペリエンスを体験したユーザーはその経済圏で生活するようになる。

14-4-1 アリババグループ

　アリババグループ（阿里巴巴集団控股有限公司）は 1999 年にジャック・マーによって創業された中国の新たな社会インフラ企業であり物流，クラウドコンピューティング，金融サービスをはじめとして多くの事業を展開して独自の経済圏を構築している。2020 年現在傘下に企業価値が 10 億ドル以上と評価される未上場のユニコーン企業 7 社をもつ。2019 年度決算売上約 7 兆 6456 億 6500 万円，営業利益約 1 兆 3714 億 5000 万円，株主に帰属する純利益約 2 兆 2389 億 4500 万円，アリババが自社グループにつけた新名称である「アリババのデジタル経済体」内の年間アクティブコンシューマー数は世界全体で 9 億 6000 万人，中国小売市場における年間アクティブコンシューマー数は 7 億 2600 万人，2020 年 3 月の月間モバイルアクティブユーザー数は 8 億 4600 万人である。

　孫正義が CEO を務めるソフトバンクグループは 2000 年，アリババの創業時に 20 億円を出資し，2014 年 9 月 19 日にアリババがニューヨーク証券取引所に上場したときに，株式の含み益が出資金額の 4,000 倍にあたる 8 兆円になった。

　アリババグループは EC サイトをルーツに物流事業，リアル店舗，クラウド，宇宙，金融とエブリシングカンパニーへと成長してきた。アリペイは 2004 年にサービスを開始したアントグループが提供するキャッシュレス決済サービスである。アリペイはスマートフォンにインストールしたアプリ「アリペイ」をとおした QR コード決済サービスを提供する。アリペイアプリをインストールして銀行口座との連携設定をおこなうと，T モールタオバオなどのアリババの EC サイト，フーマ，RT-MART などアリババのニューリテール店舗，第三者のリアル店舗や EC サイト，公共料金，レストラン，テーマパーク，映画館などの飲食，娯楽，タクシー，バス，地下鉄，フライトなどの交通手段で利用することができる。

　アントグループ（旧アントフィナンシャルサービスグループ）はアリババグループのアリペイが 2004 年に開始した決済処理サービスの運営を引き継ぐ形で 2014 年に設立された同グループの金融関連会社で，世界最大のオン

ライン決済プラットフォームアリペイと世界最大のマネーマーケットファンドの「余額宝（ユエバオ）」，信用評価システムの「芝麻信用（ジーマクレジット）」を運営する世界最大の金融サービス会社である。

　アリペイの提供するサービスは商品から経験へ移行している。アリペイは日常的な決済サービスを提供しており取引にプラスチックカードを必要としない。申込書，伝統的な審査承認，クレジットスコアリングは求められず，貯蓄をはじめるために預金口座を申しこむ必要さえなく，サービスやアプリへのアクセスを申しこむだけでサービスが利用できる。アリペイをとおして詳細な加盟店情報から銀行，証券，保険，投資信託など一連の金融サービス，ECからその他サービスまでシームレスに取引可能，2020年10月現在同サービスの年間アクティブユーザー数は13億人を超えるとされる。

　アントフォーチュンは2015年8月から開始されたワンストップ資産運用サービスで，株式，ファンド，ゴールド，定期などユーザーの資産をワンストップで運用管理する。代表的商品は2013年からサービスがはじまったMMF（money management fund），余額宝である。余額宝は2013年にサービスが開始されたユーザーがアリペイの残額を投資することができるサービスで1人民元から投資可能，銀行預金よりも高い金利で運用可能，アリペイ決済に利用可能，即日引き出し可能，ペナルティなしで解約可能である。

　余額宝の2017年第3四半期預り資産残高は1兆5600億人民元（約25兆4000億円）となり，わずか4年で世界最大となる。これは2位のJPモルガンアセットマネジメントが運用するMMFの2倍以上である。

14-4-2　日本の金融ディスラプター

　ディスラプター（disruptor）は，破壊させる会社やひとを意味する。タクシー業界におけるウーバー，レンタルビデオやケーブルテレビ業界におけるネットフリックス（Netflix, Inc.），ホテル業界におけるエアビーアンドビー，音楽配信サービスにおけるスポティファイなどをあげることができる。世界の3大金融ディスラプターはアマゾン，アリババ，テンセントといえる。

14-4-2-1　楽天

　楽天は1997年に三木谷浩史によって設立された企業で，インターネットショッピングモールの楽天市場や総合旅行サイトの楽天トラベル，フリマアプリのラクマなどのECサイトを運営する楽天グループの中核会社である。楽天の2019年度決算売上約1兆2639億3200万円，営業利益約727億4500万円，当期利益約△330億6800万円，親会社の所有者に帰属する当期利益約△318億8800万円である。

　楽天経済圏（エコシステム）は楽天が提供する70種類以上のサービス群を共通IDで有機的に結びつけることで形成される経済圏であり，EC，銀行，証券，生命保険，損害保険，クレジットカード，電子マネー，スマホ，電気，書籍購入など楽天グループの各種サービスで構成され，会員のライフタイムバリュー（生涯価値）の最大化を目指している。ここで提供されるサービスのクロスユースのエンジンが楽天ポイントプログラムである。

　楽天のサービスを利用することで楽天スーパーポイントが獲得でき，楽天スーパーポイントは1ポイント1円で楽天市場をふくむあらゆる楽天サービスや飲食店，コンビニなどの全国52万店舗以上の提携先での利用，投資信託の購入などに使用可能である。

　楽天は楽天銀行，楽天証券，楽天生命，楽天損保，楽天カード，楽天エディ，楽天ポイントカード，楽天Payなどをとおしてフルラインナップの金融商品を提供する総合金融プレイヤーで，日本の金融ディスラプターでもある。楽天グループの決済サービス導入は全国120万か所あまりで楽天スーパーポイントでつながっている。楽天スーパーポイントは楽天カードで実店舗決済に適用され，ポイント付与率は0.5％還元が主流だったなかで1％還元を導入してきた。

　楽天カードが楽天のフィンテック事業の中核であり，他社に先駆けてスマートフォン申しこみを可能にしている。楽天カードの会員数は1500万人を超え，2019年度決算における楽天カードの取扱額は9兆5000億円を超えて国内第1位である。

　楽天Payは楽天会員が楽天以外のECサイトにおいて楽天IDとパスワードを利用してオンライン決済ができるサービスと，実店舗におけるQR・

バーコード決済等の電子決済サービスを提供している。実店舗での決済方法にはアプリ決済，クレジットカード決済，電子マネー決済がある。楽天Payのユーザー数は2020年9月時点で5000万人，加盟店数は2020年11月末時点で約500万か所で，利用金額に応じて楽天スーパーポイントが還元される（cf., https://pay.rakuten.co.jp/, 31 March 2021）。

　2018年1月にはウォルマートと戦略的提携をおこない，ウォルマートの日本子会社，西友と「楽天西友ネットスーパー」のサービスを開始している。西友の強みである高品質と低価格を実現する生鮮食品や日用品を楽天が培ってきたECノウハウでスピード配送する仕組みである。

14-4-2-2　Zホールディングス

　日本でも多くの利用者がいるLINEのサービスを提供しているのはZホールディングス傘下のLINEである。ZホールディングスはヤフーとLINEの経営統合にともなって，2020年にヤフーが商号変更して現在の法人名になっている。

　LINEは2011年6月にサービスの提供がはじまったスマートフォン，タブレット，パーソナルコンピュータで利用できるアプリケーションソフトウェアで，利用者が相互にアプリケーションをインストールしておけば通信キャリアや端末を問わずに複数人のグループ通話をふくむ音声通話やチャットが利用できる。LINE Pay（ラインペイ）は2014年12月にLINEがサービスを開始したキャッシュレス決済，送金サービスで，リアル店舗やオンラインショッピングでの支払いに利用できるほかユーザー同士での送金，割り勘ができるほかLINE Pay残高を銀行口座をとおして出金することができる。

　2021年4月現在のLINEの日本国内ユーザー数は8800万人あまりであり，その使用頻度も高いことからチャットから決済へ移行するフリクションが低く，顧客接点で優位に立っていると考えられる。2018年6月にサービスが開始されたLINE Payはキャッシュレス化が進んでいない中小店舗をターゲットとして，QRコード決済は加盟店の導入コストゼロ，3年間決済手数料無料であった。LINE Payの国内での登録者数は2020年6月末時点

で約3880万人，加盟店は2021年1月末時点で309万か所あまりで，利用金額に応じてLINEポイントが還元される（cf., https://pay.line.me/, 31 March 2021）。

ヤフーとソフトバンクは2018年にPayPayを設立してユーザー読み取り方式，店舗読み取り方式の双方のQR・バーコード決済サービス「PayPay（ペイペイ）」を開始している。PayPayは専用アプリのほか「Yahoo! JAPAN」IDを連携させることでYahoo! JAPANアプリからも利用できる。サービス開始にあたってPayPayは店舗側の決済手数料をサービス開始から3年間は無料とし，2018年12月にはユーザー獲得を目的として「100億円あげちゃうキャンペーン」を実施して上限5万円購入金額の20％のポイント還元をおこない，10日間で190万ユーザーを獲得している。またヤフープレミアム会員数は2018年3月期で1979万ID存在しており，月間ログインユーザー4000万超のビッグデータがアセットとなる。PayPayのユーザー数は2021年1月時点で3500万人以上，加盟店数は2020年末時点で286万か所であり，利用金額に応じてPayPayポイントが還元される（cf., https://paypay.ne.jp/, 31 March 2021）。

ソフトバンクグループは1981年に孫正義によって設立された通信事業会社である日本ソフトバンクを起源とするグループ事業の持株会社である。基軸事業としてソフトバンクグループが戦略的投資持株会社として直接または子会社をとおしておこなう投資活動，テクノロジーの活用により各分野をリードする成長企業への投資をおこない起業家が革新的なビジネスを展開していくことを支援するソフトバンク・ビジョン・ファンド等SBIA（同社100％子会社である英国SB Investment Advisers（UK）Limited（SBIA））の運営するファンド事業，日本国内での移動通信サービス，携帯端末の販売，ブロードバンドなど固定通信サービスの提供，インターネット広告やイーコマースサービスの提供をおこなうソフトバンク事業，マイクロプロセッサーのIPおよび関連テクノロジーのデザイン，ソフトウェアツールの販売，ソフトウェアサービスの提供をおこなうアーム事業，海外での携帯端末の流通事業を展開する。

グループ企業にオンラインゲームの運営，販売，マーケティング，パソコ

ン用ソフトウェアのダウンロード販売，広告販売を手掛けるベクター，インターネット上の広告事業，イーコマース事業，会員サービス事業を手掛けるヤフー，ファッション通販サイトの企画，運営，ブランドの自社ECサイトの運営支援，ファッションコーディネートアプリの運営をおこなうZOZO，ジャパンネット銀行，文房具等の通信販売事業を手掛けるアスクル，スマートフォン決済事業をおこなうPayPay，福岡ソフトバンクホークス，電子書籍の配信をおこなうイーブックイニシアティブジャパン，アリババグループなどがある。ソフトバンクグループは2006年にはボーダフォン日本法人（現ソフトバンク）を1兆7500億円で買収している。

ソフトバンクグループの2019年度決算売上は約6兆1850億9300万円，営業利益約△1兆3646億3300万円，税引き前利益約354億9200万円，当期利益約△8007億6000万円，親会社の所有者に帰属する当期利益約△9615億7600万円，純資産約7兆3729億1700万円である。

14-4-3　オムニチャネルリテーリング

オムニチャネルとは実店舗，ECサイト，カタログ通販，ソーシャルメディアなどの複数のチャネルをシームレスに連携させ，いつでもどこでも同じように利用できる環境を提供することで，顧客1人ひとりへ最適なサービスを提供する。クロスチャネルでおこなわれたシステムの統合にくわえて看板やロゴをはじめとした企業イメージの統一，ユーザーIDをもとにしたサービス基盤の統合をとおして，リアルとネットを問わず顧客が好きなときに好きなチャネルで商品情報の取得から，購入，受け取りができるように企業と顧客のすべての接点をシームレスに結びつけて，顧客のおかれた環境でかれらが希望するかたちで製品，商品，サービス，あるいはそれらの情報を提供するマーケティング手法である。

オムニチャネルは顧客の視点からは同一店舗であればチャネルの違いを意識せずにシームレスな顧客体験を得ることができ，企業の視点では顧客の行動データをチャネル横断的に獲得できることから，顧客のニーズを的確に判断して顧客にシーンに応じた最適なサービスを提供することができるように

なる。

　スマートフォンとSNSの普及によって，人びとは店舗やECなどを単独で見るのではなくさまざまなチャネルを渡り歩き，カスタマージャーニーの各時点において最安値の店舗やSNSで口コミを検索することがあたりまえになっている。こうした環境において，企業には複数のチャネルを用意してユーザーが買いたいと思ったタイミングで購入できるような仕組みを構築することが求められている。

　企業サイドからは特定チャネルでの購買データをほかのチャネルでも活用することができれば，より最適な情報をユーザーに届けることができるようになる。企業はさまざまなチャネルをとおしてブランドを経験する人びとに対して，企業とユーザーの接点となるチャネルをそれぞれ連携させてユーザーにアプローチする。企業の目的は売買を発生させることではなく，もてるすべてのチャネルをとおして人びとにシームレスな経験を提供することである。効果的に考案されたオムニチャネルの経験において人びとが見ているのはチャネルの多様性ではなく，企業から提供されている単一のサービスである。実店舗とウェブサイトで会員情報，在庫情報，物流を統合して，顧客にシームレスな購買体験を提供することをとおして，企業は顧客との統合的なエンゲージメントを構築していく。

　ニトリはインテリア試着アプリ「RoomCo AR」を提供している。これは拡張現実（augmented reality：AR）の技術を使って，スマートフォンのカメラに映しだされた自分の部屋などの空間に3Dデータの家具を実物大で配置できる仕組みである。家具を置きたい場所にスマートフォンをかざして家具を配置し，カラー変更も可能である。このアプリをとおして顧客は家具と部屋のテイストとの相性，実際に置いたときのサイズ感，複数のアイテムを組合わせたコーディネートを確認することができる。

　オムニチャネルを構築すれば，かつてのようにひろい駐車場を併設した店舗の必要性はなくなる。ニトリは2015年4月に「プランタン銀座」に出店したのを皮切りに，2016年に新宿高島屋タイムズスクエア，2017年東武百貨店池袋店に出店している。2017年にオープンした「ニトリ渋谷公園通り店」は渋谷駅から徒歩6分の立地に9フロアの多層店舗，売場面積約1,500

坪であり山手線内にある都心店として最大規模である。

　IKEA（IKEA International Group）の原宿店では AR 技術を用いたスマートフォンアプリを使って店内の家具にカメラを向けるとオンラインストアに連動したり，また自宅に帰ってから家具の配置をシミュレーションしたりできるような新しいサービスを取りいれている。

　セブン＆アイ・ホールディングスは 2015 年 11 月に EC モール「オムニ 7」をオープンさせている。オムニ 7 の Web サイトではグループのセブン‐イレブン，イトーヨーカドー，西武，そごう，ロフト，アカチャンホンポなどの商品を一元的に扱っており，宅配でなく指定したセブン‐イレブンの店頭で商品を受け取ったり，返品・返送もできる。

　自動車のような高関与型の購買は最大限の確認行為が必要なため決定プロセスが長く，複数のタッチポイント間を往来する。BMW（Bayerische Motoren Werke AG）のアプリはユーザーをプラットフォームに着地させる仕組みである。消費者が雑誌やポスターで BMW を見つけた潜在顧客が画像をフレームに収めて読みこむと，自動的にサイトが表示され該当する車種の特徴を知ることができる。

　ボルボ・カー・コーポレーション（Volvo Car Corporation）の「イン・

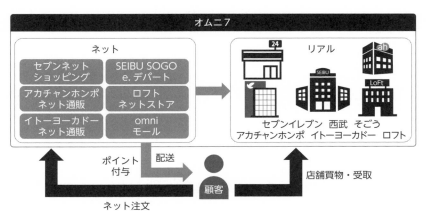

図表 14-1　オムニ 7

出所：筆者作成

カー・デリバリ」では，契約者がボルボと契約している e-コマースサイトでオンライン注文した商品を直接自分のトランクで受領することができる。配達員は 1 度だけ使用可能なパスワード，トランクカバーのみ開けることが可能で，オーナーは配達終了とドア閉鎖メッセージを受け取る仕組みである。

2017 年 8 月，アマゾンはアメリカに 448 店舗，カナダに 13 店舗，イギリスに 9 店舗を展開する高級生鮮食料品店「ホールフーズ・マーケット」を買収し，小売店と消費者を結ぶ「ラストワンマイル」としてかれらに商品を届ける拠点としている。店舗内には「Amazon Hub ロッカー」が設置され，アマゾンプライム会員が 35 ドル以上の買物をした場合には無料デリバリーのサービスが受けられ，食品 EC「Amazon フレッシュ」の拠点として機能している。

14-4-4　リテールテイメント

現在のリテールの究極の目的は商品を消費者のバッグにいれさせることではなく，長期にわたって継続するリレーションシップをクロスメディアで築き，特定の消費者にもっとも適したタイミングと方法で利益を回収することである。購買はどこでも完結させることができリアル店舗の特性は別のところにある。

店舗の目的は売買であるという公理が衰退して多くの人びとが店舗を一種の娯楽施設ととらえるようになっている。店舗は新しい何かを学べる場所，所属感覚，スタイルや特定の資質などを表現する場所になってきた。新しいタイプの消費者は，店舗に単に購買を完結させるというより，気晴らし，情報収集，楽しい経験を期待しており，かれらはリアル店舗内で期待や欲求を変化させる。

コトラー＝スティリアーノ（Kotler=Stigliano, op. cit.）によれば，顧客の購買行動の背景となる一連の経験や感情領域での経験の重要性はデータから確認可能であり，85％以上の消費者が思い出に残るような格別の経験に対して製品ベース価格の 4 分の 1 まで多く支払ってもよいと考えているとされ

る。販売拠点は「経験拠点」となって，店舗に対する消費者の認識はいかなくてはならない場所からいきたい場所へと変化している。店舗は買物客にとっていくことが負担にならず，喜んでそこに滞在したいと思えるような場所，期待に応える経験ができる「いれもの」へと変化してきている。

　消費者は自分の経験則で行動して感情と気分の影響をうける。買物をするときは機能的実利的な選択に必要な情報だけではなく，感覚的娯楽的な刺激をうけることを望んでいる。すなわち自分の美的感覚におけるニーズを満たし，フロイトの快楽原則に則った満足感を得ようとするとされる。店舗は消費者とブランドの創造的な会遇の空間であり，世界観に陶酔できるような魅力的な来店目的とブランド価値を生みだすためには，単にブランドを提示，展示するだけではなく，顧客に主体的に体験させる必要がある。店舗の成果は販売量の増加ではなく，顧客に語られるストーリーとしてあらわれる（cf., ibidem）。

　リテールテイメントとは効果的なストーリーテリングと直接的な経験の組みあわせが生みだす商品と結びついた新鮮な経験である。人間はなにか特別なもの，真に意味のある価値を経験したい，あるいは保有したいと考える生き物である。リテールテイメントとは小売（retail）と娯楽（entertainment）を融合させた用語で，消費者がエンターテイメント要素のあるユニークな体験をすることができる店舗のことをいう（cf., ibidem）。

　リアルとネットを問わず顧客が好きなときに好きなチャネルで商品の購買から受けとりまでできる環境のなかで，実店舗のショールーム化も進んでいる。小売業者は店舗に商品のサンプルのみを陳列して，来店客はショールーミングののち店内に設置されたタブレット端末からオンラインで注文する。これによって小売店は店舗の在庫負担，接客にかかる人件費を削減することができる。

　GU（ジーユー）ではGUマニアのなかからさらに愛着をもってSNSに投稿してくれるユーザーを「神マニア」に設定して，SNSで強い発言力のあるファンを対象として展示会を開催するなど，熱心なファンの声を先読みデータとしてマーケティングに活用している。GUは2018年11月にショールーム型新店舗「GU STYLE STUDIO」を東京原宿の原宿クエスト2階に

開設した。ここでは GU が展開するウィメンズ，メンズの全商品のサンプルを揃え，販売の取り扱いはなく，来店客に商品を体感してもらうとともに，店内では顧客にあったスタイリングをイメージしてもらえる仕掛けを採りいれて，商品の試着が可能で購入は GU アプリを使って EC で購入してもらう。配送は自宅のほか指定の GU 店舗，セブン‐イレブンなどが指定できる。GU の次世代型店舗のあり方は，余剰在庫を抱えたくない店舗側と通販は試着できないという消費者側のジレンマを解決する。

青山商事は実店舗と EC を融合させた取り組みをおこなっている。次世代型店舗「洋服の青山デジタル・ラボ」では，EC と連動させた平面ディスプレイやプロジェクタなどによって映像や文字を表示する情報媒体デジタルサイネージ，iPad を複数設置することで店頭在庫を従来の 3 分の 1 に削減している。デジタルサイネージや iPad を顧客自らが操作してスーツの素材感や柄を確認することができ，店頭にない商品は EC 在庫で対応することができる。EC 在庫の場合には手ぶらで帰宅できるうえに店内で採寸したとおりに補正済みの商品を受けとることができる。

14-5

デジタルディスラプション

ブレイク・マスターズ＝ピーター・ティール（Masters=Thiel, 2015）によれば，デジタルディスラプションとはシリコンバレー発祥の造語で，企業が新しいテクノロジーを使用してローエンド製品を開発，改良した結果，既存のハイエンド製品にとって替わる製品を生みだす現象とされる。デジタルカメラがフイルムカメラにとって替わった現象はデジタルディスラプションである。

ピーター・ティールはペイパル（PayPal Inc.）の 7 名の共同創業者の 1 人で 2002 年に 15 億ドルでイーベイ（eBay Inc.）に売却するまで最高経営責任者を務めた。ペイパル（PayPal Holdings Inc.）は 1998 年，ピーター・

ティールらによってコンフィニティとして共同設立され，2002年に15億ドルでイーベイに売却されたのち，2015年7月に独立している。ペイパルが提供するサービスの特徴は「信用」と「少額決済」である。買い手は売り手にクレジットカード情報を伝えず決済ができ，零細，あるいは個人でそもそもカード決済不能の売り手サイドにも対応できる。先払いの不安に対応するために，決済の仲介時に代金を一時的に預かるエスクローサービスも提供している。

ペイパルマフィアは，ペイパルの共同創業者や創業初期のメンバーがイーベイによる同社の買収後，その売却資金を元手に新しいベンチャーを立ち上げてシリコンバレーでもトップクラスのベンチャーが多く育っていることからよばれるようになった呼称であり，ピーター・ティールはそのドンとよばれる。ペイパルマフィアからは2002年にイーロン・マスクが設立したロケット，宇宙船の開発，打ち上げなどの商業軌道輸送サービスを手掛けるスペース・エクスプロレーション・テクノロジーズ（Space Exploration Technologies Corp.），2005年にペイパルの従業員であったチャド・ハーリー，スティーブ・チェン，ジョード・カリムらが設立した動画共有サービスを提供するYouTube（2006年，1650億円でグーグルに売却），2006年に元ペイパルの開発部門副責任者ジェレミー・ストップルマンと元エンジニア，ラッセル・シモンズが設立したレビューサイトを運営するイェルプ（Yelp, Inc.）のほか，イーロン・マスクはフェイスブック，元ペイパルCOOデビット・サックスはフェイスブック，ウーバー，エアビーアンドビーなどにエンジェル投資している。

デジタルトランスフォーメーションの流れが加速するなかで，コトラー＝スティリアーノ（ibidem）は改めてリーンスタートアップの有効性を提唱している。デザイン性が高い製品，サービスなどの消費者ニーズが情緒的で複雑なニーズをもっている製品領域やソフトウェアなどのデジタル技術が活用可能な製品領域では，MVPをとおしてコストをかけずにビジネスの「センターピン」をとらえ，アーリーアダプターを確保していく手段としてリーンスタートアップは有効であると考えられる。たとえば味の素の「Cook Do」のニーズは情緒的で複雑である。同商品が提供している価値は料理の

時間短縮ではなく，家族に料理の手抜きをしたと思われたくないというニーズを充足するものである。こうしたニーズを事前調査で明らかにすることは難しい。

　また市場のペインポイントが明確でそれをデジタルトランスフォーメーションによって解決する方向性が見えている分野では，リーンスタートアップは有効に機能すると考えられる。新規事業のアイデアはニーズではなくペインポイントにポイントがあることが少なくない。新しい収益の仕組みを作ることを目的とする新規事業では，顧客が本当にそのニーズに対して対価を支払ってでも実現したいかどうかを考えなければならない。

　物質的に高度に成熟した社会における顧客ニーズはあれば便利というものであるのに対して，ペインポイントは対価を払ってでも解決したい課題である。こうした課題に対応した事業に成功した企業にウーバーとエアビーアンドビーがある。ウーバーは自動車で移動したいひとと自分が所有する自動車を使用してお金を稼ぎたいひとを，スマートフォンを媒体としてマッチングする配車アプリを提供している企業である。エアビーアンドビーは自宅の空き部屋を活用して宿泊サービスを提供するインターネット上にあるプラットホームであり，自分が所有する部屋を提供してお金を稼ぎたいひとと宿泊したいひととをマッチングするサービスである。

　ウーバーやエアビーアンドビーはユーザーのペインポイントに着目して，それらをデジタライゼーションで抜本的に解決しようとしている。ウーバーは自動車を所有するオーナーの車の稼働率の低さに着目し，エアビーアンドビーは民泊提供者のマーケティング不足に着目した。デジタライゼーションベースでビジネスを構築した場合，開発投資は大きいが変動費を既存ビジネスよりも小さく抑えることができることから，損益分岐点を超えると一気に利益が拡大する収益逓増の法則があてはまる。

　コトラー＝スティリアーノ（ibidem）に対してマスターズ＝ティール（Masters＝Thiel, 2015）によれば，ビジネスは小さな実現よりもより大きなビジョンのもとに計画をたてて実行すべきであるとされ，二転三転するプランは失敗確率が高いことを指摘している。またかれらはリーンスタートアップは既存顧客への価値提案であるのに対して，競争のない市場であるブルー

オーシャンの可能性を主張している。さらにリーンスタートアップでは
MVP を精度よく開発できるかどうかが重要であるとされるのに対して，マ
スターズ＝ティールはプロダクトだけでなくマーケティングやセールスもプ
ロダクトと同様に重要であるとしている。

15

これからのリテール

　これからの時代で購買の中心を担っていくのは 1990 年代後半から 2000 年代生まれの「ジェネレーション Z」とよばれる世代である。2021 年時点でジェネレーション Z 世代はアメリカでは総人口の約 25 ％，日本における総人口の 15 ％程度である。デジタルネイティブなジェネレーション Z は，リアルな場だからこそ味わえる稀少な体験や自分が好む世界観を求めている。

15-1

人間中心の法則

　コトラー＝スティリアーノ（cf., Kotler=Stigliano , op. cit.）によれば，デジタルプレイヤーは自身が張りめぐらせたタッチポイントにリアル店舗をくわえる傾向にあるとされる。ジェネレーション Z を店舗によびこむためには単に商品を購買をしやすくするだけではなく，来店すること自体が大きな意味をもつような体験を設計する必要がある。ここではブランドと人びととのリレーションシップを強化する人間による交流が重要視される。店舗内の人間の活動の多くがソフトウェアや人工知能，ロボットに替わるなかで，購買経験では共感や創造性といった人間ならではの特徴が極めて重要な役割を

果たすことになる。

　デジタルがすべてであるがすべてがデジタルではない。デジタル化の進展は人間同士のつながりに対する関心も増加させている。デジタルディスラプションの拡大と技術の民主化プロセスの遍在化とともに，人間的なファクターが多くの産業で競争優位の源泉となってきている。

　マーケターの役割は認知（awareness）から推奨（advocacy）にいたるまで，カスタマージャーニーのすべてのプロセスで顧客の道案内をすることである。推奨者は自分の好きなブランドを頼まれなくても自発的に推奨してくれる。顧客経験において質の高いスタンダードを設定して特定の興味にあった有意義な消費経験を提供することができれば，人びとはその特別な顧客体験を求めて集まってくれる。こうして店舗がいかなくてはいけない場所から目的地へ進化すると，売り手側の役割も新しいステージへと進化していく。こうした進化を実現するためには人間的なファクターが必須となっている。

　スターバックスは家庭，職場につぐサードプレイスとしての場を提供している。顧客に快適で落ち着く環境のなかでゆっくりとリラックスしてもらうために間接照明，緩やかなBGM，音をたてない紙コップなどの仕組みを構築している。コミュニティにおいて自宅や職場とは隔離された心地のよい第3の居場所を指しており，アメリカの社会学者，レイ・オルデンバーグ（Oldenburg, 1994）はその著書 *The Great Good Place* で，サードプレイスが現代社会において重要であることを論じている。オルデンバーグは「ファーストプレイス」をその人の自宅で生活を営む場所，「セカンドプレイス」を職場，サードプレイスをコミュニティライフの「アンカー」ともなるべきところでより創造的な交流が生まれる場所としている。

　リラックスは相対的な概念であり入店の直前までできるだけハイテンションであるほうがリラックスした感覚が大きくなる。そこでプレミアム立地とされる銀座，丸の内，大手町，六本木，麻布，渋谷，青山に集中的に出店して，スターバックスを利用する文脈を考えて第2の場所でアタマを使ってストレスを感じている懐具合が温かいひとをターゲットとして，経験してもらわなければわからない価値を経験してもらう戦略を実行した。

　人的資源が第3の場所の重要な経営資源であり，イタリアのバールの店員

を意味するバリスタがほっとさせる振る舞いを演出し，アラビカ種のプレミアムコーヒーを 7 日間で消費して，フードメニューには力をいれない。注文からコーヒーをだすまでにあえて少し待たせて平均在店時間を 30 分に想定している。

15-2

ストーリーとしての顧客体験

　キャンプ（A Family Experience Store：CAMP）は子ども向けミニテーマパークと玩具販売を融合させた「場」である。CAMP は 2018 年 12 月，マンハッタン五番街 16 丁目に 1 号店オープン，2020 年 1 月現在，マンハッタンのハドソンヤード，ダラス，サウスノーウォークに展開している。何も知らずにキャンプの店内にはいると普通の玩具店だが，「マジックドア」とよばれる一見陳列棚に見える秘密の隠し扉を開けるとその先にはテーマパークのような空間がひろがり，薄暗い通路をとおりぬけると滑り台，トランポリンなどが設置された隠れ家があらわれる。

　会員（無料）になるとギフトカウンセラーとよばれる予約制が利用できて，フリーギフトラッピング，プライベートイベント，誕生日のスペシャルサービスのほか，ポイントが貯まるとフリーアクティビティチケットやパジャマパーティへの参加，送料無料特典，コーヒーやアイスクリーム，Tシャツがもらえる特典がある。またウェブショップも充実していてここでもポイントが貯められる。

　FAO シュワルツは 1889 年創業のアイコニックな玩具店で各フロアにそれぞれテーマがある。ティファニーやバーグドルフグッドマンといったニューヨークの老舗高級店がならぶ五番街にあった本店は，おもちゃだけでなく夢を売る店として子どもから大人まで，ニューヨーク訪れたら訪ねたい店のひとつとして長く君臨してきた。マコーレー・カルキン主演の「ホームアローン 2」やトムハンクス主演「ビッグ」などの映画にも登場する，人びとにノ

スタルジアを体験させる場である。

　FAOシュワルツは2018年，ニューヨークに再び旗艦店をオープンさせた。2016年にトイザらスからFAOシュワルツを買収したスリーシックスティ・ブランズが世界展開をはじめ，カナダの百貨店ハドソンズベイ，イギリスの百貨店セルフリッジズ，スペインの百貨店エル・コルテ・イングレス，オーストラリア最大の百貨店マイヤーにホリデーショップを展開している。

　FAOシュワルツでは子供たちが実際におもちゃに触れたり自分で組み立てたりする体験を大切にしている。商品はコーナーごとに分類され，おままごとやマジック，科学の実験，カスタムメイドのぬいぐるみやレーシングカーの制作，アイコニックなジャイアントピアノ，ネイルサロン，キャンディーの量り売りなどの体験を楽しむことのできるワークショップが多数設けられている。Baby Doll Adoptionというコーナーにはアメリカらしくさまざまな人種や表情の赤ちゃん人形の未完成のぬいぐるみが展示され，ここから好きな子を選んでその中身に自分で綿をいれてぬいぐるみに命を吹きこむ。担当スタッフはいかに人形を愛し大切にするかを子供たちに教え「養子の証明書」を発行する。

15-3

社会性と精神性

　現代社会では社会性と精神性が求められる。わたしたちは資源の利用，投資計画，技術開発の方向性，制度改革これらすべてで人間の生きるこの世界，および未来の世代の発展に向けて努力しなければならない。自社がかかわるすべてのステークホルダーを考慮しつつ，事業が環境，社会，経済にあたえるインパクトに配慮することで，企業は「地球社会」の一員として認められる。

15-3-1　社会性

　2015 年のフォルクスワーゲン（Volkswagen AG）が排ガスの測定値を偽装して環境にダメージを与える可能性をかくしていたディーゼルゲート事件の影響で同社の株式は暴落し，フランクフルト証券取引所において 1 日で 150 億ユーロの価値が消失した。この事例は地球社会が社会性のない企業を認めないことをあらわしている。

　利益追求は重要であるがデジタル時代において社会性がほかより劣位にあってはいけない。

　企業のロイヤルティプログラムは純粋な売買からも金銭的利益からも脱却して，顧客の感情面に作用するように顧客の興味を中心にデザインされることが求められる。長期的な視点をもつプレイヤーは，既存顧客と潜在顧客の欲求にうまく合致することを目的としてコンセプトをロイヤルティプログラムからメンバーシップクラブとし，展望を根底から変化させている。このときロイヤルティはさらに新しい意味あいを帯びてあらゆる面で人びとは振る舞いを変えるようになる。

　「しるしの無い良い品」をコンセプトとした「無印良品」は 1980 年に西友のプライベートブランドとして出発し，1989 年に良品計画を設立して小売店舗を展開している。2020 年時点で無印良品の店舗は全世界で 1,000 店を超え，取扱商品アイテムは衣服や生活雑貨，食品，そして家まで 7,000 アイテムを超える。

　良品計画は「自然と。無名で。シンプルに。地球大。」という企業理念を掲げ，この明確な企業理念にもとづくブランドの統一感が独自の世界観を築いてファンを獲得してきた。同社によれば「これがいい」には微かなエゴイズムや不協和がふくまれるが「これでいい」には抑制や譲歩をふくんだ理性が働いているとされる。

　また良品計画はものの生産プロセスを徹底して合理化することで簡潔で気持ちのいい低価格商品を生みだすために，「素材の選択」，「行程の点検」，「包装の簡略化」をとおして商品を見つめ直すという 3 つの基本原則を掲げている。たとえば紙の原料であるパルプを漂白するプロセスを省略すると紙

はうすいベージュ色になるが，同社はそれをパッケージ素材やラベルなどに使用している。こうした考えは日本のみならず世界に大きな共感とともにうけいれられた（cf., https://ryohin-keikaku.jp/, 31 March 2021）。

ザ・ボディショップ（The Body Shop International Ltd.）は1976年にアニータ・ロディックが設立した自然派化粧品店である。世界中から選りすぐりの優れた天然原料を集めて，それらを配合したスキンケア，ボディケア，フレグランス，メイクアップなどの製品をとおして人びとの生活を心地よくするのはもちろんのこと，自然環境や生物多様性を尊重して地球上のすべてをより豊かにするための取り組みを実践した。

ロディックは「企業には世界を良くする力がある」と信じて，企業は環境保護など社会的な貢献とビジネスとを両立すべきであると考えていた。ザ・ボディショップは自然の原料をベースにした化粧品を製造，販売し，リサイクル可能なパッケージを使用し，木材よりも成長の速い麻を原料とした製品ライン「ヘンプ」を取り扱った。ザ・ボディショップの経営理念はステイクホルダーである従業員，顧客，フランチャイジー，仕入先，株主などの経済的なニーズとひととしてのニーズとのバランスを保つために，生態学的に持続可能なビジネスをおこなって将来の世代のニーズを損うことなく，現在の人びとのニーズに対応することであった。同社が取引をしている国や地域，国際社会などへの意義のある貢献を目的として環境，人権，公民権の保護を謳い，化粧品，トイレタリー業界における動物実験に反対するキャンペーンをおこなった。

彼女の経営理念は世界中で共感をよんで1985年のビジネス・ウーマン・オブ・ザ・イヤーをはじめとして，1988年に大英帝国勲章，1989年に国連環境賞など数々の受賞歴をもっている。世界60か国以上，3,000店舗あまりを展開して，1987年には国際的な化粧品ブランドとして世界に先駆けて原料や雑貨のフェアトレードを開始している。優れた自然原料を資源としてもっていながら適正な価格での取引や資源活用の機会がないなど，支援を必要としている生産者と継続的な取引をおこなうことで，経済的，社会的に恵まれない地域コミュニティの自立をサポートした。

またロディックは化粧品業界において動物が危害をくわえられるべきでな

いと考えて，世界中で化粧品の動物実験を廃止するために動物実験反対に情熱をもって取り組んできた。ザ・ボディショップの製品はすべてクルーエルティフリー（動物を犠牲にしない）であり，ジャコウジカの分泌腺が主原料のムスクの香りを使用しない人工的に調合したホワイトムスク，ヤギやリスなどの動物毛を使用せず人工毛で作られたメイクアップブラシなどを販売した。またメイクアップ製品にはコチニール（甲虫由来の赤色色素）や魚の鱗，貝殻などを使用せずに，天然のミネラルなどを配合して，発色のよい鮮やかなカラーを創造している（cf., Brown, 1997）。

　その後ザ・ボディショップは2006年にロレアル（L'Oréal S.A.）に買収され，ロレアルがザ・ボディショップが中心的な価値として否定している動物実験をおこなっている事実などから世界中の顧客や小売業者からボイコットが起こる。そして2017年にブラジルのナチュラ・コスメティコス（Natura Cosméticos S/A）に売却される。ナチュラ・コスメティコスは1969年創業のブラジルを代表する化粧品メーカーで現在は自然派化粧品を標榜して，製品には天然由来の素材を使用するなど環境保護にも重点を置いている。

15-3-2　精神性

　ブランドの価値に結びつくイベント活動を提供して真のコミュニティを創る動きがひろがっている。こんにち購買はどこでも完結させることができ，リアル店舗の特性は別のところにある。企業は消費者に伝えたい強烈な個性や独自のブランドメッセージがなければ，リアル店舗で提供できる魅力的な「体験」も存在しえない。こんにちフィジカルなタッチポイントはブランドを祀る神殿のようになる。人びとはブランドを神格化した空間，ブランドのストーリーを称える場所に会遇することを求めている。

　是非とも訪れるべき魔法の場所になった店舗で，顧客は自身のアイデンティティ構築のプロセスを遂げられるかもしれない。店舗がライフスタイル（人生観，価値観，習慣などをふくめた個人の生き方）とよべる水準にまで達していれば，人びとが自身のアイデンティティを継続的に再確認していくプロセスのなかで，製品またはブランドにつながる世界を探索できる場とし

て機能するようになる。

アップルは自社の旗艦店をギャザリングプレイス（集合と共有の場所）にしている。2016年にオープンしたサンフランシスコユニオンスクエアにあるアップル旗艦店には「プラザ」とよばれるオープンスペースが設置され，店舗の営業時間外でも無料のWi-Fi接続サービスが提供され，毎週音楽イベントが開催されている。2018年にミラノのショッピング街，ヴィットーリオエマヌエーレ2世通りのシネマアポロの跡地にオープンしたアップルストアは，イタリアの広場に欠かせない水と石という2つの要素が組みあわされたガラス造りのエントランスが滝のように流れる水に包みこまれるように設計されており，イタリアの数々の広場への，そしてミラノのまちと運河との深いつながりへのオマージュをあらわしている。エントランスに続く階段状のスペースが広場になっており，訪れるひとは階段を下りて広場の噴水の水が長方形のガラスの壁を伝って滝のように流れるエントランスから木とスチール，ガラスでできた地下の店内にはいる。アップルストアは人びとがそれぞれの情熱を共有し，新たな情熱を見いだし，可能性を深めていく場所になっている。

ボルボスタジオ・ミラノのデザイン性の高い空間は自然の素材を使い，光の演出，ライフスタイルコレクションの展示をとおして貴重な製品モデルを体感してもらうためのエリアになっている。このコンセプトストアにはボルボのイノベーションをバーチャルリアリティで体験できるエリアがある。

アディダス・ランベースはランニングをテーマとしたショップ兼ミュージアムであり，ブランドの神髄に触れ，購買や選択する瞬間に製品の本質を見いだす場でもある。「adidas Runners」はドイツやイギリスなどをはじめとした世界15都市で展開しているグローバル規格のランニングコミュニティで，最大の特徴はその参加者層とプログラムの内容で，多くの無料ランニングコミュニティの前提となっている「気軽に」参加できる内容から一線を画している。世界中のadidas Runnersで実施されている「自分をより高めたい」という思いを叶えるレベルの高いプログラムを提供して，食事に関するアドバイスやフィットネスプログラムをくわえるなどランニングコンテンツのみに留まらないあらゆる角度から参加者をサポートしている。日本では

2016年9月に「adidas Runners Tokyo」が発足し，アディダスブランドコアストア渋谷店や adidas RUNBASE Tokyo を拠点として活動を開始している。2017年以降はより広域での活動拡大を目指している（cf., https://japan.adidas.com/, 31 March 2021）。

adidas Runners Tokyo が提供するランニングコース「皇居・外苑前・六本木」はアディダス・ランベースからランニングコースまで徒歩3分の1周5km の周回コースで桜田門から竹橋は平坦な道，竹橋から千鳥ヶ淵は高低差約30m の上りがあり，半蔵門から桜田門までの約1.5km は下りが続き，赤信号で止まることなく走り続けることが可能である。

カップヌードルミュージアム（安藤百福発明記念館）では，1958年に安藤百福が阪府池田市の自宅裏庭に建てた小屋で，ありふれた道具を使って研究を重ねて世界ではじめてのインスタントラーメン，「チキンラーメン」を開発した経験ができる。

安藤はチキンラーメンの開発後も1971年に「カップヌードル」，2005年には宇宙食ラーメン「スペース・ラム」を開発するが，同ミュージアムでは新しい食文化となったインスタントラーメンの歴史をとおして，発明，発見の大切さを伝える。

チキンラーメンファクトリーは「チキンラーメン」を手作りできる工房で，小麦粉をこね，のばし，蒸したあとに味つけをし，「瞬間油熱乾燥法」で乾燥するまでの工程を楽しみながら体験できる。マイカップヌードルファクトリーは，自分でデザインしたカップに4種類のスープと12種類の具材のなかから4つのトッピングを選択して，世界でひとつだけのオリジナル「カップヌードル」を作ることができる工房である。

15-4

RaaS

リアル店舗の存在意義が顧客に体験してもらう場所へと変遷していくなか

で RaaS（retail as a service）とよばれる新たな小売形態が登場している。RaaS とは「小売のサービス化」や「サービスとしての小売」を意味している。小売事業者がテクノロジーを活用して自社で蓄積した顧客データや販売ノウハウサービス化すること，あるいはサービスそのものを意味する。

　革新的な製品はオンラインストアで購入することはできても，購入前に実際に商品を見たり試してみたりすることはできないものがほとんどである。ベータ（b8ta, Inc.）が運営する店舗は最新の製品を実際に試すことのできる空間であり，サービスとしての小売とよばれる店舗運営をサポートするためのソリューションを開発，提供している。同社が提供しているのは実店舗への出店をより手軽に実現するための包括的なサブスクリプションモデルである。同社は出店企業にブースを提供するほかに，来店者の行動分析から得られるマーケティングデータの提供，販売員の育成や管理，在庫管理物流サポートなどをおこなっており，店舗運営に必要な従業員の手配，トレーニングやシフト管理，在庫管理，物流サポート，POS データ，消費者のデモグラフィックデータ，商品のまえに一定時間（5秒以上）立ち止まっていたひとの数，各商品との接触時間などの定量データ，店頭スタッフのコメントなどの定性データはすべて付帯サービスとして月額の出品料金にふくまれる。

　ベータは商品との出合いや体験機会を創出することを目的とした販売を主目的にしないビジネスモデルである。ベータでは新たな商品との出会いの場として自社の店舗を活用してもらい，顧客に体験機会を提供している。リアル店舗では委託販売をおこなっており，出品企業の目的はネット販路をメインとする商品の顧客との接点や認知度の拡大である。ベータでは商品を手に取れるだけでなく，実際に試して気にいればその場での購入もでき，エクスペリエンスルームという出品ブランドの世界観を体現した半個室の区画では，ブランドの世界観にはいりこむことができる。出品料金は約40センチ×60センチの1区画につき月額30万円である。

　ベータの店舗内にはカメラやタブレットが設置されており，これらをとおして顧客の性別や年齢層などの属性，商品に関心をもった顧客数，販売員のコメントなどの定性的なデータを収集している。顧客は自分で商品を試したり，タブレット端末をとおして商品について知ることができる。契約企業は

マーケティングデータなどのサービスと一緒に商品の売上を受け取ることができる。

　日本では2020年8月に有楽町（有楽町電気ビル1階）と新宿（新宿マルイ本館1階）2店舗が営業を開始している。最新ガジェットから日本のモノづくりの技術を活かした商品，開発途上のベータ製品，D2Cブランドのコスメ，ファッション，フードなど幅広い商品が取り扱われている。

　D2C（direct to consumer）は製造業者が自ら企画，製造した商品を従来のように卸売業者や小売業者を介さずに，自社のECサイトを使って直接（direct）消費者（consumer）に販売する仕組みであり，メガネや靴，スーツケースなど，特定の部分に特化したニッチな商品を展開するケースが多い。従来の直販とD2Cの違いは消費者に直接販売するというスタイルにテクノロジーという強力な要素が付加されていることである。

　スマートフォンの普及，情報のリアルタイム検索，SNSの普及によって画像や動画をベースとしたコミュニケーションが可能になった。このようなテクノロジーの発達によって，直販はこれまでにない強力なビジネスモデルとして生まれ変わっている。開発者の想い，売り手のビジョンや思想がその製品や商品を介して直接購買者に伝えられる。商品の企画から販売までを自社で完結するD2Cでは売り手と顧客との距離が近く，1人ひとりの本音を直接聞く機会を得ることができる。

　ECモールに出店する場合には顧客の情報はモール側の所有物となるため自社では管理できないが，D2Cでは顧客の属性や購入履歴，EC内での動きなどの詳細な情報を入手し，ペルソナを意識した商品の開発や改善につなげることができる。顧客とのコミュニケーションをはかりやすいD2Cはブランドに対するコアなファンを獲得しやすい手法である。こうしたファン層はリピーターとなって売上に貢献するだけでなく，オンライン上の口コミによって新たなファンを爆発的に増やす可能性を秘めている。

　COHINA（コヒナ）は小柄な女性のためのアパレルブランドである。低身長であるために服選びに苦戦していた2人の「小柄な女性にぴったりサイズの洋服を届けたい。」という思いを実現するために，2017年11月に販売を開始する。当時わずか400人だったCOHINAのInstagramのフォロワー

数は，2020年8月時点で14万8,000人あまりとなっている。創業当初から毎日Instagramのライブ配信をおこなうことで，単にブランド側がユーザーに一方的なメッセージを伝える場でなく，ユーザー側も自由に意見をだし，さらにはユーザー同士がつながって情報を共有したり日々の悦びを分かち合ったりする場が構築されている（cf., https://cohina.net）。

　丸井グループは抜本的な事業改革が迫られている百貨店業界で，モノを仕入れて販売する百貨店型から飲食店などテナントの賃料収入をベースとする不動産型，ショッピングセンター型へ移行する独自路線を進んでいる。あわせてデジタル技術を活用してショールーム機能を強化した特化型店舗に活路を見いだしてD2C誘致に力をいれている。

　日本の代表的なD2CブランドのひとつであるFABRIC TOKYOは，2019年11月時点で全国に16店舗を構え，そのうち丸井には6店舗を出店している。リアル店舗で顧客から採寸してそのデータを保存，身体のサイズだけでなく趣味や嗜好をデータ化して，ネット上でスーツやシャツをカスタムオーダーできるサービスをおこなっている。FABRIC TOKYOのスーツは体型にあったぴったりとしたスーツを着たいというニーズをもった20代から30代のビジネスパーソンを中心に支持を得ている。

参考文献

Akerlof, G. (1970) "The Market for 'Lemons': Quality Uncertainty and the Market Mechanism," *The Quarterly Journal of Economics*, Vol. 84, No. 3, August, pp. 488-500.

Barnet, R. & R. Müller (1975) *Global Reach: The Power of the Multinational Corporations*, Cape.

Bartels, R. (1950) "Distributive Trading and Economic Analysis by Margaret Hall," *Journal of Marketing*, Vol. 15, No. 2, pp. 244-247.

Bartels, R. (1976) *The History of Marketing Thought*, Grid Pub.

Beaud, M. (2006) *A History of Capitalism 1500-2000*, Aakar Books.

Blattberg, R. C. & J. Deighton (1996) "Manage Marketing by the Customer Equity Test," *Harvard Business Review*, 74, July-August, pp. 136-144.

Braudel, F. (2008) *La dynamique du capitalism*, Flammarion.

Brown, P. (1997) *Anita Roddick and the Bodyshop*, Exley Publications Ltd.

Burnham, D. (1983) *The Rise of the Computer State: The Threat to Our Freedoms, Our Ethics and our Democratic Process, Open Road Distribution*, Weidenfeld and Nicolson.

Carlzon, J. (1987) *Moments of Truth: New Strategies for Today's Customer-Driven Economy*, Ballinger Publishing Company.

Chandler, A. Jr. (1977) *The Visible Hand: The Managerial Revolution in American Business*, Harvard University Press.

Chesbrough, H. W. (2006) *Open Innovation: The New Imperative for Creating And Profiting from Technology*, Harvard Business School Press.

Chesbrough, H. W. (2011) *Open Services Innovation: Rethinking Your Business to Grow and Compete in a New Era*, Jossey-Bass.

Clark, F. E. (1922) *Principles of Marketing*, Macmillan Company.

Covey, S. R. (2004) *The 8th Habit: From Effectiveness to Greatness*, Free Press.

Davidson, W. R., A. D. Bates, & S. J. Bass (1976) "Retail Life Cycle," *Harvard Business Review*, November-December, pp. 89-96.

Drucker, P. F. (1993) *Management, Task, Responsibilities, Practices*, Harper Business.

Drucker, P. F.（1994）*Post-Capitalist Society*, Harper Business.

Drucker, P. F.（2014）*Managing for Results: Economic Tasks and Risk-Taking Decisions*, Butterworth-Heinemann.

Ford, H.（1923）*My Life and Work, Doubleday*, Page and Company.

学術文庫編集部（2013）『新装版日本国憲法』講談社。

Galloway, S.（2017）*The Four: The Hidden DNA of Amazon, Apple, Facebook, and Google*, Portfolio.

Giddens, A.（1987）*Social Theory and Modern Society*, Polity.

Giddens, A.（1991）*Modernity and Self-Identity: Self and Society in the Late Modern Age*, Polity.

Gist, R. E.（1968）*Retailing: Concepts and Decisions*, John Wiley & Sons Inc.

Gladwell, M.（2002）*The Tipping Point: How Little Things Can Make a Big Difference*, Back Bay Books.

Gregor, W. T. & E. M. Eileen（1982）*Money Merchandising: Retail Revolution in Consumer Financial Service*, The MAC Group.

Hall, S. R.（1985）*Retail Advertising and Selling*, Taylor & Francis.

林周二（1977）『流通革命―製品・経路および消費者』増訂版，中央公論社。

Hollander, S. C.（1960）"The Wheel of Retailing," *Journal of Marketing*, Vol. 25, July, pp. 37-42.

Hollander, S. C.（1966）"Notes on the Retail Accordion," *Journal of Retailing*, Vol. 42, Summer, pp. 29-40, 54.

伊藤誠（2018）『入門資本主義経済』平凡社。

Izraeli, D.（1973）"The Three Wheels of Retailing: A Theoretical Note," *European Journal of Marketing*, Vol. 7, No. 1, pp. 70-74.

岩井克人（2006）『二十一世紀の資本主義論』ちくま学芸文庫。

Kellner, H. & P. Berger eds.（1992）*Hidden Technocrats: The New Class and New Capitalism*, Transaction.

此本臣吾監修・森健・日戸浩之（2018）『デジタル資本主義』東洋経済新報社。

Kotler, P.（1999）*Marketing Management: The Millennium Edition*, Prentice Hall.

Kotler, P., H. Kartajaya, & I. Setiawan（2010）*Marketing 3.0: From Products to Customers to the Human Spirit*, Wiley.

Kotler, P., H. Kartajaya, & I. Setiawan（2016）*Marketing 4.0: Moving from Traditional to Digital*, Wiley.

Kotler, P., H. Kartajaya, & I. Setiawan（2021）*Marketing 5.0: Technology for Humanity*, Wiley.

Kotler, P. & G. Stigliano（2018）*Retail 4.0. 10 regole perl'era digitale*, Mondadori

Electa（恩藏直人＝監修・高沢亜砂代＝翻訳（2020）『コトラーのリテール 4.0：デジタルトランスフォーメーション時代の 10 の法則』朝日新聞出版）.

Kuhn, T. S.（1964）*The Structure of Scientific Revolution*, University of Chicago Press.

Levitt, T.（1960）"Marketing Myopia: Shortsighted Managements Often Fail to Recognize That in Fact There is No Such Thing as a Growth Industry," *Harvard Business Review*, 38, July-August, pp. 45-56.

Levy, M., D. Grewal, R. A. Peterson, & B. Connolly（2005）The Concept of the 'Big Middle,' *Journal of Retailing*, 81, 83-88.

Mandeville, B.（1989）*The Fable of the Bees: Or Private Vices, Public Benefits*, Penguin Classics.

Masters, B. & P. Thiel（2015）*Zero to One: Notes on Start Ups, or How to Build the Future*, Virgin Books.

McNair, M. P.（1958）"Significant Trends and Developments in the Postwar Period," in A. B. Smith（ed.）, *Competitive Distribution in a Free, High-Level Economy and its Implications for the University*, University of Pittsburgh Press, pp. 1-25.

McNair, M. P. & May, E. G.（1976）. *The Evolution of Retail Institutions in the United States*, Marketing Science Institute.

水野和夫（2014）『資本主義の終焉と歴史の危機』集英社。

Naisbitt, J.（1982）*Megatrends: Ten New Directions Transforming Our Lives*, Warner Books.

中里実・佐伯仁志・大村敦志編集（2020）『六法全書 令和 2 年版』有斐閣。

成毛眞（2018）『amazon 世界最先端の戦略がわかる』ダイヤモンド社。

Negroponte, N.（1996）*Being Digital*, Vintage.

Nielsen, O.（1966）"Developments in Retailing," in M. K. Hansen（ed.）*Readings in Danish Theory of Marketing*, North-Holland, pp. 101-115.

Oldenburg, R. Ph. D.（1994）*The Great Good Place*, Da Capo Press.

大野耐一（1978）『トヨタ生産方式―脱規模の経営をめざして―』ダイヤモンド社。

Peppers, D. & M. Rogers（1993）*The One to One Future: Building Relationships One Customer at a Time*, Doubleday Dell Publishing Group, Inc.

Pomeranz, K.（2001）*The Great Divergence: China, Europe, and the Making of the Modern World Economy*, Princeton Univ Pr.

Regan, W. G.（1964）"The Stages of Retail Development," in R. Cox, W. Alderson, & S. J. Shapiro（eds.）*Theory in Marketing, Second series*, Richard D.

Irwin, pp. 139-153.

Ries, E.（2011）*The Lean Startup: How Today's Entrepreneurs Use Continuous Innovation to Create Radically Successful Businesses*, Currency.

Schiller, A. & H. Schiller, I（1982）"Who Can Own What America Knows?" *The Nation*, 17, April, pp. 461-463.

Schiller, H. I.（1975）*The Mind Managers*, Beacon Press.

Schmitt, B.（1999）*Experiential Marketing: How to Get Customers to Sense, Feel, Think, Act, Relate*, Free Press.

Schumpeter, J. A.（1926）*Theorie Der Wirtschaftlichen Entwicklung: Eine Untersuchung über Unternehmergewinn, Kapital, Kredit, zins und den Konjunkturzyklus, zweite auflage*, Duncker & Humblot（塩野谷祐一ほか訳（1977）『経済発展の理論―企業者利潤・資本・信用・利子および景気の回転に関する一研究―』（上巻・下巻）岩波書店）.

Schwab, K.（2017）*The Fourth Industrial Revolution*, Portfolio Penguin.

Shaw, A. W.（1912）"Some Problems in Market Distribution," *The Quarterly Journal of Economics*, Vol. 26, No. 4, pp. 703-765.

Shaw, A. W.（1915）*Some Problems in Market Distribution*, Harvard University Press.

Sombart, W.（1902）*Der moderne Kapitalismus, Leipzig*, Duncker & Humblot.

Strong, E. K. Jr.（1925）*The Psychology of Selling and Advertising*, McGraw-Hill Book Company.

田島義博（1962）『日本の流通革命』日本能率協会。

高橋伸彰・水野和夫（2013）『アベノミクスは何をもたらすか』岩波書店。

Taylor, F.（1911）*The Principles of Scientific Management*, Harper.

The History Hour（2019）*Henry Ford: A Business Genius. The Entire Life Story*, Independently Published.

Trachtenberg, A.（1982）*The Incorporation in America: Culture and Society in the Gilded Age*, Hill and Wang.

Wallerstein, I.（2004）*World-Systems Analysis: An Introduction*, Duke Univ Pr.

Webster, F.（1995）*Theories of the Information Society*, Routledge.

Weigend, A.（2017）*Data for the People: How to Make Our Post-Privacy Economy Work for You*, Basic Books.

Womack, J. P., D. T. Jones, & D. Roos（1991）*The Machine That Changed the World: The Story of Lean Production*, Perennial.

Zukav, G.（2002）*The Heart of the Soul: Emotional Awareness*, Free Press.

■著者略歴

坂本 英樹［さかもと　ひでき］
1965 年　北海道に生まれる
1987 年　北海道大学経済学部卒業
1996 年　北海道大学大学院経済学研究科修士課程修了
1999 年　北海道大学大学院経済学研究科博士課程修了
　　　　　北海道情報大学経営情報学部講師
2002 年　同助教授
2006 年　同准教授
2009 年　同教授
　　　　　博士（経営学）北海道大学
専　攻　マーケティング論，ベンチャービジネス論
著　書　『日本におけるベンチャー・ビジネスのマネジメント』『経営学とベンチャービジネス』（著，白桃書房）
　　　　　『ここから始める経営学——エッセンシャル・アプローチ』（著，千倉書房）ほか
論　文　「日本におけるベンチャー企業の特徴」*Japan Ventures Review*, No. 1, November, pp. 61-71
　　　　　「顧客関係性マーケティングの進化—「ワン・トゥ・ワン・マーケティング」から「オール・イン・ワン・マーケティング」へ—」*Japan Marketing Journal*, Vol. 21, No. 3, pp. 47-57 ほか

▨▨エッセンシャル講義
流通論教室　　　　　　　　　　　　　　　　〈検印省略〉

▨▨発行日——2021年10月 6 日　初 版 発 行
　　　　　　2023年 8 月26日　第 2 刷発行

▨▨著　者——坂本　英樹

▨▨発行者——大矢栄一郎

▨▨発行所——株式会社　白桃書房

　　　　〒101-0021　東京都千代田区外神田5-1-15
　　　　☎03-3836-4781　🅕03-3836-9370　振替00100-4-20192
　　　　http://www.hakutou.co.jp/

▨▨印刷・製本——藤原印刷株式会社

好 評 書

田口　冬樹【著】
体系　流通論　新版第2版
本体 3,400 円

黒田　重雄・金　成洙【編著】
わかりやすい 消費者行動論
本体 2,600 円

滋野　英憲・辻　幸恵・松田　優【著】
マーケティング講義ノート
本体 2,600 円

薄上　二郎【著】
地域ブランドのグローバル・デザイン
本体 2,500 円

フィリップ　コトラー・ヴァルデマール　ファルチ【著】
杉光　一成【監修・訳】　川上　智子【監訳・訳】
コトラーの B2B ブランド・マネジメント
本体 3,500 円

村松　潤一・大藪　亮【編著】
北欧学派のマーケティング研究
本体 3,182 円
　　―市場を超えたサービス関係によるアプローチ

東京　白桃書房　神田

本広告の価格は本体価格です。別途消費税が加算されます。